도서관 경영학 원론

이종권

성균관대학교 대학원 문헌정보학과 졸업(문학박사)
전 건국대학교 강의교수, 제천기적의도서관 관장
현 건국대학교 겸임교수, 성균관대학교, 상명대학교 강사
E-mail : 450345@hanmail.net
블로그 : http//bellpower.tistory.com
트위터 : @power Library

주요 논문

「조선조 국역불서의 간행에 관한 연구」(석사). 성균관대학교 대학원. 1989.
「공공도서관 서비스 질의 고객평가에 관한 연구」(박사). 성균관대학교 대학원. 2001.
「우리나라 사서직의 평생교육 체계에 관한 연구」. 2007.
「그로컬시대의 시민과 도서관」. 2007.
「공공도서관에서의 어린이 문학 이용 활성화 방안」. 2009.
「공공도서관의 평생교육 프로그램 체계화 방안 연구」. 2011.

주요 저서

『자료보존론』(공역). 사민서각. 1999.
『바른교육 좋은 도서관을 위하여』. 미디어성지. 2004.
『도서관 전문성 강화방안』(공저). 한국문화관광정책연구원. 2004.
『도서관에 피어나는 아카데미 연꽃』. 조은글터. 2008.
『책읽는 세상은 아름답다』. 조은글터. 2008.
『문헌정보학이란 무엇인가』. 조은글터. 2008.
『실크로드 여행일기』. 조은글터. 2009.
『어린이도서관 서비스 경영』(공역). 도서출판 문현. 2010.
『남에게 행복을 주는 사람은』. 도서출판 문현. 2010.
『공공도서관서비스경영론』. 도서출판 문현. 2011.

도서관 경영학 원론

2011년 6월 25일 초판인쇄
2011년 6월 30일 초판발행

지은이   이 종 권
펴낸이   한 신 규
편 집   김 영 이
펴낸곳   도서출판 **문현**
주 소   138-210 서울특별시 송파구 문정동 99-10 장지빌딩 303호
전 화   Tel.02-443-0211 Fax.02-443-0212
E-mail   mun2009@naver.com
등 록   2009년 2월 24일(제2009-14호)

ⓒ 이종권 2011
ⓒ 문현, 2011, printed in Korea

ISBN   978-89-94131-61-0 93020 정가 23,000원

효과적 도서관 경영을 위한
50가지 법칙

도서관 경영학 원론

Principles of Library Management

이종권

필자가 대학에서 도서관경영론을 강의해 온지도 어언 15년이 흘렀다. 처음에는 '도서관운영론'이었던 교과목 명칭도 오래전부터 '도서관경영론' 또는 '도서관 정보센터 경영론'으로 개칭하게 되었다. 그러나 대부분의 우리나라 도서관들은 '경영'에 대한 이해가 부족한 것이 사실이다. 필자는 강의를 맡은 첫해부터 '운영'과 '경영'을 구분하고, '운영'과 '경영'은 그 스케일과 의미가 판이하게 다르다는 점을 애써 강조해 왔다. 즉 '운영'은 "있는 그대로의 상태가 잘 유지되도록 하는 활동"이라면 '경영'은 "현재의 상태를 환경변화에 따라 더욱 발전적으로 개선해 나가는 선(善)순환적 활동"이라는 점을 부각시키고자 노력했다. 그래야만 계획, 실행, 평가, 피드백이라는 경영의 발전적 사이클을 도서관에 적용할 수 있기 때문이다.

그러나 일반 경영학에서 도서관으로 차용해 온 경영이론만으로 도서관경영을 성공적으로 실행할 수 있는 것은 아니다. 아무리 경영학 이론을 잘 숙지하고 있는 학자라도 경험이 없으면 실제 현장에서는 매우 어설픈 것이 사실이다. 예를 들어, 경영학 교수가 대기업의 CEO 자리에 임명된다 하더라도 처음에는 아마 고전을 면치 못할 것이다. 이것은 이론과 실제의 갭으로부터 빚어지는 당연한 현상이기에 누구에게나 적용되는 진리라 할 수 있다. 필자가 강의실에서 도서관 '경영'을 강조하고 도서관 경영이 어떠해야 한다고 역설했다 하더라도 실제 경영자의 자리에 오를 경우 당분간 허둥대지 않을 수 없는 것이다.

그런데 2009년 필자에게 도서관경영을 직접 체험할 기회가 왔다. 소규모의 도서관이긴 하지만 도서관장을 맡게 된 것이다. 그래서 자신감과 의욕을 가지고 도서관의 본질경영을 추진하려고 시도하였다. 그러나 필자가 강의실에서 설명한 이론을 실제로 적용해 나가는 데는 수많은 장애물이 앞을 가렸다. 실제의 도서관 경영에서는 이론과 실제의 갭에서 야기되는 문제에 더하여 제3의 복병인 지역주의, 감독기관, 운영위원회 등 옥상 옥 조직의 지배, 그리고 구성원들의 매너리즘이 도서관의 효과적 경영을 어렵게 한다는 점을 체험하게 되었다.

이러한 경험을 통해 필자는 한국사회에서 도서관을 제대로 경영하기 위해서는 반드시 지켜야 할 이론과 실제의 확고한 법칙정립과 이의 강력한 실천이 필요하다는 것을 절실히 느끼게 되었다. 이 책은 계획, 실행, 평가, 피드백이라는 경영 사이클에 바탕을 두고 도서관 경영의 전반에 대하여 도서관이라면 지켜야 할 50가지 경영법칙을 도출하고 이를 알기 쉽게 해설한 것이다. 이 책은 대학에서 도서관경영론 강의에 활용할 것을 염두에 두고 집필한 것이지만 각 급 도서관의 경영자와 사서들도 활용할 수 있도록 이론과 현실을 아울러 반영하여 쉽고 평이하게 서술하였다. 아무쪼록 이 책이 독자들에게 도서관의 경영마인드를 체계적으로 심어줌으로써 도서관의 본질적 사명과 목적을 달성하는 데 보탬이 되기를 바라는 마음 간절하다.

금(金) : 예산관리

서비스 관리

LIBRARY library

제1부

도서관 경영학 개관

도서관 경영학 개관

1

경영학의 성격

경영학은 일을 잘하기 위한 실용학문이다. 우리가 일을 잘하기 위해서는 모든 자원을 효율적·효과적으로 활용하여야 한다. 경영은 체계적이고 계획적인 활동이다. 그래서 치밀한 계획과 성실한 실천, 결과의 평가와 반영으로 이어지는 선순환과정을 거듭하면서 발전을 추구한다. 이러한 체계적인 과정이 없이 무조건 일만하는 것은 자원의 낭비와 목적의 왜곡 등이 일어나서 경영의 목적을 달성하기 어렵다.

경영의 대상은 모든 개인과 조직이다. 개인이 모여 조직이 되기 때문에 개인과 조직은 밀접한 관계를 가진다. 개인경영(인간경영)을 잘해야 조직경영 또한 잘 할 수 있다. 학생이나 교수나 기업인이나 인간경영을 잘해야만 자신들의 이상을 실현할 수 있을 것이다. 조직경영에는 정부, 기업, 대학, 학교, 도서관 등 모든 단체들이 포함된다. 따라서 국가지도자로부터 정부 부처, 대학, 학교, 회사, 비영리단체, 가정주부에 이르기까지 일을 잘하기 위해서는 경영을 해야 한다.

도서관 경영학은 도서관의 일을 잘하기 위한 도서관의 모든 부문을 총괄 지휘하는 오케스트라의 지휘자적 위치에 있는 분야이다. 그만큼 경영이 바로서야 도서관이 바로설 수 있다. 도서관 경영학은 일반경영학 이론을 도서관에 적용하여 도서관에 알맞게 특화시킨 학문이다. 따라서 문헌정보학도는 일반경영학 이론과 실제를 포괄적으로 공부하지 않으면 안 된다. 사서가 경영학의 모든 이론과 실무를 섭렵하기는 어렵지만 큰 틀에서

의 경영마인드를 가지고 세계문명의 트렌드를 제때에 읽어내고 도서관의
변화와 발전을 모색해야 한다. 도서관은 경영하지 않으면 발전할 수 없다.
좋은 도서관을 구현하기 위하여 도서관 경영학을 공부하는 것이다.

2

경영 개념의 본질

경영학이 일을 잘하기 위한 학문이라 한다면 경영의 의미는 무엇일까?
경영은 기업경영에서 나왔기 때문에 생산, 판매, 조직, 인사, 재무, 회계 등
계속기업(Going Concern)으로서 요구되는 사항들을 종합적으로 관리 운영하
는 모든 활동이라 하면 될까? 그렇다면 인간경영, 가계경영, 군대경영, 학
교경영, 국가경영, 세계경영이라는 말은 어떻게 이해해야 할까? 이에 대한
해답은 경영의 순환구조로 설명된다. 즉, 경영이란 무엇을 계획하고 계획
된 것을 실행하고, 그 결과를 평가하는 일련의 활동으로서 계획(plan)−실
행(do)−평가(see)−피드백(feedback)이라는 활동이 서로 연결되어 지속적, 발
전적으로 순환되는 구조인 것이다.[1)]

---

1) 조동성 외. 1997. 『전략평가시스템』. 서울 : 아이비에스. 59~61쪽.

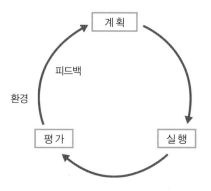

이처럼 경영은 순환구조를 본질로 한다. 또한 악순환이 아닌 선순환을 지향한다. 지속적인 선순환을 돌려줌으로써 경영의 대상이 지속적으로 발전할 수 있다는 것이다. 이는 극히 상식적인 것처럼 보이지만 경영 사이클의 선순환은 실제로는 매우 어렵다. 모두가 다 선순환을 한다면 성공하지 못할 사람이 없고, 성공하지 못하는 도서관이 없을 것이다. 경영 사이클의 선순환을 위해서는 최고 경영자는 물론 모든 조직 구성원들이 경영자라는 생각을 바탕으로 각자 치밀하고도 체계적인 노력을 경주하되 조직이라는 오케스트라가 총체적인 하모니를 이루어낼 수 있는 성실한 노력과 지혜를 발휘해야 한다.

경영은 언제나 목적 지향적이다. 경영목적을 달성하기 위해서는 인적 자원, 물적 자원, 재화 자원을 효율적이고도 효과적으로 동원해야 한다. 이러한 자원들은 인간이 운영하기 때문에 인적 자원은 가장 중요한 요소이다. 또한 물적 자원과 재화자원은 인적자원인 경영자에 의해서 효율성과 효과성을 고려하여 사용된다.

<그림 2> 경영의 인력, 물질, 재화 자원의 상관관계

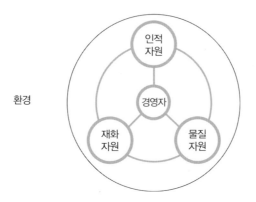

 경영의 개념[2]

① 경영은 목적성이 있다 : 경영은 분명한 목적을 설정하고 그 목적을 달성하기 위해서 일을 추진하는 것이다. 맹목적인 일은 경영이 아니다.

② 경영은 자원을 동원하여 일을 수행한다 : 경영은 무에서 유를 창조하는 것은 아니다. 일을 하기 위해서는 인력, 물질, 재화, 기술 등 자원을 활용해야 한다.

③ 경영은 인간의 노력을 통하여 이루어진다 : 노력은 성공의 지름길이다. 노력 없이는 어떤 목적도 이룰 수 없다.

④ 경영의 성과를 위해서는 이론, 기술, 훈련이 필수적이다 : 효율적인 경영을 위해서는 경영에 관련되는 제반 이론, 작업을 위한 기술, 그리고 숙련된 노동이 필요하다.

⑤ 경영은 인간 및 인간집단 자체가 아니라 그들의 조직적인 행위(action)이다 : 경영은 조직 구성원들의 활력 있고 협조적인 행위를 통해서 이루어진다.

⑥ 정보기술(IT)은 경영을 돕는 도구로서 그 자체가 경영은 아니다 : 이는 컴퓨터 맹신주의에 대한 하나의 경고라 할 수 있다. 정보통신기술은 하나의 수단이지 목적은 아니다. 도서관경영의 목적은 컴퓨터의 보급이 아니라 컴퓨터를 도구로 하여 도서관 정보서비스의 효율성과 효과성을 높이는 것이다.

⑦ 경영은 자연스럽게 존재하며 그 자체가 보이거나 느껴져서는 안 된다 : 이 말은 경영이라고 하여 너무 강력한 수단으로 통제하거나 호들갑스럽게 설치는 것에 대한 경고로 받아들여진다. 경영은 원리원칙에 의하되 상황에 따라 융통성을 발휘하여 신속, 정확, 친절, 공정하게 일을 처리함으로서 자연스러운 일상이 되어야 한다는 의미라고 생각된다.

- 창의적 '노가다'

'노가다'는 일본말 '도가다'가 우리말로 변형되어 굳어진 말이다. 국어사전에 보면 "노가다(일본어 dokata(土方) : 공사판 노동자, 노동자, 막일꾼, 인부"로 풀이되어 있다. 노가다는 지식이나 기술이 없이 아무 일이건 막노동을 하여 생계를 유지하는 사람으로 이해된다. 또 단순 반복적인 지루한 일을 하며 살아가는 사람으로도 이해된다.

그러나 잘 생각해보면 모든 일에는 '노가다'가 들어간다. 또 노가다를 많이 해본 사람이 일머리를 잘 알아서 '달인'이 되며 일의 능률과 효과를 향상시켜 그 일에 수장이 되기도 한다. 따라서 노가다를 하더라도 경영마인드를 가지고 창의적으로 하면 지식과 기술, 나아가 지혜가 열리게 되어 사회적 신분상승과 경제력을 아울러 확보할 수 있을 것이다.

3

경영이론의 발전

1. 경영학의 고전이론

1) 테일러의 과학적 관리법

현대 경영학은 미국의 제철공장 관리자였던 F. W. Taylor(1856~1915)가

---

2) 이순자. 1997. 『도서관정보센터경영론』. 한국도서관협회 26쪽에서 재인용. 문장을 다듬고 해설을 추가하였음.

일을 효율적으로 하기 위해서 시도한 실무관리연구에서 비롯되었다. 그는 생산증대를 목적으로 공장 내에서 종업원의 일을 과학적으로 관리하는 방법을 연구하였다. 작업과정에서 당시의 노동자들의 주먹구구식 노동을 방지하고 최대의 작업능률을 발휘하도록 하기 위해 시간연구와 동작연구 등 작업의 과학적 분석을 바탕으로 일을 수행할 것을 주장하였다.

테일러의 과학적 관리법은 시간 연구와 동작 연구를 바탕으로 근로자의 1일의 작업 표준량을 공정하게 설정하여 업무(task)를 관리(manage)하는 동시에 종업원들의 근로의욕을 제고하기 위하여 업무성과에 따라 임금을 차등 지불하는 차별적 성과급 제도를 채택하였다. 테일러는 1911년『과학적 관리의 원리』라는 저서[3]를 통해 미국경영학의 원조가 되었다. 후일의 경영학자들은 그의 과학적 관리법을 '테일러시스템'이라고 명명하였다.

미국 경영학의 석학 피터 드러커 교수는 테일러가 지식을 관리에 적용한 점을 들어 다윈, 프로이트와 함께 현대 세계를 창조한 3인으로 평가하였다. 드러커는 "지식 이전 사회의 3단계로 산업혁명, 생산성혁명, 경영혁명을 제시하고, 지식이 작업도구와 제조공정 및 제품에 적용되어 산업혁명을, 지식이 작업 그 자체에 적용되어 생산성혁명을, 지식이 지식에 적용되어 경영혁명을 일으켰다"고 주장하였다. 즉, 테일러가 최초로 지식을 작업의 분석 연구에 적용, 과학화함으로써 생산성혁명을 주도했다는 점에서 현대세계를 창조하는 데 공헌했다는 것이다.[4] [5]

---

3) Taylor, F. W. 1911. The principle of scientific management. Dover Publications.(1998년 재발행).
4) 이진규, 김종진, 최종인. 2006.『경영학 개론』. 서울: 한국방송통신대학출판부. 41쪽.
5) 피터 드러커 저, 이재규 역. 1993.『자본주의 이후의 사회』. 서울: 한국경제신문사. 64~76쪽.

<表 1> 과학적 관리법의 4대 원칙[6]

테일러 이전의 전통적 관리	테일러의 과학적 관리원칙
1. 주먹구구식 방법	1. 과학적 방법으로 시간과 동작의 표준화
2. 직원 선발과 훈련에 관리개념이 없음	2. 종업원을 과학적으로 선발, 훈련, 개발
3. 사용자와 근로자가 이익을 놓고 경쟁. 사용자가 근로자의 몫을 빼앗는다고 생각함	3. 사용자와 근로자의 협동과 조화
4. 관리자가 고유의 임무를 지니고 있다고 생각하지 않음. 즉, 근로자들이 관리자의 기능을 대부분 수행함	4. 관리자와 근로자의 작업의 분화. 즉 관리자는 계획, 선발, 훈련, 통제하고 근로자는 이를 구체적으로 수행함

테일러시스템은 후속 연구자들과 실무자들에 의해서 더욱 발전적으로 전개되었다. 그 대표적인 예가 미국 포드자동차 공장의 포드시스템으로서 포드는 작업능률향상을 위하여 시간연구와 성과급제도에 머무르지 않고 모든 작업의 수행에 표준화(standardization), 단순화(simplification), 전문화(specialization)를 추진하였으며, 특히 콘베이어벨트시스템과 같은 생산 공정의 기계화를 통해 생산 능률을 촉진하였다.

헨리 간트(H. L. Gant)는 1919년 작업계획과 작업 실적을 비교해 작업진도를 관리·통제하는 간트 차트라는 관리 도표를 고안하였다. 간트 차트는 한 축에 시간의 흐름을, 다른 한 축에 수행해야 할 과업들을 나타내어 시간의 흐름에 따라 작업공정의 일정계획을 손쉽게 관리하고 통제할 수 있는 일정표로서 현재까지도 많은 공·사조직에서 각종 건설공정이나 작업공정 등 일정을 관리하는 방법으로 활용되고 있다.

---

6) 이진규·김종진·최종인. 2006. 『경영학 개론』. 서울: 한국방송통신대학출판부. 40쪽. <표 2-1> 요약.

2) 페이욜의 관리의 요소와 관리의 일반원칙

테일러와 비슷한 시기에 프랑스의 페이욜(Henry Fayol)은 '관리의 5원칙' 및 '관리의 일반원칙'을 수립하였다. 미국의 테일러가 생산현장의 작업관리의 과학화에 초점을 두었다면 프랑스의 페이욜은 조직 전반의 효율적 관리에 관심을 두었다. 그는 경영활동 전체를 다음과 같이 6가지 범주로 구분하였다.[7] [8]

1. 기술 활동 : 생산, 제조, 가공
2. 상업 활동 : 구매, 판매, 교환
3. 재무 활동 : 자본의 조달과 운용
4. 보호 활동 : 재화와 종업원의 보호
5. 회계 활동 : 재산목록, 대차대조표, 원가, 통계
6. 관리 활동 : 계획, 조직, 지휘, 조정, 통제

페이욜은 이들 가운데 여섯 번째의 계획, 조직, 지휘, 조정, 통제를 관리의 5요소라고 하였으며, 나중에 이를 좀 더 구체화하여 계획(Planning), 조직(Organizing), 인사(Staffing), 지휘(Directing), 조정(Co dinating), 보고(Reporting), 예산(Budgeting)으로 구분하였다(POSDCoRB). 그는 또한 경영관리를 회사 전체의 관점에서 보고 모든 부문의 효율적 관리를 위한 관리의 일반원칙을 정립하였다. 그의 시각은 오늘날 경영학에서 다루어지는 거의 모든 부문이

---

7) 이진규·김종진·최종인. 2006. 『경영학 개론』. 서울: 한국방송통신대학출판부. 45~50쪽.
8) Fayol. H.(1916), J. A. Countrough(1929) tra. Industrial and General Administration.

망라되어 있다는 점에서 테일러와 함께 경영학의 아버지로 칭송받고 있다.

페이율의 관리일반원칙

1. 분업의 원칙(division of work) : 모든 업무의 분업과 전문화
2. 권한과 책임(authority and responsibility) : 책임은 권한의 필연적 결과
3. 규율의 준수(discipline) : 정해진 약속에 대한 존중
4. 명령의 일원화(unity of command) : 1인의 상사에게만 명령을 받아야 한다(1대 1 관계).
5. 지휘의 일원화(unity of direction) : 1대 1 관계보다 큰 조직 전체의 지휘 통솔 측면
6. 전체의 이익을 위한 개인의 복종(subordination of individual to general interest) : 전체의 이익과 개인의 이익 충돌 시 전체이익 우선
7. 보수의 공정성(remuneration) : 보수의 금액과 지불방법의 공정성
8. 집중화(centralization) : 권한의 집중과 분산의 정도 기준은 '최선의 전체적 이익'
9. 계층의 연쇄(scalar chain) : 상하 연계 사슬의 합리적 조정, 불필요한 연쇄 제거
10. 질서의 원칙(order) : 물질적 질서와 사회적 질서 모두 제자리에
11. 공정성의 원칙(equity) : 상사와 부하 간 충성과 헌신의 공평성
12. 직장의 안정성(stability of tenure) : 불필요한 이직은 나쁜 관리가 원인
13. 주도권의 원칙(initiative) : 종업원의 계획과 실전의 주도권 보장, 경영자의 자만은 금물
14. 단결의 원칙(esprit de corps) : "뭉치면 산다." 팀워크의 중요성 강조

3) 막스 베버의 관료제

독일의 믹스 메머(Max Weber, 1864~1920)는 정부조직을 연구한 사회학자로서 정부 조직의 합리적, 능률적 조직 모형으로 관료제(bureaucracy)라는

이름의 조직이론을 주창하였다. Max Weber는 조직 권한의 유형을 카리스마적 권한, 전통적 권한, 합리적 권한으로 구분하고, 합리적 권한에 기초한 관료제 조직이 대규모조직의 관리에 가장 적합하다고 하였다.[9] 그의 관료제 모형의 특징은 다음과 같이 요약된다.[10]

관료제의 이상형(Ideal type of bureaucracy)

- 업무의 분업과 전문화를 통한 책임과 권한이 명확히 배분되어야 한다.
- 업무의 실행을 조정해 주는 잘 짜여 진 규칙과 절차가 필수적이다. 이는 업무와 의사결정의 표준화를 위해, 과거의 학습에 대한 경험의 축적을 위해, 그리고 재직자를 보호하고 대우의 동등성을 보장하기 위해 필요하다.
- 조직은 위계질서를 위해 피라미드식 계층구조를 형성한다.
- 조직의 재산 및 업무와 구성원 개인의 재산 및 업무는 완전히 분리된다.
- 비개인적, 공식적 업무실행으로 족벌주의, 정실주의를 배제한다.

이처럼 막스 베버가 체계화한 관료제의 이상형에는 관료제 안에서 이루어지는 분업, 권위구조, 개별 구성원들의 지위와 역할, 구성원들의 공사구분 등이 엄격하다. 관료제 조직은 상하관계라는 공식적 규칙에 따라 합리적으로 업무를 수행하는 조직으로서 상급자의 권위 및 지시 명령에 충성

---

9) Max Weber. 1947. The Theory of Social and Economic Organization. translated by A. M. Henderson and T. Parsons. Free Press.
10) 인터넷 다음사이트 사전검색 브리테니커백과사전, 관료제 참조.

해야 한다. 관료는 전문적인 업무를 효율적으로 수행하는 데 필요한 공인된 자격이나 요건을 필요로 한다. 관료의 직무는 명예직이나 임시직이 아니라 평생직으로서 경력을 쌓고 안정성과 지속성을 가지고 정년까지 계속될 수 있다. 관료제 조직은 보통 연공서열에 따라 승진하는 체계를 갖는다.

관료제의 역기능(dysfunction)

관료제의 역기능을 제기한 사람은 미국의 사회학자 로버트 머턴(Robert K. Merton)으로 알려져 있다. 그는 관료적 형식주의와 비효율성을 체계적으로 강조한 사회학자로서 관료제의 역기능을 다음과 같이 지적하였다.

> "합리적 규칙이 관료제를 지배하고 모든 활동을 철저히 통제해서 관료들의 행위를 미리 예측할 수 있다면 이것은 또한 관료들의 유연성이 부족해지고 수단을 목적으로 삼게 되는 경향을 설명해주는 근거다. 규칙을 따르고 엄격하게 지킬 것을 강조하게 되면 개인은 그 규칙을 관습화하게 된다. 절차와 규칙은 단순한 수단 대신 그 자체가 목적이 된다. 따라서 일종의 '목표전도(目標轉倒)'가 생겨나고, 관료제 역할이 갖는 수단적이고 형식적인 측면이 오히려 조직의 주요목적과 목표를 성취하는 것보다 더 중요해진다."[11]

이를 종합하면 관료제의 역기능은
- 엄격한 규정과 절차의 준수에서 오는 조직의 목적과 수단의 전치

---

[11] 인터넷 다음사이트 사전검색 브리태니커백과사전, 관료제의 역기능에서 인용.

- 조직의 경직성으로 인한 환경변화에 대한 융통성 결여
- 정해진 규정과 절차 및 상하의 명령 복종관계로 개인의 창의성 제약 (bottom-up 부재)
- 조직의 비개인적 속성으로 인한 기계적 조직으로 개인의 인간성 무시
- 모든 일을 문서로 처리하는 지나친 문서주의(繁文縟禮), 책임회피, 무사안일 등이다.

공식조직의 이상적 모형인 관료제는 비인간성, 경직성, 권위주의로 인해 많은 비판을 받아왔다. 우리 사회에서도 '관료'나 '관료주의'는 부정적인 것으로 인식되고 있다. 그러나 관료제는 오늘날에도 정부조직, 민간조직을 불문하고 경영행정의 질서를 유지하는 기본적 조직제도로 존속하면서 사회 안정과 질서를 유지하는 기본 틀이 되고 있다.

2. 인관관계론

인간관계론은 엘톤 메이요(E. Mayo), 뢰스리스버거(F. J. Roethlisberger) 등 미국 하버드대학 연구팀이 호손공장에서 "조명이 작업에 미치는 영향"이라는 실험 연구를 기반으로 구축한 경영이론이다. 이른바 호손실험은 10여 년간 2차례에 걸쳐 실시되었는데 제1차 실험은 1924~1926년에 실시된 조명 실험이었고, 제2차 실험은 1927~1932년에 이루어진 계전기조립 시험이었다. 이러한 실험의 결과로 연구팀이 얻은 결과는 다음과 같이 요약된다.[12]

- 기업조직은 기술적 경제적 시스템일 뿐 아니라 사회적 시스템이다.
- 개인은 경제적 요인만이 아니라 사회 심리적 요인에 의해 동기가 부여된다.
- 공식조직 속의 비공식 조직이 작업자의 태도와 성과를 결정하는 중요 요인이다.
- 전통적 조직관에 의한 리더십보다 민주적 리더십이 중요하다.
- 종업원의 만족도 증가가 조직의 효과성을 높인다.
- 계층 간의 의사소통이 중요하며 이를 위해서는 참여적 분위기가 조성되어야 한다.

호손공장 실험은 경영학적 사고방식에 다음과 같은 중요한 변화를 일으키게 하였다.

- 조직 내에서 인간에 대한 관심을 기울이는 계기가 되었다. 즉, 종업원들의 감정, 태도, 욕구, 사회적 관계 등이 경영의 효율성과 생산성을 증대시키는 요인이 된다.
- 종업원들 사이에서 자연스럽게 형성되는 비공식 조직이 생산성에 중요한 영향을 미친다. 따라서 조직은 비공식조직을 이해하고 활용할 필요가 있다.
- 호손실험은 조직경영에서 인간관계가 생산성 향상에 매우 중요하다는 것을 증명하는 것이다. 조직 내의 인간관계에서 형성되는 팀워크가 물리적 환경조건의 개선 못지않게 경영의 효과성 제고에 유용하다.

---

12) 이진규, 김종진, 최종인. 2006. 『경영학 개론』. 서울: 한국방송통신대학출판부. 51쪽.

위와 같은 인간관계론은 호손실험에 참여했던 뢰스리스버거에 의해서 사회체계이론으로 발전하였다.[13] 그는 『경영관리와 모럴』이라는 저서에서 "근로자는 감정을 가지는 사회적 동물이며, 인간 문제는 인간적 해결이 필요하다"고 주장하였다. 그는 경영조직은 하나의 사회체계이므로 조직의 서로 다른 부분들 사이에 상호 의존적 관계가 있다고 보았다. 즉, 경영조직은 크게 기술적 조직과 인간적 조직으로 구분되며 인간적 조직은 다시 공식조직과 비공식조직으로 구분되는데 이들 각각의 세부 조직을 지배하는 논리가 근본적으로 다르다고 보았다. 따라서 경영은 이들 다른 논리를 가진 부분들을 조화시키는 상호의존적 사회체계라는 해석을 내렸다.[14]

〈그림 3〉 경영조직의 요소

3. 통합 균형이론

능률의 논리로 인간을 기계시하는 과학적 관리론의 비인간적 측면을 비판하여 등장한 이론이 인간관계론이라면 통합균형이론은 인간적 요소를

---

13) F.J. Reothlisberger. 1941. Management and Morale. Harvard University Press.
14) 이진규, 김종진, 최종인. 2006. 『경영학 개론』. 서울: 한국방송통신대학출판부. 52~53쪽.

지나치게 강조한 인간관계론의 한계를 비판하고 과학적 관리론과 인간관계론 간의 통합과 균형을 강조한 이론이다. 벨 회사의 사장이었던 C. I. Barnard(1886~1961)는 1936년 조직경영의 직무를 분석한『경영자의 기능』이라는 책을 출간하였는데, 이 책은 조직을 대외적·전체적·동태적 시각에서 통합적으로 다루었다.

바나드의 이론은 과학적 관리론에 입각한 조직이 인간성을 경시한 조직(Organization without people)이라면 인간관계론에 입각한 조직은 공식조직을 경시한 조직(People without organization)이라는 점을 간파하고 이 두 가지 치우친 입장을 동태적으로 통합하는 이론을 제시했다는 점에서 당시 경제학의 '케인즈 혁명'에 비유, '바나드 혁명'이라고 불릴 정도로 경영학계에 큰 반향을 불러일으켰다고 한다.[15] 바나드의 통합균형이론은 다음과 같이 요약된다.

- 과학적 관리론과 인간관계론의 균형 추구
- 조직을 시스템으로 파악, 큰 시스템과 하위시스템으로 구성
- 인간과 조직의 관계에서 구성원의 의사결정 권한은 한계가 있음.
- 조직의 목적달성 정도를 효과성(effectiveness), 개인의 동기 만족도를 효율성(efficiency)이라 구분하고, 조직의 목적과 개인의 동기는 서로 대립 또는 통합될 수 있다고 봄.

바나드는 협동시스템으로서의 공식조직은 조직의 공통의 목적이 전제되어야 하고, 조직 구성원들의 공헌의욕이 있어야 하며, 이는 구성원들이

---

15) 이진규, 김종진, 최종인. 2006.『경영학 개론』. 서울: 한국방송통신대학출판부. 55쪽.

조직의 공통의 목적을 이해하고 수용할 수 있는 의사소통을 통해서 이루어질 수 있다고 보았다.

사이몬(H. A. Simon)은 바나드의 이론을 더욱 발전적으로 전개하였다. 사이몬은 1945년 『관리행동(Administration Behavior)』이라는 저서에서 조직 내의 전문화, 커뮤니케이션, 의사결정에 중점을 둔 경영관리이론을 전개하였다.[16] 사이몬은 바나드의 시스템적 조직이론을 계승하여 조직의 균형을 강조하고, 조직의 성립 및 존속의 중심에는 언제나 의사결정론이 존재하고 있다는 것을 강조하였다.

사이몬은 인간의 의사결정은 '제한된 합리성'에서 이루어진다고 보고, 경제학에서 가정하는 이른바 '객관적 초 합리적 의사결정' 가설은 현실적으로는 불가능하다고 보았다. 그는 첫째, 객관적 의사결정 가설은 목적달성을 위해 가능한 모든 안을 고려해야 하나 이는 현실적으로는 불가능하여 일부의 대안밖에 내지 못하며, 둘째, 모든 대안에서 발생될 모든 결과를 알 수 있어야 하지만 이 역시 인간의 지식은 항상 단편적이고 불완전하기 때문에 불가능하며, 모든 대안을 비교 평가하여 가장 좋은 대안을 선택한다고 하지만 이 역시 모든 대안을 완전한 형태로 비교 평가할 수 없다는 점에서 한계가 있다고 보았다. 사이몬은 제한된 합리성밖에 달성할 수 없는 인간을 '관리인(Administrative man)', 객관적 합리성을 달성할 수 있는 인간을 '경제인(economic man)'으로 구분하고 '경제인'은 현실적으로는 불가능하다고 보았다.

---

16) Simon H. A. 1945. Administration Behavior : The new science of Management Decision(1960).

4

경영학의 대상과 분야

경영학(Business Administration)은 그 학문 명칭이 의미하는 바와 같이 기업의 경영관리를 과학화 하는 과정에서 형성된 실용적 학문 분야라 할 수 있다. 경영학에서는 경영학의 연구대상 및 분야를 경영전략, 계량의사결정론, 조직론, 인사관리, 노사관계론, 생산관리, 마케팅, 고객관계경영, 경영정보시스템, 회계학, 재무회계, 원가회계, 재무관리, 투자론, 선물옵션 파생상품론 등으로 나누고 있다.

그러나 기업이 차지하는 사회적 역할과 비중이 현저히 높아진 현대 자본주의사회에서는 경영학은 비단 기업경영 뿐 아니라 사회의 모든 부문에 걸쳐 그 마인드와 방법론을 응용하지 않으면 안 되게 되었다.

도서관은 기업은 아니지만 현대 경영학에서 논의되는 제반 문제와 기법들을 도서관에 적용함으로써 도서관의 경영목적을 효과적으로 달성할 수 있다. 이를 위해서는 도서관 경영학의 모태가 되는 일반 경영학의 전반적인 대상과 분야들을 먼저 포괄적으로 이해한 바탕 위에서 도서관경영을 논하는 것이 순서일 것이다. 경영학의 뿌리를 모르고 피상적으로만 도서관 경영학을 논하는 것은 사상누각일 가능성이 크기 때문이다.

그러나 도서관의 경영자가 되려고 하는 문헌정보학도가 일반 경영학의 모든 분야를 공부하고 이해하는 것은 역부족이므로 우선 대학의 경영학과에서 다루어지고 있는 경영학 세부 교과들에 대하여 포괄적으로 살펴본 다음 도서관 경영에서 무엇을 어떻게 적용하고 응용할 수 있는지를 생각해야 할 것이다. 이러한 의미에서 4년제 대학의 경영학과에서 다루어지고 있는 교과목의 내용들을 살펴 경영학이 어떤 학문인지 그 윤곽을 알아보고자 한다.[17)]

대학의 경영학과 학사과정 교과목

경영학 원론

현대 기업조직의 성공을 위해 필요한 지식과 아이디어를 다룬다. 기업경영의 기초 원리를 설명하는 경영학원론의 이해는 과제 중심적 접근법, 관리과정적 접근법, 기업기능적 접근법 등이 있다. 이 과목의 주요 내용은 경영학일반론, 경영주체와 거시경영, 경영전략론, 경영조직론, 기능관리론, 사람관리론, 비전경영론으로 구성되어 있다.

경제원론

글로벌 지식기반시대의 기업, 산업 및 국가 경제의 성장, 안정, 능률, 형평, 국제수지 등의 근본문제를 이해하고 그 해결을 위한 정책방안을 강구하는데 필요한 각종 핵심경제원리, 개념, 경제시스템 등을 쉽게 이해할 수있게 한다. 기업, 산업, 국가경제 및 글로벌 경제차원의 분석, 한·미·일 등 국제비교, 현실문제에 대한 기본 경제 원리의 응용능력 등을 중시한다.

---

17) 서울대학교 홈페이지 대학 교과목 소개에서 발췌 정리함.

회계원리

회계학의 기초 원리로서 회계순환과정(accounting cycle)을 이해하기 위한 기초개념으로서의 회계의 전제조건 및 회계원칙과 자산, 부채, 소유주 지분, 수익, 비용, 이익의 개념과 회계의 기술적 구조를 중심으로 공부한다. 거래의 발생부터 재무제표를 작성하기까지 일련의 과정을 중점적으로 다룬다. 아울러 현금 및 현금등가물, 단기금융상품, 유가증권, 상품, 채권 및 채무, 어음, 유형 및 무형자산 등에 관한 회계처리 및 재무제표의 작성원리 및 보고 방법에 관하여 다룬다.

중급회계

중급 재무회계의 다양한 주제들을 다룬다. 자산, 부채 및 주주 지분과 관련한 회계절차를 살펴본 후, 리스회계, 법인세회계, 회계변경 및 오류수정, 현금 흐름표, 파생상품회계 등과 같은 특수주제도 다루게 된다. 뿐만 아니라 본 과목은 기업이 재무정보를 창출하는 과정에서 발생하는 의사결정의 문제와 이슈도 다룬다.

계량경영학

계량적인 틀을 가지고 경영현상들을 분석할 수 있는 모형을 제시한다. 주요내용으로는 선형계획법, 동적계획법, 게임이론, 기대확률이론, 대기행렬이론, 그리고 재고 모형 등이다.

조직행위론

조직과 조직 내 구성원의 특성과 그들의 행동에 영향을 미치는 제반 요소를 이해하고, 구성원과 조직관리가 효과적으로 이루어지고, 나아가 구성원의 만족을 증진시키면서 전체 조직의 유효성을 증진시키는데 관련된 개념과 방법을 익힌다. 개인, 집단, 조직차원으로 구분하되 조직차원의 이슈도 큰 비중을 둔다.

지식경영시스템

지식관리는 조직구성원들의 정형화되지 않은 업무 전문성 및 경험뿐만 아니라 데이터베이스, 문서, 정책들 그리고 업무절차 등을 포함한 기업의 정보와 지식자산에 대한 확인, 정형화, 가공, 공유 및 평가를 위한 통합적 접근을 활성화하는 분야 중 하나이다. 지식관리실행과 기술에 대한 기법을 다룬다.

기업법

현대사회가 발전함에 따라 성공적으로 조직을 경영하기 위해서는 조직경쟁력의 기초가 되는 지식을 습득하는 것은 필수 불가결한 과제이다. 이러한 지식은 어느 특정 학문분야만 학습해서 되는 것이 아니라 경제학, 사회학, 인류학, 심리학, 정치학 등 기초 사회과학분야와 경영학 분야가 어우러질 때 그 폭이 더욱 넓고 깊이 있는 것이 될 수 있다. 이 과목은 기업조직을 대상으로 하여 사회전반에 대한 기초지식의 이해를 통해 조직의 발전방안을 도모하는 데 목적을 둔다.

조직구조론

조직의 효과를 극대화시키는 요인 중 하나로서 조직구조를 다룬다. 조직구조에 임하기 전에 우선 조직 효과성을 취급하고, 조직구조가 무엇이며, 어떤 유형이 있고, 앞으로 어떤 유형이 21세기 조직에 적합한지를 다룬다. 그 과정에서 조직구조 형성에 영향을 미치는 제 요인들, 즉, 전략, 규모, 기술, 환경, 파워를 논의하여 그들이 구조에 어떤 영향을 어떻게 미치는지 파악한다. 또한 효과적 조직구조를 설계하기 위하여 이들 영향요소를 어떻게 다루어야 조직의 성과를 극대화하는지 논의한다. 따라서 조직의 기능논리에서 벗어나 조직의 구조가 얼마나, 어떻게 중요하게 작용하는지를 파악하고 조직구조를 설계하는 능력을 기른다.

마케팅 사례 연구

마케팅과 관련된 최신 사례 및 논문들을 통하여 새로운 마케팅 패러다임을 이해하게 하고, 이 시대의 마케팅과 관련된 주요 관리적·학문적 이슈, 연구방향이나 마케팅해결책을 모색한다.

비즈니스 커뮤니케이션

비즈니스 커뮤니케이션의 다양한 유형, 예를 들어, 내부보고서, 제안서, 프리젠테이션, 대면 회의 등을 포함한 언어적, 비언어적인, 서면 커뮤니케이션과 관련된 중요한 요소들을 다룬다.

재무관리

자본의 조달 및 운용에 관한 구조적인 측면과 기능적인 측면을 다룬다. 자본 및 금융시장에서의 자금의 조달방법, 자본비용 계산, 투자안의 분석 및 평가, 자본예산 편성, 기업의 유동성 관리, 자본구조 정책, 배당 정책, 재무예측 등이 이 과목에서 다루어지는 주요 주제들이다.

인사관리

조직의 경쟁우위 창출요인으로서 인적자원은 전략적 중요성을 지니고 있다. 즉, 경영전략의 효과적 달성을 위해 인사전략이 수립, 시행되어야 한다. 이러한 관점에서 본 과목에서는 인사관리의 세부분야(선발, 개발, 평가, 보상, 승진, 퇴직 등)에 관한 기초이론과 제도를 다루며 사례연구를 통하여 인사관리에 관한 실용적이고 심도 있는 사고능력을 개발한다.

원가회계

복잡한 계산절차를 포함하는 원가회계를 이론적, 체계적으로 이해할 수 있도록 하여 원가계산으로부터 얻은 정보를 의사결정에 활용할 수 있도록 한다. 본 교과는 단순히 원가계산에 관한 기술적인 측면만을 설명하는데 그치지 않고 그러한 원가계산에 관한 논리적 근거가 무엇인지를 설명함으로써 원가계산방법을 좀 더 깊이 이해할 수 있도록 한다.

관리회계

기업의 가치사슬상의 각 기능, 즉, 연구 및 개발, 설계, 제조, 마케팅, 유통, 고객서비스 등과 관련하여 경영의사결정의 질을 제고할 수 있는 관리회계시스템의 설계방법에 초점을 맞춘다. 이를 위해 원가구조, 다양한 원가개념, 활동원가의 분석, 원가시스템의 설계방법, 원가정보를 이용한 전략적 의사결정, 성과평가 시스템의 설계 등의 주제를 다룬다. 전반적으로 관리회계에서 회계 자체보다는 회계가 경영에 어떻게 공헌할 수 있는가를 중점적으로 다룬다.

금융기관 관리론

금융기관 경영자로서의 주체적 입장에서 알아야 될 근본적인 지식과 금융기관 경영에 필요한 이론 및 기법을 전체적으로 다루고 더 나아가서 이러한 이론이나 기법이 실무적으로 어떻게 응용될 수 있는지를 살펴본다. 금융 및 자본시장 그리고 통화 및 비통화 금융기관들을 차례로 논한다.

생산관리

생산관리의 장기적인 전략에 초점을 맞추고 있다. 특히, 엔지니어링, 회계, 재무, 마케팅을 포함하는 기업의 각 부문을 통합하는 관점에서 생산관리에 대해 연구한다. 이 과목에서는 품질관리를 비롯하여 생산설계, 비용효익분석, 서비스 생산관리, 공급사슬관리, 배치 등 다양한 영역을 연구한다.

마케팅관리

기업을 포함한 조직의 경영과 관리에 있어서 마케팅이 차지하는 역할, 조직의 전략적 및 전술적 계획의 수립에 있어서 마케팅의 여러 가지 기법들을 다룬다. 먼저 마케팅의 최근 조류를 검토하고, 특히 시장 중심적 마케팅이 의미하는 바를 자세히 살핀다. 그리고 마케팅에서 주로 사용되는 여러 가지 분석 도구들을 소개하고 활용하는 방안을 논의한다.

국제경영

날로 치열해져가는 국제경쟁상황에서 기업의 대응전략 탐구를 기본목적으로 한다. 서두 부문에서는 기업의 국제화와 관련된 기본개념 및 국제경영환경에 관한 기초지식을 갖도록 하고, 기업국제화의 각 유형에 관한 심층적 논의를 통하여 기업국제화에 대한 이해의 폭을 넓힌다. 아울러 산업구조 및 국제경쟁구조 분석을 통해 산업 환경과 국제화의 관계를 살펴본다. 또한, 국제기업의 영역별 의사결정 문제를 포괄적으로 다룬다.

기업재무론

재무관리의 기본이 되는 현가 개념을 이용한 자산의 가치평가, 자본예산 및 포트폴리오 이론, 자본비용에 대한 기본적인 이해를 바탕으로, 실제 기업의 재무활동에 깊은 관계가 있는 시장 효율성, 자본구조이론, 기업의 배당정책, 운전자본 관리에 대한 이해를 과목의 목표로 한다.

경영정보론

정보통신기술을 기업경영에 효과적으로 활용하는 것에 초점을 둔다. 이러한 학습목표를 달성하기 위해 정보시스템을 위한 기초 언어를 이해하고, 정보시스템의 설계와 구현에 대한 전반적 내용에 대해 학습하며, 정보기술을 활용하여 전략적 우위를 달성하는 방안에 대해 살펴본다.

소비자행동

소비자가 어떻게 구매의사결정을 내리며, 경영자로서 이 지식을 활용하여 기업이나 조직이 어떻게 효과적 마케팅 의사결정을 내릴 수 있는가를 다룬다. 또한 사례 연구 및 심층 면접에 바탕을 둔 프로젝트를 수행함으로써 소비자 행동 지식을 전략적으로 활용하는 방안을 모색한다.

품질경영

품질개선이라는 접근방법을 사용하여 경영현상을 분석한다. 주요내용으로는 공정관리도, quality function deployment, 로버스트 제품설계, 포카요케, 데밍 접근법, Baldridge award criteria, 품질비용, 작업자 임파워먼트 및 보상시스템 등이다. 또한 성공적인 품질개선을 이룬 기업들의 사례를 분석하여 비즈니스 프로세스에서 품질관리의 중요성에 대해서 논의한다.

인간과 경영

환경의 변화와 조직내부 경영여건의 변화에 따라 새로이 나타나는 노동, 인간, 경영과 관련된 이슈들을 살펴봄으로써 인간의 행복과 목표를 동시에 달성할 수 있는 방안들에 대해 학습한다.

네트워크 비즈니스 경영

비즈니스 경영에 있어서 정보통신기술과 인터넷 비즈니스와 같은 네트워크효과를 보이는 해결과제에 중점을 둔다. 네트워크 효과란 네트워크 내부에서 서로 상호작용하는 사용자들의 수에 의해 네트워크 가치가 결정된다는 의미이다. 상호작용은 네트워크를 통해 상호작용하는 사용자들에 의해 요구되는 기반구조(Infrastructure), 표준 그리고 규칙들을 포함하는 플랫폼에 의해 조정된다.

현대경영이론

다양한 현대 경영이론 및 이슈들을 지식(K: Knowledge), 자원(R: Resource), 권력(P: Power)의 통합적인 관점에서 논의한다. 지식이란 기업이 당면한 문제를 진단하고 해석하며, 문제를 해결하는 데 유용하게 활용될 수 있는 앎을 말하고, 자원이란 기업의 경영활동에 필요한 모든 요소를 지칭하며, 권력이란 일반적으로 어떤 특정조직이나 개인이 사회적 관계를 맺고 있는 상대편에 대해 자신의 의사를 관철시킬 수 있는 영향력의 정도를 의미한다.

기업윤리

2000년대 이후 급증하고 있는 회계부정 및 기업들의 사기, 횡령 문제 등의 원인은 기업가 또는 경영자의 윤리적 자질이 부족하기 때문이라고 할 수 있다. 본 과목에서는 장차 기업가 또는 경영자가 될 학생들에게 윤리적 소양을 길러주기 위한 여러 윤리적 이슈들에 대해 공부한다.

신제품 개발 및 제품관리

기업의 신제품 개발 및 제품관리에 대하여 다룬다. 신제품 개발에 관한 학제간의 연구를 시도하여 신제품 개발 과정에서 마케팅, 경영전략, R&D, 개발조직, 생산관리 측면을 포괄적으로 연구한다. 또한 신제품 개발일반론 뿐만 아니라 산업에 따라 신제품 개발 과정이 어떻게 변형되어야 하는지를 공부한다. 제품관리에서는 브랜드관리, 제품계열관련 제품의 수명주기 관리, 브랜드자산의 관리 등과 같은 주제를 다룬다.

재무제표 분석과 기업가치 평가

기업가치 평가를 하기 위한 여러 방법론을 공부하고, 실제 기업의 사례에 적용하여 가치평가를 직접 해본다. 재무제표를 분석하고, 재무제표 및 기업의 연차보고서에서 필요한 정보를 발견하여 기업의 이익과 현금흐름을 예측하고, 이를 이용하여 기업의 가치평가를 하는 다양한 방법을 학습한다.

공급사슬관리

공급사슬관리의 목표는 제품이나 서비스와 관련하여 적절한 고객서비스 수준을 결정하고, 이윤을 최대화하거나 비용을 최소화하는 방법으로 공급사슬 망을 구축하는 것이다. 본 과목은 국제적인 수준에서의 공급사슬 관리에 중점을 두고, 물적 유통과 다른 기능적 영역들 간의 통합 의사결정을 논의하며, 응용가능성을 높이기 위해 다양한 사례를 분석한다. 더 나아가 공급사슬상 기업 간의 전자상거래에 관하여 논의한다.

디자인과 경영전략

오늘날 기업의 역할은 고객과 시장을 창출하는 창조자의 역할로 변화하고 있으며, 디자인을 통해 새로운 세상을 만들고자하는 기업과 주장이 더욱 강하게 제기되고 있다. 생산에서 마케팅으로 그리고 궁극적으로는 디자인으로 경영의 중심이 옮겨지고 있다. 이러한 배경아래서 본 과목은 새로운 경영의 핵심역량으로 대두되고 있는 디자인과 디자인경영을 깊이 있게 이해하고, 이를 통해 미래시장과 미래 고객을 창출할 수 있는 비즈니스 아이디어와 비즈니스 계획을 실험해 봄으로써 새로운 기업환경에서의 경영에 대해 조망한다.

보험과 위험관리

보험과 위험관리에 대한 전반적이고 기초적인 내용을 공부한다. 보다 구체적으로 위험에 대한 경제주체들의 태도와 위험을 관리하기 위한 효율적인 방법의 디자인, 정보 비대칭 문제의 해결 방안과 더불어 위험의 배분과 선가를 위안 보험시상의 구소와 기능에 대해 공부한다.

회계감사

회계감사의 이론을 분석적으로 체계화하여 현대 회계감사에 관한 이해를 높인다. 현대사회에서 회계감사는 영리를 목적으로 하는 기업뿐 아니라 정부, 학교, 병원, 지방자치단체 등 모든 조직에서 필요하다. 본 교과는 주로 기업을 대상으로 한 회계감사문제를 다루지만, 그 기본 원리는 모든 조직에 적용될 수 있다.

세무회계

국세기본법과 법인세법, 소득세법, 부가가치세법 등을 살펴봄으로써 우리가 생활하면서 부딪히게 되는 조세관련 문제를 이해하고 해결할 수 있는 능력을 배양하고, 특정한 조세관련 거래나 사건에 대하여 단순히 조문을 해석하는데 그치지 않고 그와 같이 세무회계처리를 하는 근본적인 이유가 무엇인가를 설명함으로써 내용을 체계적으로 이해할 수 있게 한다.

마케팅조사론

마케팅 문제를 파악하고 어떻게 풀어 나갈 것인가에 대한 연구접근과 관련된 부분에 대해 학습한다. 특히 문제해결에 대한 관점을 새롭게 하여 문제해결 능력을 강화하는 데 초점을 둔다. 본 교과는 마케팅 문제뿐 아니라 일상생활의 문제도 과학적으로 해결하는 논리적 체계를 형성하는 데 도움을 줄 것이다.

과세금융상품론

옵션, 선물, 선도, 스왑거래 등과 같은 파생금융상품의 기본구조와 가격결정이론에 대하여 학습하고, 차익거래와 헤지거래 및 위험관리에의 활용

방안에 대하여 논의한다. 주요 내용은 옵션, 선물, 선도, 스왑거래의 구조와 가격결정이론, 차익거래 및 헤지거래, 채권가격결정과 듀레이션, 이자율 기간구조모형과 금리 파생상품, 이항옵션모형과 Black-Scholes모형, 내재 변동성과 변동성의 추정방법, 수치해석방법에 의한 옵션가격결정, 이색옵션의 가격결정, 시장위험 및 신용위험의 평가방법, 금융위험관리의 성공 및 실패 사례연구 등을 포함한다.

투자론

투자의사결정에 필요한 이론과 실제를 다룬다. 투자의사결정이란 포트폴리오를 선택하고, 평가하는 과정을 말한다. 제도적인 세부사항보다는 투자과정을 이해할 수 있는 개념적인 틀을 마련하는데 초점을 두며 분석의 대상은 주로 주식 채권이다.

노사관계론

노사정 3당사자가 대등한 입장에서 교섭과 경영참가를 통해 어떻게 노사문제를 해결하는가를 중심으로 노사관계의 이론과 실제를 학습한다. 첫째, 노사관계의 당사자로서 정부의 위상과 역할을 인식한다. 둘째, 단체교섭 및 경영참가의 제도에 초점을 둔 분석시각과 상황을 고려한 노사 당사자의 전략적 선택을 강조한 분석시각을 동시에 다룬다. 셋째, 노사관계에 대한 일반이론을 바탕으로 한국의 실정에 맞는 새로운 노사관계 패러다임을 모색한다.

경영전략

지속적인 경쟁우위를 창출하기 위하여 전략을 수립, 실천하는 개념과 틀을 제공한다. 또한 각각의 사례를 통하여 다른 과목에서 배운 기법들을 사용함으로써 전략적인 통찰력을 키우도록 한다. 특히 외부 환경의 요구를 인식하고 이를 활용하기 위한 기업의 내부 자원과 능력을 형성할 수 있는 구체적이고 실행 가능한 전략을 수립하는 과정을 이해시킨다.

광고관리론

광고는 기업 활동의 일부분, 마케팅 활동의 일부분, 촉진활동의 일부분으로서 우리가 항시 접하게 되는 것으로 효율적인 경영에 관심이 있는 관리자뿐만 아니라 모든 사람에게 관련된다. 이에 이 과목은 광고의 이론과 실제를 체계적으로 정리하여 광고에 대한 이해와 전략적 시사점을 제시한다.

국제기업환경

기업의 국제화에 따른 정치, 경제적인 환경변화에 대한 분석을 목적으로 하며 상품의 수출입, 국제자본이동, 직접투자에 대한 이론적 배경, 각국의 현황 및 정책 등을 알아보고자 한다. 특히 현재 아시아 금융, 외환위기를 중심으로 기업 경영환경의 급격한 변화에 대한 체계적이고 현실적 이해를 도모하는데 중점을 둔다.

국제금융관리론

국제거래에 수반되는 재무적인 결정들을 연구하는 과목으로 외환시장, 국제금융시장에 대한 기본적인 소개와 외환위험, 이자율위험의 측정 및 관리를 연구한다.

특수경영론

경영이란 최소한의 비용으로 최대의 효율, 즉 능률을 얻을 수 있는 것이라고 정의되며 일반 기업경영과 특수경영(병원, 대학 및 국가경영)으로 구별할 수 있다. 본 과목은 특수경영의 영역에 포함되는 병원, 대학 및 국가경영의 특수한 조직에 대한 경영을 공부한다.

서비스 운영관리

서비스 경영이라는 관점에서 서비스와 경제, 서비스의 개념과 경쟁전략, 서비스 기업의 구조, 서비스 운영관리, 계량 모형의 응용, 세계 수준의 서비스 확장 등을 포함한 서비스 경영 전반에 걸친 문제를 제기하고 그 해결책을 논의한다. 또한 개방 시스템적 관점에서의 서비스 운영, 기업내외의 다양한 기능 영역들과의 유기적 관계형성, 서비스 생산성과 품질 향상을 위한 기술 개발의 세 가지 전략 포인트의 강조를 통해 기업의 환경적 요구에 부응하는 새로운 관점에서의 서비스 경영을 다룬다. 이를 위해 서비스 운영관리의 다양한 이론을 사례와 함께 공부하여 실무적 관점에서 서비스 경영을 재조명한다.

정보기술과 경영혁신

정보기술이 산업과 비즈니스의 생성, 변화에 큰 영향을 준다는 가정 하에 정보기술이 산업수준(가치사슬 등)과 기업 수준(비즈니스 수익모델 등)에서의 비즈니스 혁신에 어떠한 영향을 주었는지, 어떻게 각 수준의 변화에 정보기술을 접목시킬 것인지, 그리고 신규 및 기존 산업과 비즈니스에 어떻게 정보기술을 창의적으로 활용할 것인지, 또한 주어진 정보기술을 이용하여 비즈니스와 산업을 어떻게 디자인할 것인지에 대해 심도 있게 논의

한다.

위험관리론

기업과 금융기관이 당면하는 금융위험을 효과적으로 관리하는 방안에 관하여 학습한다. 주요학습 내용은 금리위험, 신용위험, 환위험관리 등을 포함하며, 위험관리의 도구로 사용되는 파생상품에 대하여 그 적용사례를 분석하고, 위험관리의 통계적 도구를 배운다. 또한 최근 대두되는 구조화 증권, 금리 및 신용파생상품 등을 이용한 위험관리에 관한 이론과 기법도 다룬다.

기업전략

지속가능한 경쟁우위를 창출하기 위해서 기업이 처한 경쟁의 양상과 산업의 구조를 분석하고 기업이 이미 확보하였거나 확보 가능한 자원과 역량을 분석하여 경쟁자를 이기기 위한 경쟁전략을 수립하거나 성장전략을 수립할 수 있는 전략적 사고와 분석적 틀을 학습하는데 주요 개설 목적이 있다. 특히 본 과목에서는 사업 및 기업의 미래를 구상하고 기업의 성장을 도모하기 위해서 전사적인 관점에서 사업의 포트폴리오의 재조정 및 구조조정, 신규 사업의 발굴 및 추진, 기존 사업 간의 시너지 창출, 차별화의 기반으로서의 이노베이션 전략 추진 등의 이슈와 기업 지배구조 관련 전략적 이슈에 초점을 맞춘다.

5

도서관 경영학의 분야

도서관의 조직관리

경영학의 조직이론을 도서관에 응용하여 도서관의 경영 목적을 달성할 수 있는 조직설계와 조직구조, 부서의 설정 등 제반 문제를 연구한다. 도서관에서의 조직은 인적 조직과 자료조직으로 구분될 수 있다. 여기서 말하는 조직 관리는 주로 도서관 경영의 전반적 틀을 구성하고 환경변화에 알맞게 변화, 개발해 나가는 인적 조직의 문제를 의미한다.

조직(組織, organization)이란 사람과 사물이 흩어져 있는 상태를 어떤 기준에 따라 체계적으로 짜 놓은 상태를 말한다. 도서관의 조직은 도서관의 업무를 효율적이고도 효과적으로 수행하기 위하여 의도적으로 만든 구조적 틀이다. 경영 사이클인 계획, 실행, 평가를 효율적으로 수행하기 위해서 이들을 담당할 구조를 짜고, 이 구조 속에 적정 인력을 배치하여 분담된 업무를 수행하게 하여 궁극적으로 도서관의 목적을 달성하게 하는 기본적 업무구조를 대상으로 연구한다.

도서관의 인력관리

경영학의 인사관리 이론을 응용하여 도서관의 인사관리를 합리적으로 수행하기 위한 제반 이론과 실무를 연구한다. 인력관리는 도서관의 조직구조에 기조하여 도서관에서 일할 적정한 전문 인력의 채용, 교육훈련, 보수관리, 이동, 승진, 근무성적평가를 실시하여 반영하는 일련의 과정이다. 인력관리를 효과적으로 수행하기 위해서는 도서관마다 명문화된 인사정책이 필요하다. 인력관리의 기본원칙은 적임자의 선발과 적재적소의 배치, 신뢰성 있는 직무평가, 공정한 인사고과, 직원들의 동기부여와 인격존중, 고용안정과 신분보장 등이다.

도서관의 시설관리

도서관은 건물과 시설의 최적 관리가 필수적이다. 따라서 도서관은 건축계획에서부터 도서관의 목적과 기능에 적합한 건물이 되도록 설계되어야 한다. 도서관의 설립목적, 도서관의 성격, 입지조건, 시설 운영 프로그램 등을 철저히 고려하고, 국내외 사례를 다각적으로 수집, 분석하여 위치와 지형에 따른 건물의 디자인, 내부와 외부의 공간체계, 이용자, 직원, 물품운반 동선 등을 초기에 합리적으로 설계하여야 한다.

이를 위해 도서관의 업무기능을 면밀히 분석하여 업무수행의 흐름이 원활하도록 해야 한다. 도서관의 업무 기능은 수서, 정리, 열람, 연구, 교육, 학습, 세미나, 강의, 강연, 프로그램 제작, 안내 홍보, 고객출입관리, 경비 보안관리, 사무관리, 회의, 휴식 등으로 세분할 수 있다. 도서관의 시설관리는 물리적 공간으로서의 도서관이 그 기능을 최대한으로 발휘할 수 있도록 건축 안전, 유지관리의 이론과 실제를 연구 개발하는 분야이다.

도서관의 장서관리

도서관의 핵심자원인 장서를 수집, 정리, 보존, 활용시키는 제반 이론과 실제를 연구한다. 도서관의 핵심자원은 책을 중심으로 하는 지식정보이다. 책이 없으면 도서관이 성립될 수 없다. 도서관은 어떠한 주제 분야의 지식정보를 어떻게 개발, 정리, 보존, 폐기, 보충할 것인가가 하나의 주요 업무이다. 또 하나의 주요 업무는 보유 또는 접근 가능한 지식 정보를 고객에게 제때에 제대로 이용시키는 일이다.

고객들은 지식정보를 이용하기 위하여 도서관에 온다. 따라서 도서관은 고객들의 반응을 파악하여 기존의 정보콘텐츠를 새롭게 변화시켜 나가야 한다. 한마디로 도서관은 고객에게 알맞은 정보미디어를 항상 새롭게 갖추고 고객의 의견을 반영하여 새로운 정보미디어를 끊임없이 보완함으로써 지역사회에 유용한 지식정보도서관으로 거듭 태어나야 한다. 도서관은 보존관리로서의 소극적 관리개념을 넘어 정보자원의 이용 활성화라는 적극적 경영개념으로 전환되어야 하며 장서관리론은 이를 위한 제반 이론과 실제를 연구한다.

도서관의 재무관리

도서관의 재무관리는 경영학의 재무관리 기법을 도서관에 적용하여 도서관의 합리적 경영을 도모하기 위한 실무 연구 분야이다. 도서관은 비영리 공익사업을 수행하는 조직으로서 영리를 추구하지 않으므로 자체적으로 재원을 조달할 능력이 없으며 정부나 지방자치단체, 대학 등 모기관의 예산을 받는 구조로 되어 있다. 도서관의 재정은 도서관의 상위기관인 모기관이 의사결정을 좌우하게 되어 국가나 지방자치단체 또는 대학의 재정 사정과 정책 방향에 따라 큰 영향을 받게 된다. 따라서 도서관의 재무관리는 도서관이라는 공익사업의 추진을 국가 전체적인 관점에서 이해하고 이해시킬 필요가 있다. 재무관리는 조직의 목적 달성의 근간이라는 점에서 도서관의 목적과 관련하여 일관성을 가질 수 있도록 합리적인 관리기법을 지속적으로 연구 개발해야 한다.

도서관의 서비스관리

경영학의 서비스경영이론을 도서관에 적용하기 위한 이론과 실제를 연구한다. 21세기 사회는 정보사회이며 서비스사회이다. 사기업분야에서 일어난 '서비스' 인식이 이제는 모든 영역으로 확대되었으며 도서관도 예외는 아니다. 도서관은 원래 서비스 기관이기 때문에 서비스라는 용어는 도서관계에서 일반적으로 사용되어 왔으나 지금까지 도서관의 서비스 인식은 서비스라는 본질적 의미를 이해하고 실천하기보다는 도서관 업무 자체가 제품을 생산하는 분야가 아니라는 업무 성질의 단순 비교적 측면이 강했던 것 같다.

도서관서비스의 제공은 사서와 이용자 간의 인간적 관계이므로 신속, 정확, 친절이 필수적이다. 이를 실현하기 위해서는 인사하는 방법으로부터 고객을 대하는 태도, 전화 받는 태도에 이르기까지 반복적인 직원교육훈련을 실시해야 한다. 도서관은 아직 침체되어 있다는 평가가 대부분이다. 도서관서비스경영학은 도서관을 침체의 늪에서 벗어나게 하는 정보사회에서의 서비스경영의 이론과 실제를 다룬다.

도서관의 마케팅

경영학의 마케팅이론을 도서관 경영에 응용하여 도서관의 활성화를 도모하는 이론과 기법을 연구한다. 마케팅은 문자 그대로 시장 활동이다. 시장(市場)은 '시민의 광장'이다. 시민들은 상업적이든 아니든 그들의 필요와 욕구를 충족시키기 위해 노력한다. 시민들은 각자의 필요에 따라 여러 시장을 옮겨 다니며 그들이 당면한 필요와 욕구를 충족하려 한다. 따라서 시장은 물품과 서비스의 수요 공급이 이루어지는 곳이다. 수요 공급이 활발하게 이루어지면 시장은 활성화되지만 그러하지 못하면 시장은 침체된다.

도서관은 하나의 정보시장이다. 도서관은 시민들에게 정보의 필요와 욕구를 충족시켜줄 수 있는 공격적 경영을 실현할 필요가 있다. 도서관의 마케팅은 도서관을 시민의 도서관으로 만들기 위한 마케팅의 제반 이론과 실제를 다룬다.

6

도서관의 경영환경

도서관은 사회적 존재이다. 사회적 존재란 도서관이 사회의 모든 부문으로부터 영향을 받는다는 것을 의미한다. 환경은 우리의 주변을 둘러싸고 있는 자연적·물질적·사회적·기술적 상황이라고 말할 수 있다. 생물이 생태환경에 따라 다른 모습으로 살아가듯이 사람도 환경에 따라 다른 문화를 형성한다. 생물은 주로 자연환경의 영향을 받으며 살고 있으나 인간은 자연환경은 물론 사회적, 기술적 환경의 영향을 받으면서 새로운 환경을 창출하며 살아간다.

경영환경이란 조직이 존속 발전하는데 영향을 미치는 외부적인 요인들 및 그 요인들 간의 관계를 말한다. 이러한 환경요인들은 고객, 감독기관, 관련단체 등 직접적이고 가까운 환경요인과 정치·경제·문화·국제관계 등 간접적이고 거시적인 환경요인으로 구분할 수 있다. 직접적인 환경요인을 과업환경요인 또는 미시환경요인이라 하고 간접적인 환경요인을 거시환경요인이라고 부른다.

1. 미시환경(micro environment)

고객(customer)

도서관의 가장 중요한 업무는 고객의 정보요구를 충족하는 일이다. 이를 위해서는 먼저 고객 그룹의 특징과 정보이용행태를 파악해야 한다. 도서관의 종류에 따라 고객의 도서관 이용 특성이 다르기 때문에 고객 집단의 특성 및 요구의 파악은 도서관 경영의 방향을 결정하는 데 필수요건이 된다. 국립도서관, 공공도서관, 대학도서관, 학교도서관, 전문도서관 등 각기 목적과 기능들은 그 도서관의 고객 집단의 특성으로부터 도출되고 정의되어야 한다.

정부 및 감독기관

도서관에 관련한 법규를 제정하고 도서관을 감독하는 국가기관은 도서관경영의 직접적인 환경요인이다. 도서관은 그 성격상 독립된 기관이 아니라 항상 모 기관에 종속되기 때문에 모기관의 정책결정은 도서관경영에 절대적인 영향을 미친다. 예를 들어 국립중앙도서관은 문화체육관광부에, 국회도서관은 국회사무처에, 법원도서관은 대법원에, 대학도서관은 해당 대학에, 지역의 공공도서관은 지방자치단체 또는 교육청에 부속되므로 이들 모 기관들의 법률적, 행정적, 재정적 정책결정은 그 하부기관인 도서관에 절대적인 영향을 준다. 이들 모 기관이 도서관에 대하여 긍정적이면 도서관경영은 활성화될 수 있지만 그렇지 않은 경우에는 도서관이 위축되기 쉽다. 모 기관 경영자의 인사이동에 따라 도서관에 대하여 우호적인 사람이 책임을 맡는 경우와 비우호적인 사람이 책임을 맡는 경우 도서관 경영 활성화여부는 판이하게 달라진다.

관련단체 및 연구기관

문헌정보학 및 도서관 관련 단체와 연구기관들은 도서관 경영에 대한 긍정적이고 우호적인 환경 요인이다. 이들은 도서관의 사회적 중요성을 인식하고, 연구와 교육을 통해서 전문가를 양성, 배출하며 불합리한 제도의 개선을 지속적으로 추진함으로써 도서관과 도서관인의 권익향상을 추구한다. 한국도서관협회와 그 산하단체, 도서관연구소, 문헌정보학회, 도서관정보학회, 정보관리학회, 한국비블리아학회, 한국서지학회 등 학자들과 실무자들의 단체는 도서관의 발전을 위한 연구와 정책결정에 영향을 미친다.

물품 공급자

도서관의 건물·시설의 건축 및 유지관리와 개선에 필요한 각종 물품의 생산자 및 공급자도 도서관 경영에 영향을 미친다. 도서관의 건축을 위해서는 건물의 설계와 시공에 참여하는 건축업체가 영향을 미친다. 건축업체들의 기술수준이나 경험은 도서관의 보존 공학적 측면과 이용 환경의 편리성, 쾌적한 도서관의 건축에 관련된다. 또한 자료의 보존과 이용에 따르는 각종 미디어, 사무기기, 컴퓨터, 출판, 인쇄, 복사와 관련되는 업체들도 자료의 유지 관리 및 이용에 영향을 준다.

다른 도서관 및 유사기관

다른 도서관이나 박물관, 기록보존소 등은 도서관의 또 다른 환경요인 이라 할 수 있다. 다른 도서관에서 이루어지고 있는 경영관리 현상들을 벤치마킹할 수 있고, 박물관이나 기록관의 경영현상도 도서관에서 참고할 수 있다. 또한 도서관 간 상호협력 및 정보교류 네트워크를 형성할 수 있다. 특히 도서관, 기록관, 박물관은 각기 그 소장 자료의 성격만 다를 뿐 경영의 원리는 동일하게 적용할 수 있을 것이다. 기업체 도서관이나 연구소 도서관들은 자료실과 기록관을 동시에 경영함으로써 정보자료의 관리 및 이용에 상승효과를 높일 수 있다.

2. 거시환경(macro environment)

정치적 환경

인간은 '정치적 동물(political animal)'이라는 말과 같이 우리는 언제 어디서나 정치의 영향을 받고 살아간다. 요즘 정치에 무관심한 사람들이 많지만 그런 사람들도 한 나라의 국민일 수밖에 없으며, 국민인 이상 정치의 영향을 벗어날 수 없다. 동양에서의 정치는 중국의 고대로 거슬러 올라간다. 공자(孔子)는 정치가 무엇인지를 묻는 제자 계강자(季康子)의 질문에 "정자정야(政者正也)"라 답했다고 한다.[18] 즉, '정치는 나라를 바르게 하는 것'이다. 서양의 정치는 고대 그리스의 폴리스[19]에서 행해진 직접민주주

---

18) 論語 顔淵篇, "季康子 問政於孔子 孔子對曰 政者正也, 子帥以正, 孰敢不正".
19) 정치(politics)의 어원은 직접민주정치를 행했던 그리스의 도시국가 polis에서 유래한다.

의로부터 중세의 절대왕정과 봉건주의, 계몽주의를 거쳐 19세기 이후 민주정치로 발전하였다. "정치는 국민이 하는 것이다." 서양이나 동양이나 이제 민주주의는 정치에 있어 가장 고귀한 보편적 가치가 되었다.[20]

민주주의(Democracy)의 특징은 '데모(Demo)'에 있다. '데모(Demo)'[21]란 민중을 의미는 것이므로 민주주의(Democracy)는 '국민이 지배하는 정체'를 뜻한다. 정치는 위정자들의 거창한 권력행위만이 아니라 민중의 생활 그 자체가 곧 정치라는 의미에서 '생활정치'라는 말도 등장하였다. 공자의 가르침대로라면 생활정치는 '생활을 스스로 바르게 하는 것'이다. 우리 헌법은 제1조에서 "① 대한민국은 민주공화국이다. ② 대한민국의 주권은 국민에게 있고, 모든 권력은 국민으로부터 나온다"라고 규정하여 대한민국이 자유민주주의 정체임을 천명하고 있다.

반면 독재정치 하에서는 모든 것이 권력자의 체재유지 및 국가시책의 선전도구로 이용된다. 국민의 정보이용의 자유와 알권리가 극도로 제한되므로 민중은 지식과 정보를 쉽게 접하지 못한다. 독재국가에서의 도서관은 독재자의 체제유지를 위한 성역(聖域)에 지나지 않는다. 북한은 '인민대학습당'이라는 국가적 도서관을 가지고 있으나 그 속의 자료들은 거의 모두 그들의 체제유지를 위한 선전 자료로 가득 차 있다고 한다.

도서관은 정치의 산물이다. 정치는 도서관에 위협과 기회를 준다. 정치가 도서관을 육성하면 도서관은 활성화된다. 정치가 도서관을 폄하하면 도서관은 침체된다. 위정자가 도서관을 민주주의 기반으로 보면 도서관은

---

20) 공산주의국가인 북한도 자기들의 국명을 "조선민주주의인민공화국"이라고 쓰는 걸 보면 민주주의가 인류의 보편적 가치라는 것은 누구나 인정하는 가치라고 할 수 있다.
21) 데모는 많은 사람들이 거리에 나와서 집단적으로 입장을 표현하는 '시위행위'로 인식되고 있지만 본래는 '민중'을 의미한다.

민주주의의 보루가 된다. 위정자가 도서관을 선전의 도구로 이용하면 도서관은 본질에서 왜곡되어 위정자의 꼭두각시가 된다.

경제적 환경

경제의 사전적 의미는 '경세제민(經世濟民)' 즉, 세상을 다스리고 백성을 구제한다는 유교국가의 통치사상에서 비롯된다. 동양의 경제사상은 정치사상과 결부되어 국민경제적인 성격으로 형성되어 왔다고 볼 수 있다. 현대경제학에서는 경제를 생산, 분배, 소비의 순환으로 이어지는 부(富)의 사회적 재생산 과정이라고 본다. 인간생활에는 언제나 의, 식, 주 등 물질이 필요하다. 이러한 물질은 물과 공기처럼 노력이나 대가를 지불하지 않고도 자유롭게 사용할 수 있는 '자유재'와 금은보석, 식료품, 의복, 컴퓨터 등 노력이나 돈을 지불해야만 사용할 수 있는 '경제재'로 구분된다. 이들 가운데 경제활동의 대상이 되는 것은 경제재이다.

사람은 생산수단과 노동력을 이용하여 자연에서 경제재를 얻고, 이를 가공하여 생산과 소비를 함으로써 물질적 생활을 유지해왔다. 경제란 이 모든 생산과 소비의 순환 과정 및 이에 관련된 행동과 질서체계를 의미한다. 경제는 보통 개별경제, 국민경제, 국제경제로 구분되고 있다. 개별경제는 개인, 가계, 회사처럼 개별 주체의 생산과 소비활동을 다루는 미시경제 부문이며, 국민경제는 한 나라의 생산과 소비의 총량, 즉 국부(國富)를 다루는 거시경제영역이다. 또 국제경제는 국가 간의 무역에 의해 이루어지는 무역수지영역으로서 개별 경제주체들의 수출입은 미시경제영역, 이를 국가적 차원에서 다루면 거시경제 영역에 포함된다.

경제적 환경에서 공공기관의 경영과 관련하여 가장 중요한 것은 국민경제의 실제 상황이라 할 수 있다. 국민경제의 지표는 국민총생산GNP, 국내

총생산GDP, 1인당 국민소득 등으로 나타낸다. 국민경제가 어렵게 되면 도서관과 같은 문화기관의 예산 배분은 우선순위에서 밀려나게 된다. 도서관은 일반적으로 시급을 요하는 부문이 아닌 것으로 인식되고 있기 때문이다. 따라서 국가 경제가 어려운 상황에서는 도서관을 포함한 문화기관들은 예산편성에서 우선 삭감대상이 되기 쉽다. 도서관의 경영자는 경제 문외한이 되기 쉽다. 그러나 세상 돌아가는 상황을 잘 읽어내고 도서관의 경제적 효과나 영향 등을 사회과학적으로 분석하여 도서관 위에서 군림하는 공직자들에게 도서관의 장기적 국민경제효과를 합리적으로 설득하는 노력을 기울여나가야 한다.

사회문화적 환경

사회(society)의 어원은 라틴어 'societas'에서 온 것으로 '동맹, 결합의 의미라 한다. 동양에서의 사회(社會)는 "社 : 토지의 신을 제사한 곳, 會 : 모인다"의 뜻을 가지므로 '토지의 신을 제사 지내기 위해 모이는 곳'이라는 뜻이라 한다(예 : 社稷 : 제사 모시던 곳, 千年社稷, 社稷洞).

어원이 어떠하든 사회는 주로 인간사회를 말한다. 인간들이 모여 사는 곳이 사회다. 가족, 학교, 직장에는 사람들이 모인다. 가족은 가족사회, 학교는 학교사회, 직장은 직장사회(공직사회), 회사(會社를 바꿔 쓰면 社會가 된다), 국가사회(한국사회) 등 모두 사회다. 사회는 사람들 사이의 관계를 말한다. 가족관계, 조손(祖孫)관계, 사제(師弟)관계, 교우(校友)관계, 동료관계, 상하관계, 국제관계 등 모두 관계로 연결된다. 사회생활은 인간관계의 생활이다.

사회는 역사, 규모, 성격, 종류, 지역에 따라 다양하다. 가족사회라도 대가족, 핵가족, 결손가족이 있는가 하면, 학교사회라도 초, 중, 고, 대학사회가 있다. 같은 학교라도 본교와 분교가 다르다. 정부도 중앙부처, 지방부서가 다르고, 회사도 모회사, 자회사, 본사, 지사가 다르다. 그 다름의 요인은 주로 구성원의 수, 인종, 성별(성비), 연령, 능력, 업무의 성격, 지역 등에 따라 다양하다.

사회는 변화한다. 변화의 가장 큰 요인은 인구(人口 : 사람 입)와 기술이다. 인구 증가 또는 감소, 인구밀도, 인구의 이동(도시화, 도시집중), 인종의 교류, 다문화, 인구의 고령화(고령화 사회, 고령사회, 초 고령사회)등이 사회변화의 요인이다.

기술발전은 특히 정보기술에 와서 획기적인 사회변화를 일으키고 있다. 컴퓨니케이션 사회, 디지털 사회, 네트워크 사회, 쇼셜넷(social net)이 되었다. 오늘의 인간은 '디지털 네이티브(digital native)', '본 디지털(born digital)' 인간으로 변하고 있다.

도서관은 언제나 사회적 존재로서 사회적 영향을 받는다. 학교사회에서는 학교도서관, 대학사회에서는 대학도서관, 지역사회에서는 공공도서관, 고령화 사회에서는 실버도서관, 다문화사회에서는 다문화도서관, 디지털 사회에서는 디지털도서관, 쇼셜넷 사회에서는 SNS(Social Networking Service) 도서관서비스를 해야 하는 등 사회와 호흡을 같이해야 한다. 도서관은 사회변화를 제때에 제대로 간파하여 변화에 적절히 대응해 나가야 한다. 도서관은 언제나 사회와 운명을 같이하는 존재이다.

기술적 환경

"인간은 도구를 사용하는 동물이다." 인간의 역사는 어찌 보면 도구개발의 역사라 할 수 있다. 구석기, 신석기, 청동기, 철기, 그리고 그 이후의 도구의 개발은 인간 생활의 모든 부문에서 헤아릴 수 없을 정도로 발전되어 왔다. 농업기술, 산업기술, 토목기술, 교통기술, 항공우주기술, 나노기술, 생명공학기술, 정보통신기술에 이르기까지 과학과 기술의 발전은 인간의 물질적인 삶뿐만 아니라 정신적인 삶에도 끊임없는 변혁을 일으키고 있다.

책과 도서관에 관련해서는 미디어기술, 인쇄기술 및 전자기록기술이 비약적으로 발전하면서 인간의 문명과 문화를 새롭게 변화시켜 왔으며 오늘에 와서는 디지털 기록 및 기억기술로 말미암아 전 세계를 실시간으로 소통할 수 있는 정보기술 환경을 구현해 나가고 있다. 전통적 도서관은 전자적 자동화를 넘어서 이제 하이브리드 도서관, 나아가 디지털도서관으로 하루가 다르게 변모하고 있으며, 인터넷 웹사이트는 물론 SNS (social networking service)나 스마트 폰 까지도 도서관의 서비스 영역으로 도입되는 시점에 와 있다. 도서관도 이러한 기술사회, 특히 정보기술사회에 적응하고 대비할 수 있는 경영능력과 정보서비스 능력을 갖추지 않으면 안 되게 되었다.

국제적 환경

산업혁명 이후 선진 여러 나라들은 정치적 종교적 이데올로기의 이해관계에 얽힌 대립과 반목으로 크고 작은 전쟁과 냉전을 거듭하여 왔다. 강대국들의 약소국에 대한 식민지배와 두 차례에 걸친 세계대전은 모두 강대국들의 지배력과 경제적 자원을 확보하기 위한 비인도적 싸움이었다. 1950년의 한국전쟁과 1962년의 베트남전쟁, 이스라엘과 팔레스타인의 전쟁, 영국과 아르헨티나 전쟁, 2001년 뉴욕의 9 · 11 테러로 촉발된 이라크 전쟁 등 세계사는 전쟁으로 점철되어 왔다. 21세기에 깊숙이 진입한 2011년 오늘에도 이러한 국내외적 전쟁은 끊임없이 지속되고 있다. 소위 '자스

민 혁명'으로 불리는 아프리카 북부와 중동지역 국가들의 민주화 내란, 중국의 산업발전에 따른 새로운 패권주의의 위협(팩스 시니카), 지구상의 전무후무한 독제세습국가 북한의 핵무장 등 국제정치의 패권주의는 오늘에도 여전히 세계인들을 위협하고 있다.

또한 정보기술과 교통통신의 발전은 국가 간의 교류와 협력을 촉진해왔다. 1945년 국제연합(UN) 창설 이후 세계는 불완전하게나마 정치 경제 문화 등 여러 면에서 교류와 협력을 추진해 오고 있다. 유엔은 안전보장이사회, 경제사회이사회 및 각 부문의 전문기구를 두고 국제적 분쟁 해소와 협력을 도모하고 있다.

 유엔 전문기구

Specialized Agencies

Food and Agriculture Organization of the United Nations (FAO)
International Civil Aviation Organization (ICAO)
International Fund for Agricultural Development (IFAD)
International Labour Organization (ILO)
International Maritime Organization (IMO)
International Monetary Fund (IMF)
International Telecommunication Union (ITU)
United Nations Educational, Scientific and Cultural Organization (UNESCO)
United Nations Industrial Development Organization (UNIDO)
Universal Postal Union (UPU)
International Bank for Reconstruction and Development (IBRD)
International Centre for Settlement of Investment Disputes (ICSID)
International Development Association (IDA)

International Finance Corporation (IFC)
Multilateral Investment Guarantee Agency (MIGA)
World Health Organization (WHO)
World Intellectual Property Organization (WIPO)
World Meteorological Organization (WMO)
World Tourism Organization (UNWTO)

Related Organizations

International Atomic Energy Agency (IAEA)
Preparatory Commission for the Nuclear-Test-Ban Treaty Organization (CTBTO)
Organisation for the Prohibition of Chemical Weapons (OPCW)
World Trade Organization (WTO)
United Nations Convention to Combat Desertification (UNCCD)
United Nations Framework Convention on Climate Change (UNFCCC)
United Nations Democracy Fund (UNDEF)
United Nations Fund for International Partnerships (UNFIP)

7

도서관의 경영자원

모든 일은 무(無)에서 유(有)를 창출할 수 없다. 경영은 기본적으로 자원을 동원하여 일을 수행하는 활동이다. 그리고 그 기본적 자원은 곧 사람, 물자, 자금이다. 이를 간단히 줄여 쓰면 경영의 자원은 인(人), 물(物), 금(金)이다. 이들은 영어로 Man, Material, Money가 되므로 3M's로 표현하기도 한다. 여기에 기술(Machinery)과 관리(Management)를 추가하여 5M's라고 하기도 하나 결국 기술과 관리는 인적자원에 포함되므로 경영자원은 곧 인(人), 물(物), 금(金)으로 요약된다.

인적 자원

모든 일은 사람이 수행하므로 인력은 경영의 첫 번째 자원이라 할 수 있다. 사람은 경영의 자원이면서 동시에 경영의 주체가 된다. 다시 말하면 사람은 경영의 주체적 자원이다. 인적자원은 능력과 전문성 및 도서관에 공헌하려는 태도가 필수적으로 구비되어야 한다. 도서관 경영자원으로서의 인적자원은 도서관에 대한 전문적 지식과 기술을 갖춘 전문 인력이라야 한다. 도서관에 꼭 필요한 인적자원의 경영을 위해 도서관의 인사관리와 인사행정이 필요한 것이다.

물적 자원

도서관의 물적 자원은 건물, 시설, 비품 및 장서이다. 건물은 도서관의 물리적 환경 조건으로서 도서관의 경영목적 달성을 위한 필수 공간이다. 도서관의 건물에 설치되는 설비와 비품들은 도서관의 공간적 기능을 효율적이고도 효과적으로 발휘하게 하는 물적 요소 내지 심미적 요소이다. 경영관리는 시설과 비품 등 물적 요소의 디자인이 매우 중요하다. 건물과 시설자원은 직원과 고객의 눈에 언제나 노출되는 부분이기 때문에 경영관리의 1차적 평가의 대상이 된다. 쾌적한 건물과 시설의 배치는 곧 그 기관의 경영의 모습을 드러내기 때문이다. 건물에 비가 새고, 책상이 너덜거리며, 조명은 어둡고, 화장실은 불결하며, 점심과 음료수를 먹을 수 있는 최소한의 휴식공간이 마련되어 있지 않은 도서관을 흔히 볼 수 있는데 이는 그 도서관이 물적 자원 관리를 제대로 하지 않은 결과라 하겠다.

재화자원

자금은 살림살이를 위한 돈줄이다. 자금이 조달되지 않으면 도서관을 경영할 수 없게 된다. 어떤 사업에 대한 예산이 삭감되면 그 사업을 추진할 수 없다. 경영주체인 사람이 건재하고 있더라도 돈줄이 막히면 경영이 불가능하다. 예를 들어 교육감 선거공약에 따라 학교 무상급식을 시행하기 위해 교육청 소속 도서관의 자료구입예산을 삭감하는 경우가 발생되고 있는데 그렇게 되면 도서관의 장서확충에 차질을 빚게 되어 도서관의 경영에 마이너스 영향을 준다. 개인이건 조직이건 돈 없이는 경영이 불가능하다. 재무관리는 모든 공사조직의 경영에 있어 동맥과 정맥의 흐름을 원활히 하는 자원관리 활동이다. 인적자원과 물적 자원은 자금의 흐름에 직접적인 영향을 받는다. 자금의 흐름이 원활하면 인적자원과 물적 자원이 살아나고, 자금의 흐름이 막히면 인적자원과 물적 자원이 침체된다. 따라서 자금은 경영의 성패를 좌우하는 가장 중요한 자원요소라 하겠다.

제2부

LIBRARY library

경영계획 PLANNING

" 하루의 계획은 아침에 세우고,
한 달의 계획은 월초(月初)에 세우며,
일 년의 계획은 연초(年初)에 세운다. "

" 하루의 계획은 전날에 세우고,
한 달의 계획은 전달에 세우며,
일 년의 계획은 전년에 세운다. "

1

사명과 비전을 설정하라

우리는 "사명 또는 비전을 가져야 한다."고 하면 "또 그 소리냐"고 폄하하기 쉽다. 그러나 잘 따져보자. 이 질문의 답을 구하기 위해서는 근본적으로 "우리는 왜 사는가?"부터 생각해 보아야 한다. 그리고 다시 "우리는 왜 도서관을 필요로 하는가?", "우리는 왜 도서관을 효과적으로 경영해야 하는가?" 라는 질문을 던져야 한다.

우리는 왜 사는가?

정말 우리는 왜 사는가? 막연한 상태에서는 매우 답답한 질문이라 할 수밖에 없다. 그러나 곰곰 생각해보면 답이 나올 수 있다. 흔한 말로 "살기 위해 먹는가, 먹기 위해 사는가?"이런 문제도 마음먹고 생각해보아야 한다. 이런 문제를 논의할 때는 좀 더 진지하고 심각해져야 한다. 인생은 코미디가 아니다. 따라서 우리는 내가 태어난 사명을 정확히 깨닫고 그 사명을 완수하도록 노력해야만 성공적인 삶을 살 수 있다.

사람들은 대부분 이기적이다. 고대 중국의 순자는 인간의 본성에 대한 가설로 성악설을 주장하였다. 그런데 이 가설은 어느 정도 잘 들어맞는 면이 있다. 도서관에 찾아오는 어린이들을 잘 살펴보면 처음에는 순수하고 순진한 것처럼 보이지만 몇 번 겪어보면 매우 이기적이라는 것을 알 수 있다. 예를 들어 어떤 아이는 잠자리를 잡아 달라고 떼를 쓴다. 어떤 아이는 자기 요구를 들어주지 않으면 "방구, 똥꾸" 하며 마구 욕을 해댄다. 순수한 어린 아이답지 않게 비명을 지르거나 큰 소리로 울기도 한다. 어른도 마찬가지다. 스스로의 필요와 욕구만 생각한다. 양보심은 매우 빈약하다.

사람들은 이기적이지만 성장하면서 서서히 철이 들어간다. 그리고 나름 대로 인생 문제를 고민하기 시작한다. 그러면서 막연하게나마 "나는 왜 사는가?" "나의 사명은 무엇인가?" "나는 무엇을 하며 살 것인가?"를 고민한다. 자신만의 가치관과 철학도 이때 형성된다. 이러한 학생들은 매우 정상적이어서 자기들의 인생문제를 스스로 개척해 나간다. "교수가 되겠다," "사서가 되겠다," "엔지니어가 되겠다." "회사원이 되겠다."하고 본인의 사명과 목적을 설정한다. 그리고 노력하면 꿈을 이룬다. 즉, 개체 인간의 사명이란 스스로 적성에 맞는 일을 하고, 인류사회에 도움이 되는 일을 하며 사는 것이다. 이렇게 우리는 저마다 인류사회에 태어난 사명이 분명히 있으며 이는 스스로 만들어가야 한다. 사명과 비전이 없는 사람은 성공적인 삶을 살기 어렵다.

원로 서양사학자 김동길 교수는 고령에도 불구하고 당신의 홈페이지에 매일 1편의 글을 올리는데 2010년 11월 5일자 "앞으로 한반도의 사명은?" (글번호 919)에 다음과 같이 적었다. "나는 평소에 "사명이 있는 개인은 죽지 않고 사명이 있는 나라는 망하지 않는다."는 주장을 되풀이하면서 이날까지 살아왔습니다. 남의 장례식에 가서, "아직도 할 일이 태산 같은데 그만 가셨습니다."라고 추모사를 하는 것은 몰라서 하는 말입니다. '할 일이 태산 같은 사람'은 가지 않습니다. 사람은 사명이 끝날 때 떠나는 것이고 떠나야 하는 것입니다." 이처럼 인간은 저마다 사명이 있다. 그 사명의 실현 여부는 스스로에 달려 있다.

다음으로, "도서관은 우리에게 무엇인가?", "우리는 왜 도서관을 필요로 하는가?", 그리고 "우리는 왜 도서관을 효과적으로 경영해야 하는가?"를 생각해볼 차례다.

도서관은 우리에게 무엇인가?

역사적으로 볼 때 도서관은 인류문명의 기반이요, 중심이었다. 문명은 문자기록으로부터 시작되었다는 사실은 '문명(文明)'이라는 단어 속에 그대로 녹아있다. '문자(文)를 통해서 밝아진(明)'세상을 의미하기 때문이다. 문자는 미디어라는 기록 매체와 만남으로서, 그리고 기록의 효율적 수단인 인쇄술과 만남으로서 인류 문명이 더욱 밝아지게 되었다. 동·서양의 도서관의 역사를 조망해 볼 때 문자가 발달한 곳에 미디어가 발달하고, 필사(筆寫)와 인쇄술이 발달했던 것이다. 그리고 문자를 기록한 미디어 즉, 문헌(文獻, literature)을 보존하고, 유통하고, 전승한 도서관이라는 더 '큰' 미디어가 발생한 것이다. 도서관은 문명 탄생의 직후부터 여러 가지 형태와 명칭으로 명멸(明滅)을 거듭하면서 동시대의 문명을 모아 세계 각처로 공급하는 지식의 저수지로서, 또한 이전시대의 문명을 연면히 전승하는 대하(大河)로서 문명의 씨앗과 뿌리의 젖줄이 되어 새로운 문명을 계속 꽃피워 온 것이다.

우리는 왜 도서관을 필요로 하는가?

인류문명에 대한 도서관의 기능과 역할은 21세기에 와서 위기와 기회를 동시에 맞게 되었다. 18·19세기 서구 계몽주의와 민주주의의 발달, 그리고 산업혁명으로 인한 기술혁신과 교통통신의 발달은 인류사회에 큰 변혁을 몰고 왔다. 20세기 말부터는 컴퓨터와 인터넷, 그리고 휴대전화(cell phone)의 급속한 발전과 스마트 폰(smart phone)의 보급으로 우리의 생활은 언제 어디서나 전 세계의 정보망과 실시간으로 연결되는 '귀신같은' 정보 커뮤니케이션 환경 속으로 진입하게 되었다. 우리나라에 컴퓨터와 인터넷이 없는 가정은 이제 거의 없으며, 남녀노소 누구나 휴대폰이나 스마트폰이 없는 사람도 거의 없게 되었다.

정보기술 환경의 급속한 변화는 전통적인 종이책 도서관의 전반적인 관리자동화에 획기적인 기여를 했고, 나아가 미디어 자체를 디지털로 교체해 나가는 추세에 이르렀다. 또 '정보의 바다'로 일컬어지는 인터넷이 정보사회에 거대한 '블루오션'으로 등장하여 그 심연(深淵)과 외연(外延)을 확대하면서 전통적 도서관의 기능과 위상을 위협하고 있다. 사람들은 디지털 사회(digital society), 컴퓨니케이션(computer communication) 사회, 유비쿼터스 사회(ubiquitous society)[1] 등의 새로운 용어로 정보사회의 실현을 찬양하고 있다. 도서관도 이와 같은 환경 속에서 전통적 종이책도서관에서 전자도서관, 디지털도서관, 유비쿼터스 도서관, 또는 '종이 없는 도서관', '벽 없는 도서관' 등 신조어를 남발하면서 언젠가는 종이책도서관이 사라질 것으로 예상하고 있다.

그러나 한편 아직 많은 사람들은 이러한 종이책도서관 무용론을 인정하지 않고 있다. 그 근거는 2가지다. 하나는 도서관의 역사성이고 다른 하나는 도서관의 인간성이다. 도서관의 역사는 문명의 역사와 거의 동일하다. 문명이 있는 한 역사는 지속되고, 역사가 있는 한 도서관은 존재해 왔다. 도서관은 역사와 함께 각 시대마다 그 기능과 역할을 변신하면서 그 시대에 알맞은 도서관을 유지하였다. 따라서 아무리 디지털, 유비쿼터

---

1) 유비쿼터스 : 시간과 장소, 컴퓨터나 네트워크 여건에 구애받지 않고 자유롭게 네트워크에 접속할 수 있는 정보기술(IT) 환경.

스사회라 하더라고 도서관은 새로운 변신을 거듭하면서 그 기능과 역할을 계속할 것이다. 세계 도서관계는 21세기의 가장 이상적인 도서관은 모든 미디어가 공존하는 하이브리드(hybrid) 도서관이라는 데 묵시적 동의를 하고 있다.

둘째로 도서관의 무용론을 반박할 또 하나의 근거는 '도서관의 인간성'이 아닌가 싶다. 도서관은 사회적 존재로서 인간의 냄새가 깊숙이 배어있다. 도서관과 인간은 문명이라는 접착제로 밀착된 인간의, 인간에 의한, 인간을 위한 인간적 도구(humanistic tool)이다. 인간은 인간적이라야 인간이다. 인간은 그 생물조직이 아날로그다. 아날로그인 인간이 디지털을 만들었지만 인간 자신은 디지털이 될 수가 없다. 사람의 몸에 컴퓨터 칩이나 USB를 꽂는다고 사람이 디지털이 되는 것은 아니다. 사람은 종이도 만들고, 책, 전축, 카메라, 컴퓨터, 전화, CD-ROM, USB 등 온갖 기록(기억)정보매체를 만들어 활용해 왔고, 디지털은 그 중 하나일 뿐이다. 도서관은 인간 중심적 공간이다. 인간이 도서관의 중심에 있는 한 도서관은 결코 사라지지 않을 것이다.

우리는 왜 도서관을 효과적으로 경영해야 하는가?

"Do we really need library?" 이는 1980년에 미국에서 간행된 책의 제목이다.[2] 이 책은 미국에서의 도서관 경영 평가에 관한 내용을 다루고 있다. 필자의 과문한 정보에 의하더라도 1980년대 미국에서 도서관 평가에 관한 책들은 이밖에도 많이 있었으며, 『Library Journal』을 비롯한 도서관 관련 학술지에도 도서관 평가에 관한 논문이 지속적으로 발표되었다. 그만큼

---

2) JOHN BLAGDEN. 1980. Do we really need library?. New Yok : Clive Bingley Ltd.

미국에서의 도서관 경영의 효과성에 대한 인식은 앞서 있었다는 이야기이다. "과연 우리에게 도서관이 필요한가?"에 대한 본질적인 물음을 던지면서 꼭 필요한 도서관을 만들기 위해서는 어떻게 해야 하는지를 진지하게 논의해왔다는 점에서 미국 도서관의 선진 정도를 짐작해 볼 수 있다.

우리도 1990년대 중반부터 도서관을 효율적이고도 효과적으로 경영해야 되겠다는 인식이 확산되기 시작하였다. 그러한 인식은 1994년부터 대학종합평가인정제도 실시에 따라 일부 항목이기는 하지만 대학도서관을 대상으로 평가가 시작되었고, 2001년에 대학도서관 평가기준이 제정되었으며,[3] 1998년부터는 문화관광부의 문화기반시설관리운영평가에 공공도서관이 포함되어 몇 년간 실시되다가 폐지되었다. 2007년 대통령 소속의 도서관정보정책위원회가 출범하면서 전국도서관 평가제도가 마련되어 도서관에 대한 국가적인 외부평가는 현재 자리를 잡아가고 있는 중이다.

그러나 도서관의 효과성에 대한 경영자들의 실질적인 평가는 도서관 경영자들의 경영마인드가 부족한 탓인지 좀처럼 자리를 잡지 못하고 있다. 우리는 여기에서 다시 질문을 던져야 한다. "우리는 왜 도서관을 효과적으로 경영해야 하는가?" 그리고 스스로 답을 찾아야 한다. 그것은 곧 인류사회에 탄생된 도서관의 사명과 목적, 기능과 역할을 다하여 인류사회에 이바지하기 위해서이다. 도서관의 사명은 역사의 보존과 전승을 위한 사명, 정보문명의 창달을 위한 사명, 교육문화의 창달을 위한 사명, 국가발전과 문명 발전을 위한 사명 등 생각할수록 원대하다. 도서관의 정책담당자들 및 경영자들은 이러한 사명이 폄하, 희석되지 않도록 모든 경영자원을 효

---

3) 한국도서관협회 대학도서관위원회, 2001.『대학도서관평가기준』. 서울 : 한국도서관협회.

율적으로 동원하여 도서관의 사명과 목적을 100% 달성하려는 노력을 기울여야 한다.

더 알아둘 문제

도서관의 사명 Mission of Public Library
(IFLA / UNESCO Public Library Manifesto)[4]

정보, 문해(문맹퇴치), 교육 및 문화에 관한 다음과 같은 주요 사명은 공공도서관 서비스의 핵심이다.

- 어린 시절부터 어린이의 독서습관 육성 및 강화
- 모든 수준의 공식교육과 독자적 학습을 지원
- 개인의 창조적 발전을 위한 기회 제공
- 어린이와 청소년의 상상력과 창조력 자극
- 문화유산, 미술 감상, 학문적 업적과 혁신에 대한 인식 증진
- 모든 공연예술의 문화적 표현에 대한 접근 제공
- 문화간 교류 조장 및 문화적 다양성 수락
- 구술 전승 지원
- 모든 종류의 지역정보에 대한 시민의 접근 제공
- 지역의 기업, 단체, 이익집단에 적절한 정보서비스 제공
- 정보 및 컴퓨터 사용능력 개발 촉진
- 모든 연령층을 위한 문맹퇴치활동과 프로그램 지원 및 참여, 그리고 필요시 이러한 활동 착수

---

4) IFLA PUBLIC LIBRARY SERVICE GUIDELINES 2ND COMPLETELY REVISED EDITION(2010). p.120.

목적goal

경영자가 업무 진행과정의 효과성을 파악하기 위해서는 계획의 목적과 목표를 설정해야 한다. 목적과 목표를 확립함으로써 경영자와 시민들은 도서관의 지향점을 분명하게 인식하고, 프로그램의 성과를 측정할 수 있게 된다. 또한 시민들에게 보다 효과적으로 도서관서비스를 수행할 수 있으며, 나아가 사서들이 그들의 업무 달성도를 계량적으로 표현하는데 도움이 된다. 계량적 성과 측정은 또한 예산의 신청과 지속적인 예산지원에 필수적인 근거가 된다. 목적은 향후 3~5년간 도서관이 지향하는 미래의 바람직한 조건을 기술하는 광범위하고 장기적인 비전이라 할 수 있다. 목적은 목표보다 장기적으로 설정되므로 목적이 적절한지 여부는 정기적으로 재검토되어야 한다. 목적은 도서관의 사명에서 도출되며 많은 도서관에서는 5년 내지 10년간 변함없이 지속된다.

목표objectives

목표는 보통 1년 또는 2년간 단기적으로 설정되며, 기말에 가면 그 달성 여부를 측정할 수 있다. 목표는 일정기간에 달성해야 하는 단기적 성과를 표현한 것이다. 목표는 조직의 목적으로부터 도출된다. 각각의 목표는 도서관의 목적으로 연결되어야 하며 목적과 논리적인 흐름을 유지해야 한다. 또 목표를 통하여 도서관의 목적 성취여부를 가름할 수 있어야 한다. 목적과 목표의 설정, 달성, 평가는 연속적인 과정이다. 목표는 측정할 수 있고, 실행 가능하며, 시간 제한적이며 동적인 활동을 나타내는 것으로 목적보다 세부적이다. 우선순위는 중요성과 긴급성에 따라 결정되는 목적과 목표에 관련된 선후관계의 순서로서 어떤 활동에 주어진 한정된 자원의 활용 순서를 나타낸다.

목표관리(MBO : Management by objectives) - 목표관리의 조건

- 명확히 제시된 목표 : 목표를 분명하게 설정하고 제시해야 한다.
- 연속된 구체적 목표 : 진전의 정도 측정을 위한 수준점 제시
- 구체적 목표의 위양 : 목표달성에 대한 책임을 담당자에게 맡겨야 한다.
- 행동의 자유 : 목표와 권한을 부여하고 이를 달성할 수 있도록 도와야 한다.
- 결과의 입증 가능성 : 가급적 계량화 할 필요가 있다.(비계량의 경우 증거 확인 필요)
- 명확한 커뮤니케이션 : 조직구성원 상호간 합의와 의사소통이 필수적이다.
- 공동 책임 : 팀에 의한 노력, 팀 전체의 책임 의식 부여
- 개인의 최종책임 : 각자에 부여된 목표에 대한 최종 책임 부과

MBO는 경영문제 해결에 다음과 같은 도움을 준다.

- 경영자와 직원들의 실제 공헌에 대한 측정수단 제공
- 개인의 공헌을 측정하여 상호 조정에 의한 노력과 팀워크의 증진
- 개인의 분야별 책임을 통하여 공동책임을 달성함으로서 핵심적 문제에 대한 해결책 제시.
- 경영자의 통솔범위를 결정하는 수단 제공
- 공헌도 평가에 따른 합리적 인사관리의 근거를 제공

도서관의 효율성과 효과성

- 효율성 : 동일한 일을 하는 데 있어 보다 적은 비용과 시간을 들이는 것, 또는 동일한 비용과 시간을 들여 보다 많은 일을

하는 것으로 능률성과 같은 의미이다. 요즘 SBS 방송프로그램 '생활의 달인'은 주로 동작의 효율성 사례를 보여준다.

- 효과성 : 경영의 목적 달성정도를 의미한다. 아무리 효율적으로 일을 하더라도 경영의 최종 목적에 부합되지 않으면 헛일이다. 효과성은 조직의 존재이유와 목적달성을 위한 경영평가의 기준이 된다.

2

날마다 계획을 구상하라. 장기계획을 세우라.

"일일신 우일신(日日新 又日新)"이라는 말이 있다. 날마다 새롭고 또 새로워야 한다는 뜻이다. 또 "하루의 계획은 아침에 세우고, 한 달의 계획은 월초(月初)에 세우며, 일 년의 계획은 연초(年初)에 세운다"는 말도 있다. 선인들이 남긴 지혜의 말씀들이다. 우리의 삶이 나날이 새롭게 되기 위해서는 항상 새로운 마음으로 새로운 계획을 세워서 활기차게 실천해야 한다는 것은 너무나 당연한 교훈이다. 그런데 이 당연한 생활상식이 잘 지켜지지 않기 때문에 개인이건 조직이건 목표 달성에 어려움을 겪는 것이다.

사실 삶 또는 생활(生活)이라는 단어의 의미는 '살아서(生) 움직인다(活)'는 뜻이다. 그런데 살아 움직이려면 항상 생기(生氣 : 에너지)가 솟아나야 한다. 또 그 생기는 삶의 사명과 목적 달성을 위해 계획적으로 활용되어야 하고, 계획을 실행한 다음에는 반성을 하여 더욱 좋은 삶을 맞을 준비를 갖추어야 하는 것이다. 생활(生活)이라는 단어 속에는 이미 날마다 살아 움직이는 삶을 살아야 한다는 멋진 '계율(戒律)'이 담겨있다. 이렇게 생활을 계획하다보면 생활이 여유가 없어 숨 막힐 것 같지만 생활의 여유를 갖는 것도 생활의 계획에 포함할 수 있으니 그리 걱정할 일은 아니다.

도서관도 활력경영(vitality management)을 위해서는 정신적 물질적으로 날마다 새롭게 계획하고 새로운 변신을 시도해야 한다. 도서관의 직원이나 경영자들은 날마다 계획을 구상해야 한다. 자기 도서관이 우선적으로 당면한 문제들이 무엇인지를 목록을 만들고 각자 또는 브레인스토밍(brain storming) 회의를 통해 아이디어를 짜내며, 장기적으로 우리 도서관이 어떻게 발전되는 것이 좋은지를 매일같이 생각하고 기록해야 한다. 업무일지는 그 도서관의 일기다. 일기에는 그날의 한일, 미흡한 일이 다 기록되어야 한다. 직원 개인의 업무수첩에는 그날의 한 일, 못한 일, 개선해야 할 일이 모두 기록되어야 한다. 흔히 업무일지를 보면 어떤 직원은 '서류정리' '대출반납', '참고봉사' 정도로 한두 마디만을 무성의하게 써 놓는데 이것은 업무개선이나 계획에 별 도움이 되지 못한다. 무슨 서류를 왜, 어떻게, 몇 건이나 정리했는지, 대출 반납에서는 어떠한 문제점이 있었는지, 참고봉사에서는 고객과 어떤 면담이 있었고, 어떻게 해결했으며, 미흡한 점은 무엇인지 등을 소상하게 기록함으로써 다음의 계획에 반영해야 한다.

개인이건 조직이건, 단기계획이건 장기계획이건 하루아침에 계획을 잘 수립할 수는 없다. 평소의 생활 속에서 충실한 기록과 반성을 토대로 미래에 대한 아이디어가 모아져서 훌륭한 계획이 수립될 수 있다. 또 이러한 계획이라야 실천에 무리가 적을 것이고 충실한 반성과 피드백으로 이어져 발전의 선순환을 돌릴 수 있을 것이다. 계획은 용두사미(龍頭蛇尾)가 되어서는 곤란하다. 매일 매일 업무의 과정 속에서 새롭게 구상되는 계획이라야 '용두용미(龍頭龍尾)'가 될 수 있을 것이다.

계획의 의의

경영은 계획, 실행, 평가로 이어지는 하나의 순환과정이므로 계획은 경영과정의 출발점이다. 계획은 미래에 대한 설계이다. 미래의 설계는 경험자의 영감과 추측에 의해서 이루어지는 것이 아니라 과학적 분석을 통해서 이루어져야 한다. 조직이 처해 있는 대내외적 환경 속에서 조직의 사명과 존재목적, 기능과 역할을 실현하기 위해 필요한 여러 가지 방안을 개발하고 최적 대안을 선택하는 것이다.

계획의 과정

- 도서관의 사명과 존재 의미에 맞는 목적을 설정한다.
- 그 목적 달성을 위한 방안들을 고안하고, 최적 대안을 선택한다.
- 선택된 방안을 실현할 수 있도록 인적, 물적 자원을 조달한다.
- 실행의 과정에서 제때에 제대로 진행되는지를 점검하고 조정한다.
- 일정한 기간별로 계획의 성과를 평가하고 차기 및 장기계획에 반영한다.

계획의 종류와 기법

단기계획과 중장기계획

- 단기계획 : 1년 이내의 계획으로 비교적 세부적이고 구체적이다. 또한 반드시 조달 가능 한 예산이 수반된다. 연간예산서는 단기계획을 예산측면에서 집약한 것이다.

- 중기계획 : 2년 이상 5년 이내의 계획이다. 단기계획보다는 향후 5년 정도의 미래를 예측 한 전략적인 계획으로서 조직의 사명과 비전이 제시된다. 건물신축 계획 등 투자계획이 이에 속한다.
- 장기계획 : 5년 이상의 미래 계획으로서 한 조직의 장기발전 전략이며 청사진이다. 이러한 장기적인 발전계획의 틀 속에서 단기계획과 중기계획이 구체화 된다.

부문계획과 종합계획

- 부문계획(tactical plan) : 구체적 업무 수행을 위해 부서별 또는 요소별로 나누어진 계획으로 조직계획, 인력계획, 재무계획, 노무계획, 장서계획 등 필요에 따라 분리하여 수립한다.
- 종합계획(master plan) : 도서관의 전반적 종합계획으로서 도서관 발전을 위한 장기적이고 전략적인 기본계획이다.

운영계획과 전략계획

- 운영계획 : 예산운영계획과 같이 1년 단위의 단기적이고 일상적인 기관운영을 위해 수립되는 단기계획이다.
- 전략계획 : 미래의 변화에 적극 대처하여 지속적 발전을 도모하기 위한 '전략'으로서의 계획을 의미한다. 급격하게 변화하는 기술적, 사회적, 세계적 환경 속에서 변화의 트렌드를 읽고 대응하는 전략으로서의 계획이다. 전략계획의 특징은 다음과 같이 요약될 수 있다.

- 전략계획은 미래지향적, 조직적, 진취적이다.
- 전략계획은 조직의 궁극적 사명실현을 목적으로 한다.
- 전략계획은 객관적 사실자료에 근거하여 과학적 분석을 토대로 설계된다.
- 전략계획은 위험부담을 줄이기 위해 집단의사결정으로 수립된다.
- 전략계획의 수행평가는 전체적·장기적·거시적 관점에서 이루어진다.

계획과 미래학[5]

계획은 예측이므로 미래학적 방법의 활용이 필수적이다. 미래의 사전적 의미는 '아직 다가오지 않은 시간'이다. 그러나 잘 생각해 보면 우리 인간이 의지를 가지고 영향을 미칠 수 있는 시간은 오직 미래뿐임을 알 수 있다. 과거는 이미 흘러갔고, 현재는 흘러가는 찰나에 불과하므로 거의 영향을 미칠 시간이 없다. 그러나 미래는 다가오지 않았으므로 우리의 의지대로 설계할 수 있는 것이다.

따라서 미래는 시간적 의미에 더하여 어떤 시점에서의 삶의 상태를 결부시켜야만 의미가 있다. 예를 들면, '2020년의 나의 모습', '2020년의 우리도서관의 상태' 등을 상정해야만 발전의 목표가 보이는 것이다. 또한 미래의 연구는 모든 과학의 궁극적인 목적이기도 하다. 우리는 미래를 위해

---

5) 배규한. 2000. 『미래사회학』. 서울: 나남출판. 36~47쪽.

서 교육하고, 미래를 위해서 배우며, 미래를 위해 연구한다.

미래의 차원

- 있음직한 미래 : 객관적 자료나 경험을 근거로 판단해 볼 때 현실로 나타날 가능성이 큰 미래의 상태, 즉 현재의 추세대로 이루어질 가능성이 큰 상태(예 : 현재의 공공도서관이 2015년에도 거의 그대로일 가능성)
- 있을 수 있는 미래 : 어떤 예기하지 못한 변수에 의해서 전개될 수도 있는 미래의 상태. (예 : 현재의 도서관이 기업가의 기부나 대통령의 특별한 관심으로 획기적으로 발전할 수 있는 가능성)
- 바람직한 미래 : 경영자의 가치관에 입각하여 볼 때 그렇게 되는 것이 좋겠다고 생각하는 바람직한 미래의 상태(예 : 대학도서관 사서의 교수 수준 구현)

미래연구의 원리

- 계속성의 원리 : 과거 현재 미래는 연속선상의 현상이다.
- 유추의 원리 : 일반적 원리와 법칙으로부터 미래를 추론하는 절차
- 연구자의 통찰력 : 경험이 풍부한 연구자나 경영자의 판단력

미래예측의 기법

- 자유토론(braining storming) : 전문가들이 한자리에 모여 자유토론을 주고받는 가운데 아이디어를 얻거나 미래 전망을 종합한다. 문제 해결을 위해 일반적으로 많이 사용하는 기법이다.
- 델파이기법(Delphi technique) : 전문가들이 한자리에 모이지 않고 각자의 위치에서 의견을 제시하고 이를 종합하고 피드백하는 과정을 거

쳐서 미래를 전망하는 방식

- 추세외삽(trend extrapolation) : 통계적 자료를 활용하여 현재의 추세를 미래까지 연장하여 봄으로써 변동의 유형과 방향을 분석
- 시나리오기법 : 미래에 발생할 것으로 예상되는 일들의 전개과정을 인과관계에 따라 기술, 미래의 상황을 설정하고 전개되는 문제들을 도출
- 모의 실험법(simulation) : 실제와 비슷한 모델을 만들어 구성요소간의 변화를 역동적으로 살펴보는 방법. 예를 들면 모델 공공도서관을 만들어 실제로 경영하면서 문제점과 발전 방안을 도출하는 경우

3

학교교육에 기여하라

도서관법 제2조에 규정된 우리나라 도서관의 종류는 공공도서관, 대학도서관, 학교도서관, 전문도서관으로 구분된다. 그리고 공공도서관의 범주에는 국가 또는 지방자치단체가 설립·운영하는 공립 공공도서관, 단체 및 개인이 설립·운영하는 사립 공공도서관, 규모가 도서관 법령 기준에 미달되는 작은 도서관, 장애인도서관, 병원도서관(입원환자 및 보호자를 위한 도서관으로 의학도서관과 구분), 병영도서관, 교도소도서관, 어린이도서관이 포함되어 있다.

여기서 학교교육에 직접적으로 기여하는 도서관은 학교도서관 및 대학도서관이다. 학교도서관은 초·중·고등학교에서 학생들과 교사들에게 도서관서비스를 제공하는 도서관이므로 당연히 해당 학교의 교육과정을 지원해야 한다. 그러나 우리나라의 학교 현실은 학교도서관이 너무 열악하고 사서교사의 역할도 저평가되어 있어 임용 배치가 되지 않는 학교가 대부분이다. 그 근본적인 원인은 우리나라의 교육이 대학입시 준비를 위한 주입식 지식교육에 집중됨으로써 구성주의 교육, 자기주도학습, 전인교육을 시행하지 못하는 데서 비롯된다. 교육 당국과 학교 경영자들의 창의적 교육과 전인교육에 대한 인식혁신이 필요한 부분이다.

대학도서관 역시 해당 대학의 교육과정과 연구를 지원할 목적으로 설립된 도서관으로서 대학교육과정을 지원하는 도서관이다. 우리나라의 대학도서관은 다른 종류의 도서관에 비하여 시설, 인력, 장서 면에서는 어느 정도 수준에 올라와 있다고 볼 수 있다. 그러나 대학교육을 지원하는 측면에서는 주제전문사서의 부족과 서비스 프로그램의 미약으로 아직 그 본연의 역할을 다하지 못하고 있다. 향후 명실상부한 대학도서관으로서의 사명을 다하기 위해서는 보다 창의적이고 체계적인 교수, 연구, 학습 연계프로그램이 마련되어야 할 것이다.

공공도서관은 가장 보편적인 의미의 도서관으로서 각계각층 국민 모두를 대상으로 서비스를 제공하는 도서관이다. 따라서 공공도서관도 학교교육에 기여해야 하는 것은 당연하다. 해당 도서관이 위치한 지역에서 초등학교, 중고등학교, 대학교 등 각 급 학교와 연계하여 학교도서관과 대학도서관에서 제공하지 못하는 부분을 채워주고 보완하는 생활교육이나 직업교육프로그램을 개발하고 지원해야 한다. 전인교육 전반을 학교에만 맡겨둘 수는 없다. 공공도서관 특히 공·사립 공공도서관 및 어린이도서관은 학교도서관을 지원하는 연계방안을 개발하여 학교교육을 적극 지원해야 한다. 학교도서관, 대학도서관, 공공도서관 모두 '독불장군'으로서의 도서관은 그 지역사회의 교육적 요구를 충족시킬 수 없으므로 교육과정과 교육정보의 공유를 통해 효과적인 교육지원 방안을 마련해야 한다.

구성주의 교육

기존의 산업사회를 지배했던 객관주의 인식론에 대응하여 지식정보사회의 대안적 인식론으로 등장한 이론이다. 즉, 교수·학습 영역에서 객관주의 패러다임이 지닌 한계와 문제점의 비판과 더불어 새로운 시대정신을 반영한 대안으로서 지식(앎)의 형성과 습득을 개인의 인지작용과 사회적 상호작용에 비추어 설명하는 상대주의적 인식론에 기반을 두고 있다. 따라서 학습의 본질과 학습이 이루어지는 과정에 대한 근본적인 변화를 요구한다. 이는 곧 교사 중심에서 학생 중심, 쓸모없는 지식에서 맥락 지식 중심, 획일적 환경에서 풍부하고 다양한 학습 환경으로의 변화를 의미한다.[6]

객관주의와 구성주의 교육의 차이

구분	객관주의	구성주의
지식	고정적이고 확인할 수 있는 대상	개인의 사회적 경험을 바탕으로 하여 개인의 인지적 작용에 의해 지속적으로 구성, 재구성되는 것
지식의 특징	초자연적, 초공간적, 범 우주적인 성격	특정 사회, 문화, 역사, 상황적 성격의 반영과 구현
현실	규칙적으로 규명 가능하며 통제와 예측이 가능	불확실하며 복잡하고, 독특함을 지니고, 예측이 불가능
최종 목표	모든 상황적, 역사적, 문화적인 것을 초월하여 적용할 수 있는 절대적 진리와 지식의 추구(truth)	개인에 의해 의미 있고 타당하고 적합한 것이면 모두 진리이고 지식(viability)
주요 용어	발견(discovery / find) 일치(correspondence)	창조(creation) 구성(construction)

---

6) 강인애. 2005. 『왜 구성주의인가?』. 서울 : 민음사. 15~16쪽.

공공도서관과 학교도서관의 연계

공공도서관 사서는 학교도서관 사서와 의사소통할 수 있는 유일한 창구이다. 공공도서관 직원이 먼저 학교도서관 직원에게 다가가야 한다. 학년 초 또는 편리한 시간에 친목모임을 가질 수 있다. 이러한 만남을 통해서 상호 관심사를 논의함으로써 상호간의 지원 방안을 마련할 수 있다. 학교도서관과 공공도서관은 계속적인 유대를 통하여 관계를 강화해 나감으로써 지역사회의 학교 교육에 기여할 수 있다.

사서와 교사들과의 관계

사서들은 일반교사들에게도 도서관의 장서 및 서비스를 알려주고 학생과 관련되는 문제들을 논의하는 것이 좋다. 교사들에게 도서관의 이용시간, 서비스 프로그램 등을 마케팅 할 수 있다. 도서관서비스가 그들의 직무수행에 도움이 된다고 생각하는 교사들은 다른 교사들에게도 기꺼이 전파할 것이다. 수업과제 및 프로젝트를 위해 학교도서관이 제공할 수 없는 자료들을 공공도서관이 제공할 수 있다고 믿으면 교사들은 점차적으로 공공도서관과 좋은 유대관계를 형성하게 될 것이다. 사서와 교사가 협력함으로써 양측 모두 제한된 자원으로 최선의 교육서비스를 창출할 수 있다.

교과과정에 대한 지식

공공도서관 사서는 특수 수업과제와 함께 일반교과에 대한 정보도 파악할 필요가 있다. 공공도서관이 학교 교과과정에 필요한 장서를 모두 갖추는 것은 어렵지만 학교에서 가르치는 전체 주제를 자료 선정에 반드시 반영해야 한다. 사서들은 교과과목의 변동 및 새로운 교과의 도입에도 대비해야 한다. 학교와 공공도서관 간의 협력적 정보 공유는 두 기관 모두의 교육서비스 향상에 도움이 될 것이다.

관련도서

강인애. 2005. 『왜 구성주의인가?』. 서울 민음사.

김종문 외 13인. 2002. 『구성주의 교육학』. 서울 : 교육과학사.

Adele M. Fasick, 이종권·노동조 역. 2010. 『어린이도서관 서비스경영』 서울: 도
서출판문현.

4

평생교육에 기여하라

　유네스코의 공공도서관 선언[7]에서는 공공도서관을 평생교육기관으로 규정하고 있다. 한국도서관기준에서도 "공공도서관은 지역별 특성을 감안한 연령별, 주제별 교육 문화프로그램을 개발하여 주민의 적극적 참여를 유도하여야 한다. 그리고 도서관 직원은 가능한 한 지역사회의 구성원이나 지역단체와 공동으로 프로그램을 계획 조직하여야 하며, 프로그램의 내용은 평생교육 배경이나 프로그램 운영에 관한 지식을 갖춘 사서 또는 평생교육사와 협의하여 선정하여야 한다."고 규정함으로써 도서관의 평생교육프로그램 개발 및 시행을 의무화하고 있다.

　그럼에도 불구하고 우리 도서관들은 평생교육기관으로서의 확고한 체계와 위상을 정립하지 못한 채 다른 평생교육기관이나 평생교육전문가들과 협력이나 상담도 별로 없이 나름의 '다양한' 문화프로그램을 기획하여 운영하고 있다. 전국 지방자치단체에서 주관하는 평생학습 담당 공무원과 평생학습센터 건물은 도서관과는 무관하게 인력과 예산을 투자하고 있다. 그러나 평생교육 프로그램은 아직 체계를 잡지 못하고 있고, 사후관리도 제대로 이루어지지 않아 과연 "우리나라 평생교육 이대로 좋은지?"그 실효성이 염려된다. 평생학습동아리를 지원하여 자율적인 학습을 돕고, 자치

---

7) IFLA PUBLIC LIBRARY SERVICE GUIDELINES 2ND COMPLETELY REVISED EDITION(2010). p.120.

단체 및 전국단위로 평생학습 축제를 개최하지만 이는 일종의 전시행사에 불과하여 국민들에게 돌아가는 학습의 실익은 별로 느껴지지 않는다.

국가적으로 평생교육이 이렇게 이중으로 겉돌게 된 근본적인 이유는 평생교육법과 도서관법, 그리고 정책부서의 이원화에 기인되는 것으로 생각된다. 교육부 주관의 평생교육법(법률 제9641호)이 있으므로 도서관은 평생교육법에서 정하는 평생교육기관이 아니라 "그 밖에 다른 법령에 따라 평생교육을 주된 목적으로 하는 시설·법인 또는 단체"로서의 평생교육기관 중 하나일 뿐이다. 평생교육을 담당하는 정부의 조직, 인력, 시설이 별도로 설치되어 있고 부서와 소속이 다름에 따른 업무의 영역도 달라 도서관과 평생교육 당국은 사실상 연계되기 어렵다. 따라서 평생교육센터도, 도서관도 평생교육 프로그램은 별로 체계화 하지 못한 채 번문욕례의 서류처리로 평생교육 행정의 경직성만을 지키고 있다. 그러나 평생교육의 효과를 증진하기 위해서는 근본적으로 인력과 예산, 프로그램 면에서 도서관과 평생교육기관을 통합하여 경영해야만 시너지효과를 낼 수 있을 것으로 판단된다.

국가 및 지방자치단체가 진정으로 평생교육을 제대로 실현하기 위해서는 도서관이 중심이 되는 평생교육을 체계화해야 한다. 평생교육센터는 강의실만 덩그러니 있는 공허한 시설인데 반하여 도서관은 장서가 있고 역사와 문화가 있으며 주제전문 사서가 있는 평생교육의 기반이기 때문이다. 공공도서관은 유네스코의 '공공도서관 선언'에서 천명한 평생교육기관으로서 평생교육과 문맹퇴치는 공공도서관의 기본 사명이기에 우리의 현실이 아무리 열악하더라도 도서관은 체계적인 평생교육 프로그램을 지속적으로 개발하여 모든 계층 시민의 평생교육에 기여하지 않으면 안 된다.

평생교육법

〈시행 2009.8.9 법률 제9641호, 2009.5.8 일부 개정〉, 교육과학기술부 평생학습정책과

제1조 (목적) 이 법은 「헌법」과 「교육기본법」에 규정된 평생교육의 진흥에 대한 국가 및 지방자치단체의 책임과 평생교육제도와 그 운영에 관한 기본적인 사항을 정함을 목적으로 한다.

제2조 (정의) 이 법에서 사용하는 용어의 정의는 다음과 같다.

1. "평생교육"이란 학교의 정규교육과정을 제외한 학력보완교육, 성인 기초·문자해득교육, 직업능력 향상교육, 인문교양교육, 문화예술교육, 시민참여교육 등을 포함하는 모든 형태의 조직적인 교육활동을 말한다.

2. "평생교육기관"이란 다음 각 목의 어느 하나에 해당하는 시설·법인 또는 단체를 말한다.

   가. 이 법에 따라 인가·등록·신고된 시설·법인 또는 단체

   나. 「학원의 설립·운영 및 과외교습에 관한 법률」에 따른 학원 중 학교교과교습학원을 제외한 평생직업교육을 실시하는 학원

   다. 그 밖에 다른 법령에 따라 평생교육을 주된 목적으로 하는 시설·법인 또는 단체

3. "문자해득교육"이란 일상생활을 영위하는데 필요한 기초능력이 부족하여 가정·사회 및 직업생활에서 불편을 느끼는 자들을 대상으로 문자해득(文字解得) 능력을 갖출 수 있도록 하는 조직화된 교육프로그램을 말한다.

제3조 (다른 법률과의 관계) 평생교육에 관하여 다른 법률에 특별한 규정이 있는 경우를 제외하고는 이 법을 적용한다.

제4조 (평생교육의 이념) ① 모든 국민은 평생교육의 기회를 균등하게 보장받는다.

② 평생교육은 학습자의 자유로운 참여와 자발적인 학습을 기초로 이루어져야 한다.

③ 평생교육은 정치적·개인적 편견의 선전을 위한 방편으로 이용되어서는 아니된다.

④ 일정한 평생교육과정을 이수한 자에게는 그에 상응하는 자격 및 학력인정 등 사회적 대우를 부여하여야 한다.

제5조 (국가 및 지방자치단체의 임무) ① 국가 및 지방자치단체는 모든 국민에게 평생교육 기회가 부여될 수 있도록 평생교육진흥정책을 수립·추진하여야 한다.

② 국가 및 지방자치단체는 그 소관에 속하는 단체·시설·사업장 등의 설치자에 대하여 평생교육의 실시를 적극 권장하여야 한다.

이하 생략

더 알아둘 문제

평생교육의 개념과 특징

교육은 문자 그대로 미성숙자를 '가르치고 기르는 것'이라고 정의할 수 있다. 전통적으로 교육의 대상과 영역은 매우 한정된 상태에서 진행되어 왔다. 이는 정치이념, 종교제도, 신분제도, 가족제도, 경제상황, 지리적 요인 등 여러 제약조건에 기인하여 나타난 결과이다. 그러나 민주주의와 대중교육의 확대는 이러한 제약요인들을 극복해 왔으며 정보통신기술의 혁명은 이러한 제약 요인들을 급속도로 제거하고 세계를 하나의 정보사회로 탈바꿈시키고 있다. 그 결과 인간 모두는 교육의 주체이며 객체인 평생학습사회에 살고 있다. 따라서 평생교육은 이제 교육의 전체를 포괄하는 개념이 되었으며 현대사회는 누구든지 자신이 원하든 원하지 아니하든 피교육자임과 동시에 교육자로서의 생을 보내지 않으면 안 되게 되었다.[8] 다만 문제는 개별적 교육자와 피교육자들이 이러한 교육상황을 어느 정도 능동적으로 받아들이고 성실히 교육에 임하고 실천하느냐에 따라서 교육의 효과는 천차만별로 다르게 나타날 뿐이다.

---

8) 전통 유교사회에서는 신분적 제약이 있었음에도 불구하고 평생교육의 개념이 있었던 것 같다. 그 단적인 예로 평민이 돌아가면 學生府君(학생부군)이라는 말을 넣어 위패를 쓴다. 평

평생교육의 개념은 1960년대에 유네스코(UNESCO)에 의해 보편화되었다. 유네스코는 세계경제의 발전과 인간성의 향상을 동시에 추구하기 위하여 평생교육을 제창하였다. 그 결과 평생교육은 교육의 개념적 뿌리를 바꾸어 놓았다. 평생교육론은 교육의 본질적 기반을 과거와는 다른 차원에서 통찰할 수 있게 해 주었고 인간의 교육기반은 바로 평생교육에 두어야 한다는 깨달음을 형성하게 되었다.[9]

따라서 평생교육의 개념기반 위에서 교육자가 감당해야할 책임과 역할은 그만큼 무겁고 광범하며 중요하게 되었다. 세계 도처에서 출몰하고 있는 지식과 기술, 정보들을 신속 정확하게 습득하여 모든 교육에 활용해야 하기 때문이다. 그러나 이러한 책임은 예나 지금이나 교육자에게만 국한되지는 않는다.[10] 교육의 효과는 교육대상자의 자발적 노력에 의해서 성취되는 부분이 크기 때문이다. 특히 성인교육에 있어서는 교육자와 교육대상자가 연령적으로 역관계를 이룰 수 있기 때문에 상호 학습 동료로서의 역할이 크다. 교사가 제시하는 지식과 정보를 피교육자가 새롭게 구성하면서 교육의 내용을 수정 보완할 수도 있는 것이다. 평생교육의 개념을 평생교육 및 평생학습사회라는 큰 구조 속에서 분류, 정리하여 보면 다음 표와 같다.[11]

생 배우는 자였다는 뜻이다.
9) 한숭희. 2006, 『평생교육론』. 서울 : 학지사. 48~50.
10) 이는 '敎學相長'이라는 말 속에 나타난다. '가르치고 배우면서 서로 성장한다.'는 이 말은 교사와 학생의 상호 영향관계를 잘 나타내고 있다.
11) 이해주·최운실·권두승. 2006. 『평생교육 프로그램 개발』. 서울 : 한국방송통신대학출판부. 11쪽.

평생 교육의 개념 구분

기준	구분
생애주기	유아교육—아동교육—청소년교육—성인교육—노인교육
교육장소	가정교육—학교교육—평생교육
학교교육과의 관계	학령전교육—학교교육—계속교육
교육내용	기초교육, 일반교육, 직업교육, 전문교육
교육형태	형식교육(formal), 비형식교육(nonformal), 무형식교육(informal)
직업생활과의 관련	학습, 일, 삶의 통합 강조 : 순환(recurrent)교육

관련도서

김종서 · 김신일 · 한숭희 · 강대중. 2009. 『평생교육개론』. 서울 : 교육과학사.

한숭희. 2006, 『평생교육론』. 서울 : 학지사.

이해주 · 최운실 · 권두승. 2006. 『평생교육 프로그램 개발』. 서울 : 한국방송통신대학출판부.

5

지역사회를 읽어라

우리는 누구나 지역사회(community)에 속해 있다. '지역'이라는 단어 때문에 서울을 지역이 아닌 것으로 착각하기 쉽지만 서울도 '서울지역'이므로 역시 지역사회다. 더 세분하면 각 구청별로 강북지역, 강남지역, 성동지역, 송파지역 등 모두 지역사회이다. 전국적으로는 강원지역, 충북지역, 충남지역, 대전지역, 광주지역, 부산지역, 울산지역 등 범위가 크든 작든 모두 지역사회다.

도서관은 그 종류를 불문하고 크고 작은 지역사회에 속해 있으며, 그가 속해 있는 지역사회에 정보서비스를 제공하기 위해 존재한다. 따라서 도서관은 해당 지역사회의 모든 특성과 요구를 파악, 분석하여 맞춤 서비스를 제공해야 한다. 이를 위해 도서관의 계획 단계에서 지역사회에 대한 환경적 특성을 다각적으로 조사 분석할 필요가 있다.

조사 대상으로서는 해당지역의 역사, 유형·무형문화재, 지리적 특징, 인구분포, 취락구조, 교육수준, 경제여건 및 특산품, 교육기관, 평생교육기관, 복지기관, 공공기관 등 모든 요소가 포함되며 이들에 대한 기초조사 및 변동 상황을 매년 파악해야 한다. 도서관은 이러한 기초자료를 바탕으로 마케팅 전략을 수립하고 장서, 인력, 예산, 프로그램, 서비스 등 최적 도서관서비스를 제공해야 한다.

지역의 역사와 지리적 특성을 조사하기 위해서 가장 유용한 정보는 그 지역의 행정기관에서 발행한 도·시·군·읍지 및 향토사와 민속자료들이다. 예를 들면 『충청남도지(忠淸南道誌)』, 『충주시지(忠州市誌)』, 『단양군지(端陽郡誌)』 등 전국의 각 지방행정기관은 해당지역의 역사, 지리, 인물 등을 자세히 기록, 전수하기 위하여 도·시·군·읍지를 편찬하고 있다. 또한 향토사 자료는 그 지역의 문화원, 박물관, 역사학자, 민속학자들이 연구, 발행한 자료들로서 해당지역의 역사, 지리, 문화에 대한 정보를 제공하고 있다. 인구통계와 교육통계, 산업통계 등은 통계청이나 지방자치단체, 교육청 등 담당 행정기관을 통하여 확보할 수 있다. 또 기존의 자료를 활용할 수 없는 도서관에 대한 요구 및 잠재적 요구조사는 도서관이 자체적으로 조사를 실시하고 통계를 작성하여 계획에 반영해야 한다.

더 알아둘 문제

지역사회 조사를 위한 체계적인 분석평가 모델로는 미국의 공공도서관들에서 활용하고 있는 CAMEO(Community Analysis Methods and Evaluative Options) 모델이 있다.[12] The CAMEO Handbook[13]은 그 머리말에서 지역사회분석의 중요성을 다음과 같이 기술하고 있다.

---

12) 정동열. 2007. 『도서관경영론』. 서울: 한국도서관협회. 83~90.
13) Community Analysis Methods and Evaluative Options: The CAMEO Handbook, Prepared by The Consulting Librarians Group Sandra M. Cooper, Nancy Bolt, Keith Curry Lance, Lawrence Webster in cooperation with MGT of America, Inc for the Library of Virginia. This publication was supported in part by Library Services and Construction Act(P. L. 101-254\) funds as administered by the Library of Virginia 1402 SB.

● CAMEO 모델의 개요

지역사회분석은 도서관의 장단기 의사결정의 기초이다. 지역사회의 요구와 기대에 알맞은 시설, 장서, 서비스 프로그램을 설계하기 위해서는 사서들이 지역사회뿐 아니라 자신들이 근무하는 도서관을 파악하지 않으면 안 된다. 이 핸드북은 공공도서관들이 도서관과 지역사회를 파악하는 기본적인 도구의 선택과 이용에 관한 문제와 그 결과를 도서관의 계획에 충분히 활용하는 방법들을 안내하고 있다.

Community analysis is the foundation of responsible library decisions both short and long term. To build facilities, collections, services, and programs which are responsive to the needs and expectations of the community, librarians must understand not only the community but also their own libraries. This handbook guides those involved with public libraries in selecting and using basic tools to look at libraries and their communities and to use the results for enriched planning.

또 다른 지역분석평가모델로는 CIPP(Context, Input, Process, Product)모델이 있다.[14] 이 모델은 1966년 미국의 Daniel Stufflebeam이 프로그램, 프로젝

트, 인력관리, 제품관리, 교육, 등의 체계적인 분석 평가를 위해 개발한 것으로 정부기관 및 단체, 프로그램 및 프로젝트 관계자, 국제관계자, 교육행정가, 군관계자 등 광범위한 부문에서 내부적, 외부적 조직평가 및 계획에 널리 응용되고 있다. CIPP모델의 개요는 다음 표와 같다.

CIPP Model의 개요

구분	맥락(CONTEXT)	투입(INPUT)	과정(PROCESS)	산출(PRODUCT)
목표	기관과의 맥락정의, 목표대상 인구 인지 및 요구평가, 요구표출 기회 및 중요 요구 진단 기회 인지 설정된 목적이 요구를 충족할 수 있는지 판단	시스템 역량 평가 대안 전략 설계 전략, 예산, 절차 시행	과정설계의 결함 인지 및 예측 업무시행 의사결정 정보 제공	산출기록 수집, 목표, 맥락, 투입, 과정과 연관된 정보 해석, 가치 및 장점 분석
방법	시스템 분석, 조사 분석, 문헌검토, 인터뷰, 진단테스트 델파이기법	가용 인적, 물적 자원 조사 분석 해결 전략 절차의 경제성, 연계성 분석, 문헌조사, 모범사례 방문조사 선발대 및 실험	예기하지 못한 장애요인 모니터링 프로그램 결정을 위해 해당 프로젝트 참여 직원의 활동관찰 및 상호작용을 통한 실제과정의 상세정보 지속 수집	산출기준 정의 및 측정, 관련자로부터 산출 판단자료 수집, 양적 질적 분석 시행
의사결정 및 변화와의 관계	목적, 목표 기획, 산출 기초 제공	해결전략과 절차선택, 활동변화를 위한 구조설계, 실행 판단 기초제공	프로그램 절차 재설계, 과정 평가, 차기 활용을 위한 실제 과정 기록	지속, 중단, 변경 등 결정 또는 활동 변화 포커스 조정, 효과기록 제공(의도적, 비의도적, 긍정적, 부정적)

---

14) 정동열. 2007. 『도서관경영론』. 서울 : 한국도서관협회. 90~92쪽.

6

지역 기관 및 단체와 소통하라

지역에는 수많은 기관 단체들이 존재한다. 도서관이 지역사회의 모든 시민계층에게 적절한 정보서비스를 제때에 제대로 제공하기 위해서는 지역에 산재하고 있는 각종 정부기관, 단체, 공·사기업 및 시민단체 등과 유대 및 협력관계를 지속적으로 유지해야 한다. 지역사회에서의 도서관의 위상은 대체로 지역의 중요기관이라기보다는 보조적 기관으로 인식되는 경향이 있기 때문에 다른 여러 단체들의 협력이 없으면 도서관의 기능과 역할을 제대로 수행하기 어렵다.

다른 기관들은 도서관의 사회적 기능과 목적을 잘 인식하지 못하는 경우가 대부분이다. 특히 우리나라 공공기관의 장들과 직원들의 도서관에 대한 인식은 대부분 막연하고 미미하다. 도서관을 '책이나' 보고 소일하는 한가한 곳으로 보는 시각이 많으며, 도서관장 자리는 한직(閑職)으로서 퇴직 무렵에 잠시 쉬는 자리로 여겨 의욕 없는 공무원을 보직하는 경우가 많다. 또한 사서직(司書職)의 전문성을 폄하하여 사서는 아무나 할 수 있고, 도서관 직원은 편해서 좋은 직장으로 인식하는 경우가 많다.[15]

이렇게 된 근본 원인은 다른 기관 단체들의 문제라기보다는 도서관이

---

16) 도서관법 제30조에는 "공립 공공도서관의 관장은 사서직으로 임명한다"라고 규정되어 있으나 인사권을 가진 자치단체의 장들은 이를 무시하고 있다. 지역의 기관장들과 공무원들은 도서관장과 사서직에 대한 전문성을 인정하려 하지 않고, 감독기관은 전문직 도서관장의 업무개선 건의나 제안을 쉽게 무시하는 경향이 있다.

지역의 기관 단체와 소통하지 않고, 도서관을 올바로 마케팅하지 못한데 기인한다고 본다. 도서관의 서비스가 다른 기관들보다 앞서고 있다면, 도서관 직원들의 근무태도,[16] 도서관직원들의 업무 결과물들이 다른 행정기관에 비하여 우수하다고 느낀다면, 그리고 도서관 직원들이 지역사회에 대하여 도서관의 사회적 영향을 지속적으로 마케팅 한다면 도서관에 대한 인식은 달라질 것이다.

이런 점에서 도서관은 관장뿐 아니라 전 직원이 나서서 그 지역사회에 산재하는 기관 단체들과 소통과 협력의 통로를 만들어 나가야 한다. 행정기관, 의회, 유치원, 초·중·고등학교 및 각종 학교, 대학, 복지기관, 고아원, 영아원, 박물관, 문화원 등을 방문하거나 이벤트에 초청하고, 프로그램 및 서비스 정보를 교류하고, 지역의 기관장회의에 참석하는 등 활발한 소통활동을 지속적으로 전개해야 한다. 이러한 모든 활동은 지역사회에서의 도서관의 존재와 유용성을 올바로 알릴뿐 아니라 도서관의 위상과 권익을 신장시킴으로써 궁극적으로 도서관의 사명, 목적, 역할을 원활히 수행할 수 있는 바람직한 도서관 경영환경을 조성하게 될 것이다.

---

16) 직원들이 대출데스크는 비워둔 채 집단으로 모여 케이크와 커피를 마시며 큰소리로 깔깔대고 잡담하는 모습을 흔히 볼 수 있는데 이는 도서관의 외부인들에게 곱게 비쳐질리 없다.

7

지역 시민과 소통하라

도서관 이용자들은 모두 시민이다. 시민들은 각자 자신들의 여건에 따라 도서관을 이용하는 목적과 빈도가 다르다. 도서관을 이용하고 싶어도 거리 및 시간제약 또는 생업으로 인해 도서관을 이용할 수 없는 시민들도 있고, 도서관을 지척에 두고도 도서관의 유용성을 잘 몰라서 이용하지 않는 사람들도 많이 있다. 도서관에서는 도서관을 지속적으로 이용하는 사람들을 '고객'이라 하고, 여건이나 사정상 도서관을 이용하지 못하는 사람들 또는 도서관을 잘 몰라서 이용하지 않는 사람들을 '잠재고객'이라 지칭한다.

도서관은 현재의 고객에게는 도서관을 지속적으로 이용할 수 있도록 보다 새로운 서비스를 제공하고, 잠재고객들에게는 도서관의 유용성을 홍보하여 시민들을 도서관으로 끌어들여야 한다. 따라서 도서관은 현재의 고객 및 잠재고객에게 여러 가지 경로를 통해 친밀한 소통의 길을 마련해야 한다. 이러한 소통의 통로 개발은 마케팅 믹스에서 말하는 프로모션(promotion) 전략으로서 도서관 경영자는 고객과의 진실한 의사소통의 방법들을 경영계획에 반드시 반영해야한다.

시민과의 의사소통방법은 우선 자원봉사자를 통한 방법이 있다. 자원봉사자는 도서관에 우호적인 '도서관의 친구들'로서 이들에게 맞춤 도서관 서비스를 제공함은 물론 이들을 통하여 도서관의 프로그램이나 서비스를 그들의 지인들에게 전달할 수 있다. 둘째, 도서관에 찾아오는 고객들에게 직원들이 먼저 다가가서 그들의 필요와 요구를 파악하고 해결하여 줌으로써 현재의 고객들과 소통함은 물론 그들의 입을 통해 지역사회 잠재 고객들에게 도서관의 유용성을 전파할 수 있다. 셋째, 도서관에서 발행하는 소식지, 홍보물을 통하여 지역주민과 소통할 수 있다. 이 때 주의할 점은 홍보물이 한낱 광고용지처럼 버려지지 않도록 알찬 내용으로 제작하여 대상 고객별로 전달해야 한다는 것이다. 넷째, 이메일이나 휴대폰 문자로 소통할 수 있다. 이 경우는 고객의 이메일번호나 휴대폰 번호를 알고 있을 때만 가능하며 도서관의 회원에 한해 소통할 수 있는 제한점이 있다. 다섯째, 도서관의 홈페이지 및 블로그를 통하여 시민과 소통할 수 있다. 이 경우는 홈페이지나 블로그의 콘텐츠를 충실히 구성하고 수시로 갱신하여 최신의 상태를 유지하여야 하며 고객의 소리를 들을 수 있는 열린 통로를 반드시 개설해 놓아야 한다.

더 알아둘 문제

마케팅

"마케팅이란 제품, 서비스, 아이디어를 창출하고 이들의 가격을 결정하고 이들에 관한 정보를 제공하고, 이들을 배포하여 개인 및 조직체의 목표를 만족시키는 교환을 성립하게 하는 일련의 인간 활동이다."[17]

마케팅의 개념정의에는 영리·비영리의 구분이 없다. 영리든 비영리든 시민의 욕구를 충족시켜 주는 곳이 시장이다. 이런 의미에서 도서관도 시장이다. 도서관서비스를 생산하고, 제공하고, 환경과 장소를 개선하며, 시민들의 정보 수요를 파악하고 충족시켜주기 위해 마련된 정보의 시장인 것이다.

마케팅 믹스[18]

마케팅의 주요 요소는 제품, 가격, 장소, 촉진 4가지이다. 이들 요소들이 고객의 특성에 알맞게 배합되어야 한다는 의미에서 마케팅 믹스라고 부르고 있다. 마케팅 믹스 4P's는 다음과 같다.

- product상품 : 고객의 필요와 욕구를 충족시키는 제품, 서비스
- price가격 : 제품이나 서비스를 얻기 위해 지불하는 금전적 대가
- place장소 : 고객이 제품과 서비스를 획득하는 장소와 시설
- promotion촉진 : 고객과 도서관 사이의 의사소통의 수단

4P's에서 4c'S로의 개념 전환

도서관에서의 마케팅 믹스는 도서관 직원 중심으로 생각하기 쉬우나 마케팅을 직원의 입장에서보다는 이용자인 고객의 입장에서 고객중심으로 생각할 때 고객의 욕구를 더욱 효과적으로 만족시킬 수 있다.[19]

- product에서 consumer로 : 고객의 관점에서 시설, 장서, 프로그램 등 개발
- price에서 cost로 : 고객의 비용부담을 우선적으로 고려
- place에서 convenience로 : 관리자의 편의보다는 고객의 편의를 고려
- promotion에서 communication으로 : 일방적 홍보보다는 고객과의 진정한 소통

---

17) 김성영 · 정동희. 2006. 『마케팅론』. 한국방송통신대학출판부. 2쪽.

블로그 마케팅

블로그란 web과 log의 합성어인 weblog에서 blog만을 취한 것으로 미국에서 1997년에 처음 등장했으며, 지금은 개인 간 온라인 정보커뮤니케이션의 수단으로 보편화 되었다. 또 최근에는 트위터(twitter : 새들이 지저귀다)가 더욱 간결하고 신속한 의사전달 수단으로 등장하여 급격히 확산되고 있다. 블로그 마케팅이란 개인 및 단체가 블로그나 트위터를 마케팅의 수단으로 활용하는 것을 말한다.

---

18) 김성영·정동희. 2006. 『마케팅론』. 한국방송통신대학출판부. 8쪽.
19) 김성영·정동희. 2006. 『마케팅론』. 한국방송통신대학출판부. 8~10쪽.

8

문화전승에 기여하라

　도서관은 지역사회의 문화전승기관이다. 물론 지역마다 문화원이 있어 유형·무형의 문화재를 발굴 전승하는 활동을 하고 있다. 도서관은 문화원 및 각 급 학교와 협력하여 지역 문화의 보급과 전수를 위한 자료와 프로그램을 개발하고 실행해야 한다. 해당 지역의 민속과 문화에 대한 1차 자료 및 2차 자료들을 총괄적으로 수집, 정리하여 시민들이 이용할 수 있도록 개방함은 물론 어린이 청소년들이 프로그램에 직접 참여하여 체험할 수 있는 기회를 넓혀야 한다. 이러한 문화전승 프로그램을 개발하기 위해서는 문화원, 기록관, 박물관 등과 협력하지 않으면 안 된다.

　『박물관·도서관·학교는 하나다』라는 책을 본 적이 있다. 이 말은 사실관계가 어떠하든 교육적으로는 지당한 말이다. 학생들은 학교에서, 도서관에서, 박물관에서 어디서든지 배울 수 있고, 또 배워야 한다. 다양한 기관과 채널을 통하여 지식과 경험을 쌓아가는 것이야말로 가장 효과적인 학습방법이다. 따라서 학교와 박물관뿐 아니라 지역사회의 문화원이나 문화예술단체들이 도서관과 협력하여 문화전승의 장을 제공하는 것은 당연한 일이다. 도서관은 지역사회 문화예술단체들이 생산하는 자료와 인적 자원을 활용하여 도서관 문화프로그램에 반영함으로써 전통문화전승에 기여할 뿐 아니라 다른 지역, 다른 나라의 문화를 올바로 이해할 수 있는 관문(gate way)으로서의 역할을 수행해야 한다.

9

역사보존에 기여하라

　지역의 역사는 국사에 비해 매우 세부적이다. 그 지역에서만 전해 내려오는 전설 및 야사, 그 지역의 정치와 행정의 역사, 인물에 대한 역사 등 전국적으로는 알려지지 않은 향토사가 존재한다. 지역의 역사자료는 서원(書院), 향교(鄕校), 집성촌 등을 통하여 원 자료를 발굴할 수 있으며 이들 1차 자료들은 곧 그 지역의 역사연구의 기초가 된다. 역사자료 및 유물들은 그 지역의 박물관에서 수집, 고증, 전시, 관리하는 것이 보통이지만 도서관도 박물관과 협조하여 향토사자료의 수집 및 보존에 적극 나서야 한다.

　우리나라의 도서관들은 역사자료의 발굴, 보존에 미온적인 것 같다. 역사가 오래된 도서관이라도 향토자료실은 빈약한 경우가 허다하다. 향토자료실이 설치되어 있다고 해도 역사자료를 담당할 사서직원이 배치되어 있지 않은 경우가 많아 창고처럼 방치된 경우도 쉽게 찾아볼 수 있다. 또 자료를 전시용으로 유리 상자에 넣어두어 박물관과 별로 다를 바 없이 관리하는 경우도 있고, 담당직원이 한문을 몰라서 자료의 제목조차 읽어내지 못하는 경우도 있어 역사자료의 보존 및 서비스를 제대로 하지 못하고 있다. 이런 면에서 도서관 경영자와 사서들은 역사자료 보존의 필요성과 중요성을 깨닫고 향토사자료의 발굴 보존에 힘써야 한다. 공공도서관은 그 지역의 향토사자료를, 대학도서관은 그 대학의 역사자료를, 전문도서관은 그 기관 또는 회사의 역사사료를 보존하고 활용시킬 수 있는 유능한 인력과 시스템을 갖추어야 한다.

10

도서관의 법칙을 상기하라

도서관의 법칙은 도서관의 사회적 필요성과 중요성을 체험하고 이론과 실무를 발전시켜온 도서관 선각자들의 경험이 축적되어 형성된 것이다. 따라서 도서관의 법칙은 형이상학적, 관념적 철학에서 나온 것이라기보다는 도서관인들의 경험에서부터 형성되어온 '경험법칙'이라 할 수 있다.

도서관의 법칙은 도서관의 가치 판단에 있어 기준을 제공하는 근거이다. 도서관의 법칙은 '경험에서 나온 지혜'이기 때문에 역사적으로 도서관을 훌륭하게 만들었던 선각자들의 경험과 지혜에서 도출된 것이다. 오늘의 도서관을 경영하고 있는 우리들은 선각자들이 수립해 놓은 도서관의 법칙을 어떻게 적용할 것인가를 고민하면서 도서관 현실에 적용할 수 있도록 최선의 노력을 다해야 한다.

더 알아둘 문제

랑가나단의 도서관학 5법칙[20]

여기의 '도서관학 5법칙'과 설명은 랑가나단 저, 최석두 역.『도서관학 5법칙』에서 발췌 인용한 것이다. 다만 제4법칙의 설명은 발췌하지 않고 필자가 요약하였다.

제1법칙 "도서는 이용하기 위해서 있는 것이다."(Books are for use). 이 법칙의 정당성을 의심하는 사람은 아무도 없을 것이다. 그러나 현실적으로는 이야기가 다르다. 도서관 당국은 이 제1법칙을 좀처럼 염두에 두지 않는다(랑가나단 저, 최석두 역, 27쪽).

제2법칙 "누구에게나 그의 도서를"(Every person his or her books).[21] 책이 교육의 도구라면 "누구에게나 그의 도서를"이라는 법칙은 "누구에게나 교육을"이라는 생각을 전제로 한다. 여기에 근본적인 문제가 있다. "누구라도 교육받을 자격이 있는가?"라는 질문에 대한 답을 역사적으로 보면 현실 속에서는 제2법칙 역시 도서관 당국의 마음에는 거의 없었다는 것을 알 수 있다(랑가나단 저, 최석두 역 87쪽).

제3법칙 "모든 책은 독자에게로"(Every books its readers).[22] 제3법칙을 만족시키기 위해서 도서관이 채택하고 있는 방법은 개가제이다. 개가란 자신의 서재와 같이 자유롭게 장서를 보거나 조사

---

20) S R 랑가나단 저, 최석두 역. 2005.『도서관학 5법칙』. 서울 : 한국도서관협회.
21) 일반적으로는 'Books are for all : or Every reader his book'로 알려져 있음.

할 기회를 의미한다. 개가제 도서관의 이용자는 마음대로 돌아다니며 아무 도서나 손댈 수 있다. (…중략…) 보다 중요한 것은 이용자가 도서를 발견하는 빈도가 높아진다는 것이다. "이 책이 여기에 있을 줄이야" 하고 기분 좋게 놀라 외치는 이용자가 없는 날은 하루도 없는 것이다(랑가나단 저, 최석두 역. 268~269쪽).

제4법칙 "이용자의 시간을 절약하라"(Save the time of readers)

이 법칙은 이용자 중심의 사고방식에서 나온 것이다. 이용자가 도서관을 이용할 때 자료의 검색에서부터 대출과 반납, 그리고 내부와 외부의 이용에 있어 이용자에게 가장 편리하고 신속한 서비스가 되도록 해야 한다는 의미이다. 예를 들면, 목록의 시스템이나 대출 및 반납 절차가 찾기 쉽고 간편해야 하며 서가의 배열도 이용자가 알기 쉽게 안내되어야 하는 것이다(랑가나단 저, 최석두 역, 298쪽).

제5법칙 "도서관은 성장하는 유기체이다"(A library is a growing organization).

성장하는 유기체만이 살아남을 것이라는 것은 일반적으로 인정되고 있는 생물학상의 사실이다. 성장을 멈춘 유기체는 생기를 잃고 소멸한다. 제5법칙은 시설로서의 도서관이 성장하는 유기체의 속성을 모두 가지고 있다는 사실에 주의를 환기시킨다. 성장하는 유기체는 새로운 물질은 취하고 헌 물질은 버리며 크기를 바꾸고 새로운 모양이 된다(랑가나단 저, 최석두 역, 336쪽). 도서관도 이와 같다.

---

22) 위의 번역판에는 "Every books its readers가 "모든 도서에게 그의 독자를"로 번역되어 있다.

랑가나단의 도서관학 5법칙은 1931년에 나온 것으로 도서관학의 '고전적인' 법칙이라 할 수 있다. 또한 랑가나단의 도서관학 5법칙은 매우 간단하고 상식적이어서 이런 상식이 과연 법칙인가 의심이 가기도 한다. 그러나 그의 법칙 하나하나를 곰곰 생각해 보면 오늘의 도서관들도 이러한 기준을 별로 충족하지 못하고 있다는 사실에 놀라게 된다. 진리는 간단한 것인지 모른다. 그러나 그 실천은 매우 어렵다는 것을 랑가나단의 '도서관학 5법칙'을 통해서 다시 한 번 깨닫게 된다. 랑가나단의 도서관학 5법칙은 주창한지 80여 년이 지났지만 오늘에 있어서도 그 생명력을 발휘하고 있다.

도서관의 새로운 5법칙

시대는 변화하고 있다. 도서관도 시대의 변화에 보조를 맞추어 나가야 한다. 랑가나단의 도서관학 5법칙 이후 정보기술의 발전과 정보사회로의 전환 등 세기적 변화가 진행됨으로써 이러한 급변의 시대에 도서관은 어떠한 가치를 유지할 것인가를 고민해 왔다. 1995년 미국의 문헌정보학자 Walter Crawford와 Michael Gorman은 『Future libraries ; dream, madness and reality』라는 저서에서 도서관학의 새로운 5법칙을 제시하였다. 이 새로운 5법칙은 정보사회의 시대적 변화를 반영한 것이라고 볼 수 있다. 이들을 소개하면 다음과 같다.[23]

1. Libraries serve humanity.
   도서관은 인류를 위해 봉사한다.
2. Respect all forms by which knowledge is communicated.
   인간의 지식을 전달하는 모든 형태의 매체를 소중하게 생각하라.

---

23) Walter Crawford, Michael Gorman. 1995. Future libraries ; dream, madness and reality. Chicago : ALA. pp.7~8(이순자. 1997. 『도서관 정보센터 경영론』. 서울 : 한국도서관협회. 23~24쪽에서 재인용)

3. Use technology intelligently to enhance service.

   도서관 봉사를 증대하기 위하여 과학 기술을 현명하게 이용하라.

4. Protect free access to knowledge.

   누구에게나 자유로운 지식의 접근을 보장하라

5. Honor the past and creat the future.

   과거를 존중하고 미래를 창조하라.

도서관학의 새로운 5법칙은 정보사회의 도서관 철학의 변화를 반영하고 있다. 정보사회 속에서도 도서관의 본질과 목적은 언제나 인간을 위한 것임을 상기할 것, 발달되고 있는 매체들을 모두 소중히 여겨 수집 보존 이용시킬 것, 과학기술을 도서관의 경영에 잘 활용함으로써 기술적 편리를 향상시킬 것, 이용자의 자유로운 접근을 보장할 것, 온고지신의 정신으로 미래를 개척해 나갈 것 등을 명쾌하게 제시하고 있다. 랑가나단의 도서관학 5법칙이 고전적 법칙으로서 생명력을 갖는다면, 도서관학의 새로운 5법칙은 정보사회의 선도를 위한 도서관 경영철학으로서의 생명력을 지닌다고 하겠다.

도서관의 역사원리

영국의 도서관사가인 제임스 톰슨은 도서관사의 통찰을 통하여 도서관의 원리를 도출해 냈다(James Thompson. 1977. A history of the principles of librarianship). 그의 도서관의 역사원리는 그간의 부분적이고 지엽적인 도서관의 역사 서술에서 한걸음 더 나아가 도서관과 문명의 관계를 원리적으로 접근함으로써 도서관의 본질을 명쾌하게 밝혀낸 것이라고 볼 수 있다. 이는 책과 도서관을 멀리하고 다시 문맹으로 회귀하려는 듯한 행태를 보이고 있는 오늘의 우리들에게 새로운 경각심을 일깨워주고 있다. 그가 제시한 원리를 요약하면 다음과 같다.

1. 도서관은 사회가 창조한다.

도서관의 역사를 통시적으로 살펴보면 도서관은 언제나 그가 속한 사회와 운명을 같이해 왔다. 니네베(Nineveh)의 도서관은 아시리아왕국의 전성시대 아슈르바니팔(Ashurbanipal)왕이 당시 사회의 모든 지식을 보존하고 보급하기 위해 세운 것이다. 알렉산드리아도서관(Alexandrian Library) 역시 알렉산드로스의 동방정복으로 이룩한 헬레니즘의 지식과 문화를 전 세계에 전파하기 위하여 설립된 도서관이었다. 고대 로마의 도서관들은 로마의 문명을 집약하였다. 중세의 도서관들은 당시의 지배 세력인 교회의 산물이다. 19세기 이후에는 민주주의와 대중교육의 확대로 공공도서관이 출현하였다. 민주사회의 도서관은 더 이상 엘리트만을 위한 보존 장소가 아니며, 대중교육이 필요로 하는 지적(知的) 영양분을 공급하는 장소로 변화되었다.

도서관과 사화와의 관계는 도서관 건물의 변천사에서도 드러난다. 고대와 중세 때에는 도서관들이 궁전이나 사원, 수도원이나 성당의 구내에 위치하였다. 계몽주의 이후에는 국가의 위상과 열정을 반영하여 웅장하고 기념비적인 도서관 건물이 출현하였으며, 민주주의 시대에는 도서관의 건물도 시민의 가까이에서 '시민의 궁전'으로 자리 잡았다.

2. 도서관은 사회가 보존한다.

자료는 자료 자체의 소멸 가능성, 이용자의 부주의와 무관심, 공기환경 조건, 책벌레 및 해충 등으로 악화되고 소멸된다. 그러나 책과 도서관에 가장 손해를 끼치는 것은 외부적 재난, 특히 사회적 분쟁과 전쟁이었다.

서기전 221년에 중국 진시황의 분서갱유사건은 농업, 점술, 의학에 관한 책 이외의 모든 책을 태워버렸다. 중세 기독교도들은 이단의 서적들을 불태웠다. 알렉산드리아 도서관은 서기전 48년 시저(Caesar)의 알렉산드리아전쟁과 서기 640년 회교 교주인 터키국왕 오마르(Caliph Omar)의 사주를 받은 사라센인들(Saracens)의 침입으로 소실되었다. 오마르(Omar)는 코란(Koran)과 알라(Allah)에 동의하는 그리스의 작품은 필요치 않으며, 그에 동의하지 않는 작품은 유해하므로 파괴해야 한다고 선언하였다.

5세기에 로마와 이탈리아에 거의 모든 도서관도 침입자들이 파괴하였다. 서기 330년에 콘스탄틴 대제(Constantine the Great)가 콘스탄티노풀(Constantinople)에 설립한 제국도서관은 서기 477년에 화재로 소실되었다.

영국의 1537~9년 헨리 8세(Henry VIII)에 의한 수도원의 해산, 1525년 독일의 농민 전쟁(the Peasants' War), 1561과 1589년 사이 프랑스에서의 위그노전쟁(the Huguenot wars), 모두가 도서관을 심하게 파괴하였다. 20세기에 와서도 1933년 히틀러(Hitler) 독재하의 도서관들은 수난을 당해야 했다. 제2차 세계대전 시에 영국에서만 2천 만 권의 책이 사라졌다.

그러나 사회가 도서관을 지키려고 했을 때 도서관은 잘 보존되었다. 시민혁명이 도서관의 안전에 상당한 관심을 보였다는 것은 특기할만한 일이다. 프랑스 혁명시기에 모든 종교도서관들은 국가재산으로 선언되어 그 속의 모든 책과 원고를 국가에 귀속시켰다. 귀족이 소유하던 모든 책도 몰수되었다. 그 결과 8백 만 책 이상이 프랑스 각지에서 모아지고 보존을 위하여 정리되었다. 러시아혁명 직후에도(1918~1923) 수많은 책과 도서관들이 레닌도서관(the Lenin State Library)으로 옮겨졌다.

역사적으로 볼 때 도서관의 파괴는 사서의 통제를 벗어나 있었다. 보존의 문제에서 사서들은 관리자 역할밖에 할 수 없었다. 그들은 도서관의 궁극적인 존재에 대해서는 힘을 쓸 수 없었다. 사회가 도서관을 창조한 것과 마찬가지로 사회가 도서관을 보존하는 것이다.

3. 도서관은 지식의 보존과 전파를 위한 것이다.

아슈르바니팔도서관의 목적은 그 당시 알려진 전 세계의 종교, 역사, 지리, 법률, 과학지식을 수집하고 나아가 이러한 지식을 백성들에게 이용시키려는 의도에서였다. 알렉산드리아도서관 역시 궁극적으로는 당시에 존재했던 모든 지식의 보유를 목적으로 한 세계적인 도서관이었다. 이는 그 도서관 최초의 사서였던 데모트리오스(Demetrios)가 공식적으로 선언한 목적이었다. 알렉산드리아도서관도 지식의 저장뿐만 아니라 전파에 목적을 두었고 많은 학자들이 그곳에 모여 도서관 자료를 이용하여 연구하였다.

중세 때에도 책이 없는 수도원이나 수녀원은 없었으며, 이러한 신념은 '도서관이 없는 수도원은 무기고 없는 성과 같다'는 경구에 잘 나타나 있다.

18세기 중엽의 대영 박물관도서관은 그 거대한 지식의 창고를 세상에 개방하였으며, 그 결과 그곳의 지식을 활용할 수 있었던 학자들의 노력으로 세계의 지식은 더욱 풍부하게 되었다. 그 가운데는 워즈워즈(Words worth), 월터 스콧(Sir Walter Scott), 찰스 램(Charles Lamb), 콜리지(Coleridge), 매큐레이(Macaulay), 테커레이(Thackeray), 딕켄스(Dickens), 칼 마르크스(Karl Marx), 버나드 쇼(George Bernard Shaw) 등 유명한 인사들이 있었다. 도서관은 언제나 사회적, 정치적, 도덕적, 교육적으로 영향을 미쳐왔다. 역사상 도서관의 파괴는 도서관의 영향력을 제거하려는 권력자들의 선동에 의해서 이루어졌다. 만일 도서관이 단지 책 창고로만 여겨졌다면 도서관은 사회에 어떠한 영향도 미치지 못했을 것이다.

4. 도서관은 권력의 중심지이다.

17세기에 프랜시스 베이컨(Francis Bacon)은 '지식은 힘이다.'라고 기록하고 있다. 그런데 도서관은 지식을 소장하고 있으므로 당연히 힘의 중심지가 되는 것이다. 이러한 두 가지 사실은 도서관사에서 여러 가지로 나타나고 있다. 고대의 도서관들은 정신적 세속적 권력의 중심지인 사원이나 궁전에 있었다. 당시의 사서들은 상류계급 출신이거나 높은 정치적 종교적 지위를 가진 사람들이었다. 중세의 도서관들은 교회의 권력을 과시하는 징표였다.

도서관이 힘의 중심지라는 것은 수세기에 걸쳐 이어져 온 웅장한 건물에서 더욱 두드러지게 나타나고 있다. 여기에는 르네상스 시대의 메디치가 도서관(Medicean Library)이나 스페인의 엘에스꼬리얼도서관(the E1 Escorial library), 1720년 찰스 6세(Charles VI)가 비엔나(Vienna)에 건립한 거대한 국립도서관, 1780년에 프레데릭대제(Frederick the Great)가 세운 베를린도서관을 들 수 있다.

　도서관과 권력의 연계는 현대에 와서도 분명하게 남아 있다. 1897년까지 미 의회도서관은 국회의사당 안에 위치하였는데 그곳이야말로 세계에서 가장 강력한 국가의 통치 장소인 것이다. 군주나 교회의 권력자, 민주주의 의회 등 권력이 있는 곳에는 어디든지 도서관이 자리 잡고 있었던 것이다.

5. 도서관은 모든 사람을 위한 것이다.

　도서관을 대중이 이용했던 증거는 도서관사의 초기부터 나타난다. 기원전 17세기에 아슈르바니팔의 거대한 점토판 장서들은 신하들의 교육을 위해서 마련된 것이며 공중의 이용을 위하여 궁전의 중심에 위치하였다. 도서관의 역사가인 에드위드 에드워즈(Edward Edwards)는 이를 '점토판공공도서관(public library in clay)'이라고 기술하였다. 그리고 알렉산드리아 도서관의 사서였던 제노도투스Zenodotus는 공중이 자유롭게 접근하여 이용할 수 있도록 최대의 노력을 기울였다.

　기원전 3세기말까지 그리스 전역에 걸쳐 모든 주요 도시에 도서관이 설치되어 있었으며 시민이면 누구나 그곳에서 연구를 수행할 수 있었다. 로마에서는 일반인이 이용할 수 있는 거대 장서를 보유한 공공도서관 사상이 초기 로마제국의 아우구스투스황제(Augustus, BC 63~AD 14) 때 실현되었는데 그는 아폴로(Apollo)사원 도서관과 옥타비아 도서관(the Octavian Library)을 설립하였다.

중세도서관의 위대한 역사가인 존 윌리스 클라크(John Willis Clark)는 모든 도서관은 실질적으로는 공공도서관이라고 주장하였다. 그러나 도서관의 역사가인 톰슨(C Seymour Thompson)은 르네상스와 종교개혁 이전에는 진정한 의미의 공공도서관은 없었다고 주장하였다. 새로운 공공도서관 사상은 17세기에 나타났다. 노데(Gabriel Naudé)는 그의 도서관을 전 세계에 예외 없이 개방한다고 선언하였다. 듀리(John Durie)는 도서관은 공공의 이용이 활성화되지 않는 한 죽은 물체에 불과하다고 기록하고 있다. 그러나 도서관이 만인을 위한 것이라는 원칙이 충분히 실현된 것은 19세기에 영국과 미국에서 공공도서관운동이 일어난 이후의 일이다.

6. 도서관은 반드시 성장한다.

중세 수도원도서관은 초창기에 불과 수백 권의 장서를 한 두 개의 상자 속에 넣어 수도원의 한 모퉁이에 보관하였지만 그래도 도서관은 성장하였다. 다른 어느 시대의 도서관들과 마찬가지로 중세의 도서관들도 지식의 성장에 보조를 맞추어야 했다. 종교서적에서 출발한 도서관은 인문학의 부흥으로 장서가 더욱 증가되었다. 특히 중세 대학도서관은 법률학, 의학, 문법학, 논리학을 연구하였으므로 도서관이 지속적으로 그 규모와 범위를 확장하지 않으면 안 되었다. 도서관의 장서는 결코 고정되고 정체되어 있을 수 없었다.

사실 중세 때의 도서관의 성장은 느림보 상태였다. 장서의 수는 필사자의 노력에 의해서만 증가될 수 있었다. 필사실의 승려들은 선임자들이 훈련 시켰으며 그들은 종교적인 의무로서 필사 작업을 수행하였다. 그러나 중세 말인 14세기와 15세기에는 주요 수도원이나 성당의 장서수가 수백에서 수천으로 증가하였다. 배움의 등불은 고대 도서관들의 멸망이후 르네상스와 인쇄술의 전파로 부흥하기까지의 중세 암흑기에도 희미하게나마 타오르고 있었던 것이다.

인쇄시대 특히 19세기 윤전기의 발명으로 책의 대량 생산시대가 도래하였다. 따라서 도서관은 단순히 성장하는 정도가 아니라 기하급수적으로 성장하였다. 유럽 도서관들의 화려한 구조는 장서 수에 맞추어 급격히 변화되었다. 벽 선반에 책을 진열했던 단칸방의 도서관 시대는 곧 막을 내리게 되었다.

국가도서관, 공공도서관, 대학도서관 모두가 도서관은 반드시 성장한다는 원리를 보여주는 좋은 사례들이다. 1800년에 설립된 미 의회도서관을 예로 들면 1807년까지 장서는 약 3,000권이었다. 1836년에는 24,000권, 1863년에는 79,214권, 1970년에는 16,000,000권의 장서와 30,000,000권의 원고본, 그리고 축음기 레코드, 필름, 사진, 지도 등 비도서 자료를 합하여 총 64,000,000점을 소장하게 되었다. 이와 같은 수치로 볼 때 도서관은 반드시 성장한다는 원리는 명백하다.

7. 국립도서관은 모든 국가적 문헌과 외국의 대표적 문헌을 소장해야 한다.

니네베 도서관에서 아슈르바니팔왕은 모든 아시리아 문헌들을 수집하였다. 그 중에는 종교서, 기도문, 주술문, 종교의식에 관한 책, 마법서, 역사자료, 정부, 지리, 법률서적, 전설, 신화, 천문학, 점성술, 생물학, 수학, 의학, 자연사 등과 대사(大使)간에 오고간 외교문서를 비롯한 정부간행물들이 포함되었다. 또한 아시리아 문헌과 더불어 다른 나라의 문헌과 번역물도 있었는데, 바빌로니아의 대표적인 옛 문헌들이 포함되어 있었다.

알렉산드리아도서관 최초의 서서인 데모트리오스의 수서정책은 전 세계의 모든 문헌을 수집하는 것이었다. 알렉산드리아도서관은 헬레니즘 문헌을 완벽하게 구비하는데 목적을 두었으며 히브리 성경(the Hebrew Bible)이나 고대 이집트의 서적(Egyptian texts), 페르시아 및 라틴의 문헌 등 다른 나라들의 대표적인 문헌을 수집하는 데 목적을 두었다.

근대에 이르러서도 이러한 원리가 유지되었다. 대영박물관도서관의 국가문헌 수집 정책은 19세기 위대한 사서 안토니오 페니찌(Antonio Panizzi)가 분명하게 기술하고 있다. 그는 '영국의 도서관은 영국의 문헌과 대영제국에 관련되는 모든 문헌 예컨대, 종교서, 정치, 문학, 과학서, 법률, 제도, 상업, 예술 등 모든 문헌을 수집해야한다'고 기록하고 있다. 또한 '값비싼 희귀서 일수록 이를 구하기 위하여 더욱 노력하여야 한다.'고 기술하고 있다.

8. 모든 책은 이용하기 위한 것이다.

이 원리를 뒷받침하는 것으로는 2가지 증거가 있다. 첫째는 어떤 책임있는 사서나 학자라도 지난 3000년 동안 일어났던 수많은 재난으로 인해 손실되지 않고 남아있는 단 한 권의 책이라도 있다면 그것은 대단히 소중한 것이라고 여길 것이다. 아시리아를 연구하는 학자들(Assyriologists)은 니네베에 남아 있는 점토판을 대단히 소중하게 여긴다. 그들은 알렉산드리아도서관에 있던 어떤 책이라도 발견한다면 대단히 기뻐할 것이다. 영국의 수도원도서관이 파괴, 소산된 이후에 남아 있는 어떠한 중세의 책이라도 소중히 여겨질 것이다. 진시황이나 이교도들, 캘리프 오마르Caliph Omar에 의해 사라진 어떤 책이라도 발견된다면 매우 가치가 있을 것이다. 비교적 최근에 없어진 자료들도 매우 애석하게 생각되고 있다. 예를 들어 레이몬드 어윈Raymond Irwn은 당시 도서관장서의 주류를 이루었던 1770년과 1800년 사이에 발행된 영국의 소설 가운데 절반이상이 없어져 더 이상 발견되지 않고 있다고 지적하고 있다.

두 번째의 증거는 과거 수세기 동안 사서들이 남긴 기록에서 찾을 수 있다. 가브리얼 노데(Gabriel Naude)는 '어떠한 책이든지 아무리 가치 없는 책이라도 어느 누군가는 찾게 된다'는 유명한 말을 남겼다. 에드워드 에드위즈는 국가도서관의 기능에 대하여 다음과 같이 기록하고 있다. 즉, 국가

도서관은 "백과사전적인 저장고가 되어야 하며 기념비적인 문헌뿐 아니라 하찮은 자료도 구비하여야 한다." 윌리엄 브레이드(William Blade)는 "고서를 보유한다는 것은 신성한 것이다."라고 전제하고 "고서는 어떤 주제나 내용에 관계없이 나라의 진실한 역사의 일부이다. 우리들은 그것을 모방하고 복사할 수 있다. 그러나 우리는 결코 그것을 정확하게 재생할 수는 없다. 역사자료는 잘 보존되어야 한다."고 고전의 중요성을 역설하였다.

9. 사서는 교육을 받은 자라야 한다.

고대 이집트의 사서들은 높은 수준의 교육을 받은 사람들이었다. 고대 바빌로니아와 아시리아의 사서들도 마찬가지다. 알렉산드리아 도서관 최초의 사서인 데모트리오스는 철학자로서 아테네 최고의 교양을 갖춘 문인이었다. 그를 계승한 수많은 사서들도 모두 유명한 학자였다. 그들 중 가장 뛰어난 인물은 칼리마쿠스(Callimachus)인데 그는 당대의 위대한 학자로서 서지학의 창시자이며 애서가였다.

고대 로마에서는 도서를 담당하는 대리인들이 수많은 공공도서관을 황제의 이름으로 관리하였으며 그들의 보직에는 일반적으로 잘 알려진 유명한 학자들이 임명되었다. 예를 들면 로마에 있는 그리스와 라틴도서관들은 소피스트인 베스티무스(L. Julius Vestimus)가 관장하였다.

초기의 예에서부터 도서관의 역사를 살펴보면 모든 유명한 사서들은 교육을 받은 사람이라는 것을 확인할 수 있다. 현대에는 특히 세 사람의 위대한 사서 에드워즈(Edward Edwards)와 페니치(Antonio Panizzi), 듀이(Melvil Dewey)를 들 수 있다. 에드워즈는 열성적인 독서가였고 평생 학자였으며 수많은 학문적 업적을 남겼다. 페니치는 17세 때에 파르마(Parma)대학에 입학하여 4년 뒤 법학사 학위를 취득하였고 런던대학에서 이탈리아어문학과의 학과장을 역임하였다. 멜빌 듀이는 꾸준히 공부하고 독서하였다. 그는 아머스트대학을 졸업하였으며 위대한 듀이 십진분류법을 창안해 내었다.

10. 사서는 교육자이다.

이 원리는 17세기에 듀리(John Durie)의 저서 『도서관관리자의 개혁(The reformed librariekeeper)』에서 가장 명백하게 강조되었다. 그는 도서관직을 '안이한 생계'의 수단으로 여기는 사서들을 경멸하였다. 그리고 그는 다음과 같은 도서관철학을 피력하였다. "만일 도서관 관리자가 자기 업무의 본질을 이해한다면 그들은 공공에 유익하도록 역할을 수행하면서 세계적, 보편적 학문의 진보를 위한 대리인의 역할을 하여야 할 것이다."

에드워즈는 그의 도서관에 관한 기록에서 사서직의 의무를 정의하였다. 그는 사서직이란 결코 부나 명예와는 무관하며 오히려 사회적 무관심과 오해에 노출되어 있다고 지적하였다. 그럼에도 불구하고 "사서는 계몽적이고 열정적인 기능을 수행함으로써 그 속에서 작품이 이루어지고 그의 생애동안 정신적인 건강한 씨앗들이 수확되는 것이다."고 주장하였다.

에드워드는 확고한 원칙을 가지고 살았다. 청년시절 이후 그는 교육의 증진을 위해서 여러 가지 활동에 자발적으로 참여하였다. 예를 들면 그는 중앙교육협의회와 런던 예술연합에 관여하였다. 맨체스터 도서관 사서로서 어려운 기간에도 그는 공립학교연합에 지원을 아끼지 않았고 1870년 교육법을 마련하는 데 기여하였다.

페니치가 정치적인 이유로 이탈리아를 떠나 영국으로 가서 처음으로 한 일은 교사직이었다. 가르치는 직업은 그가 1828년 런던대학교 이탈리아어과 학과장을 맡으면서 최고조에 달하였다. 그는 "나는 가난한 학생을 좋아한다. 또한 지적인 호기심에 빠져들고, 합리성을 추구하며, 복잡한 문제를 풀어내는 부유한 학생들도 좋아한다. 이런 관점에서 책이 존재하는 한 정부는 그들에게 지원을 아끼지 말아야 한다."

듀이는 소년시절부터 교육자가 되기 위한 꿈을 키웠다. 그는 청년시절에 교사 자격증을 취득하였으나 결국 사서직을 통해서 교육자의 길을 실현하였다. 그는 콜롬비아대학에 최초의 도서관학교를 창립하였고, 뉴욕 주 교육

위원회의 이사장으로서 11년간을 봉직하였으며, 갖가지 반대와 압력에 직면하면서도 지속적인 도서관 개혁을 추진하였다.

11. 사서의 역할은 정치적 사회적 시스템 속에 통합되어야만 그 중요성을 발휘한다.

도서관이 권력의 중심지라고 하는 원리는 그 자체가 사서의 역할을 중요한 것으로 본 것이다. 고대 이집트의 사서의 역할은 높은 정치적 지위와 연관되어 있었으므로 대단히 중요하였다. 고대 바빌로니아와 아시리아에서도 마찬가지여서 사원 도서관의 사서들은 높은 성직자였고 궁중도서관의 사서는 고위 공무원이었다. 요약하면 사서의 역할은 그 사회의 지배적인 사회 정치적 시스템 속으로 충분히 통합되어야 한다는 것이다.

데모트리오스(Demetrios)는 알렉산드리아도서관의 사서가 되기 이전에 10년 동안 아테네의 통치자였다. 그는 프톨레미 소터 진영의 고위 공직자였다. 프톨레미 소터에게 알렉산드리아에 박물관 및 도서관 설립을 제의한 것도 바로 데모트리오스였다. 데모트리오스의 이러한 지위는 사서로서의 그의 역할을 높여 주었다. 알렉산드리아도서관의 성공은 정치적인 지원과 전문적 기술이 결합되어 이루어진 것이다.

도서관과 사서들은 결코 내부지향적이어서는 안 된다. 19세기에 에드워즈는 공공개혁과 정치적 로비를 통해서 영국 전역에 무료도서관 사상을 이끌어냈다. 그의 첫 성과는 1850년 공공도서관법을 통과시킨 것이다. 그러나 그는 계속하여 직업전문도서관, 무역도서관, 노동자도서관 등 교육을 받지 못한 사람들이나 교육수준이 낮은 사람들에게 도움이 되는 도서관, 나아가서 성직자, 상인, 정치인, 전문 학자들에게도 도움을 줄 수 있는, 모든 인구에 봉사할 수 있는 보편적인 도서관들을 세우기 위하여 계속 투쟁하였다.

페니치 역시 외부 지향적 인물이었으며, 영국 박물관도서관을 영국의 사회시스템 속으로 통합하는데 열성적인 노력을 기울였다. 그의 생애는 사서로 임명되어 관장으로 은퇴할 때까지 대영박물관도서관을 가치 있는 도서관, 모든 사람이 이용할 수 있는 도서관으로 만들고자 노력하였다.

멜빌 듀이는 사실상 미국에서 사서직을 창설한 사람이다. 그는 도서관직을 활동적이고 능동적인, 활기찬 직업으로서 사회 정치적으로 충분히 통합되어야 함을 강조하였다.

12. 사서는 훈련과 실습을 받아야 한다.

니네베의 야슈르바니팔도서관 이전에도 1천 년 동안이나 지속된 바빌로니아와 아시리아의 도서관 사서들은 점토판맨 이라는 타이틀을 가지고 있었다. 이들은 잘 훈련되어 있었다. 그들은 필경사 학교를 졸업하였고, 그들이 보존해야할 기록 문헌들에 대하여 소상히 알고 있었다. 이러한 최초의 직업교육을 이수한 다음에 그들은 도서관에서 수년 동안 도제식 훈련을 받으면서 동시에 여러 외국어를 공부하였다.

사서들이 교육 훈련을 받아야 한다는 원리는 19세기에 와서야 다시금 완전한 형태로 나타나게 되었다. 그러한 계기가 된 것은 멜빌 듀이가 1887년에 콜롬비아대학에 도서관학교를 설립하면서부터이다. 그 후 90년 동안 도서관학교들은 급격히 증가되었다. 영국 최초의 전일제 도서관학교는 런던대학에 설치되었는데, 이 학교는 카네기재단the Carnegie Trust으로부터 5년 간 재정 지원을 받았다.

이 원리는 도서관 선구자들의 생애를 살펴보면 잘 알 수 있다. 에드워즈는 대영박물관도서관에서 편목담당자로서 견습생으로 봉사하였다. 실제의 경험교육과는 반대로 그는 전문 이론을 스스로 공부하였다. 영국에서 1848년에 출판된 그의 도서관 비평서는 무료로 보급되었으며 이와 함께 유럽 여러 나라의 공공도서관에 대한 간결한 통계자료도 제시되었는데, 이는 도서관에서 일반적으로 발생하는 지식들을 보여주고 있다.

페니치 역시 에드워즈와 마찬가지로 대영박물관도서관에서 도제식 훈련을 받았다. 그러나 에드워즈와는 달리 그는 1851년 맨체스터자유도서관 사서로 임명되었으며 그 후 대영 박물관 도서관에 근무하면서 도서관 개혁에 노력하였다. 멜빌 듀이는 아머스트대학 도서관에서 견습생으로 봉사하였다. 전문교육에 관해서는 그가 미국에 처음으로 도서관학교를 설립했기 때문에 학생으로서보다는 주체자로서 터득하였다.

13. 도서관장서의 확충은 사서의 의무이다.

아슈르바니팔도서관은 도서관장서의 확충을 사서의 의무라 여겼다. 그는 전국 각처 및 외국에 특사를 보내 모든 종류 모든 주제의 기록물을 수집하도록 하여 마침내 니네베도서관에 30,000장의 점토판 장서를 축적하였다. 알렉산드리아도서관의 최초의 사서인 데모트리오스는 가능한 한 전 세계의 모든 책을 수집하고자 하였으며, 그가 듣거나 보았던 모든 가치 있다고 여겨지는 자료들을 구입하고자 하였다고 한다. 알렉산드리아도서관의 수서정책은 놀라울 정도로 무자비하였다. 데모트리오스는 12년도 채 되기 전에 200,000권의 파피루스 두루마리를 수집하였다. 프톨레미 필라델피우스(Ptolemy Philadelphus)와 그의 후계자 프톨레미 어제테스(Ptolemy Euergetes)는 외국인에 의해서 이집트로 들어오는 모든 책들을 가로채 필사한 다음 소유주에게는 사본을 전달하고 원본은 도서관에 보관하였다. 어제테스는 또 아테네의 소포클레스(Sophocles), 유리피데스(Euripides), 애스킬러스(Aeschylus)의 작품들을 빌려다가 사본만을 돌려주었다. 그리고 에우메네스 2세(Eumenes II, 197~BC 159)가 페르가몬에 있는 자신의 도서관을 알렉산드리아와 규모면에서 경쟁하려 했을 때 이집트인들은 페르가몬으로 보내지는 파피루스의 공급을 중단하였다고 한다.

장서의 확충이 이터웠던 중세 때에도 동일한 원리가 지배하였다. 중세의 한 도서관규정에는 '사서의 첫 번째 의무는 재임 중 그에게 위임된 도시관에 가능한 한 많은 장서를 확충하도록 노력해야 한다'고 명문 규정을 두었다.

존 듀리는 17세기에 책과 원고본 등 사서는 최대한 장서를 확충해야한다는 의무를 강조하였고 대학의 학과장들에게 1년에 한 번씩 평가하여 당해에 목표로 했던 서가 공간에 대하여 증가된 장서량을 나타내는 실적을 제출하도록 하였다.

근대에 와서도 모든 대형도서관들은 사서들에게 수세기 동안 부과된 이러한 원칙을 유지하였다. 장서 수집가로 알려진 에드워즈와 듀이도 사서의 의무는 자기 도서관의 장서를 확충하는 것이라는 원리를 준수하였다. 에드워즈는 맨체스터 자유도서관 사서를 퇴직할 무렵까지 7년 동안에 전무상태인 장서를 50,000권으로 확충하였다. 그리고 아머스트와 콜롬비아도서관도 멜빌 듀이에 의하여 상당량의 장서가 확충되었다.

14. 도서관은 어떤 질서체계에 따라 자료를 정리하고 그 내용의 목록을 제공하여야 한다.

17세기에 노데(Gabriel Naude)는 "도서관에 50,000권의 장서가 있다고 해도 정리되지 않는 한 적절한 지휘 체계 하에 정예화 되지 않은 3,000명의 군 병력이 있는 것과 다름이 없다."고 기술하고 있다. 이것은 초기 도서관사로부터 정확하게 지켜져 내려온 원리 중 한가지이다. 고대 이집트의 에드푸(Edfu)에서 도서관의 파피루스는 두 가지 귀중품 상자로 나누어 보존하였는데 마법에 관한 자료는 다른 자료와 분리 보관하였다. 고대 바빌로니아와 아시리아도서관의 점토판들은 체계적으로 그룹을 나누었다. 니네베의 아슈르바니팔도서관은 배치계획에 따라서 궁궐의 자료실을 분명하게 구분하였다. 알렉산드리아도서관은 수많은 자료실로 나누어져 있었다. 초기 중세 도서관들에서는 종교서적들은 비 종교서적과 분리되어 있었다. 초기 대학도서관들은 교육과정에 따라서 정리되었다. 근대에는 공식적인 분류법이 적용되었다.

도서관의 내용목록이 제공되어야 한다는 이 원리의 두 번째 부분은 3천년 동안 한결같이 유지되어 왔다. 에드푸도서관은 2가지 등록 목록을 만들었는데 하나는 12개의 보관 상자에 들어 있는 자료목록이고 또 하나는 나머지 22개의 보관 상자에 든 내용목록이었다. 바빌로니아와 아시리아도서관의 수천 개의 점토판들도 아슈르바니팔도서관의 점토판과 마찬가지로 목록이 작성되었다. 알렉산드리아도서관은 칼리마쿠스(Callimachus)가 피나케스(Penakes)라고 불리는 분류목록을 만들었는데 거기에는 파피루스 두루마리의 라벨을 정확하게 알려주는 간략한 타이틀을 기록하고 있다. 중세도서관의 목록은 초기부터 만들어졌는데 8세기부터 목록의 사례들이 남아 있다. 근대에 와서는 목록의 개발이 1605년의 보들리안도서관(the Bodleian Library)의 인쇄목록으로부터 오늘날의 컴퓨터 목록시스템에 이르기까지 장족의 발전을 이룩하였다.

15. 도서관은 지식의 저장고이므로 주제에 따라 정리하여야 한다.

이 원리는 자명하다. 또한 역사적으로도 그 가치가 입증된다. 모든 현대 도서관의 도서관분류법－듀이분류법, 국제십진분류법, 의회도서관분류법-들은 모두 주제에 따라 설계된 것이다. 현대 이전에도 비록 복잡한 형태이긴 했지만 주제별 정리규칙이 적용되었다. 아슈르바니팔도서관 자료실은 주제에 따라 정해져 있었다. 즉, 역사와 정부간행물 자료실, 전설 및 신화에 관한 자료실 등이다. 알렉산드리아도서관의 10개의 자료실은 분과학문 주제별로 구분되었다. 중세 때에도 예를 들면 일반도서는 문법 부문과 산술 부문으로 구분되었다. 전자는 문법, 논리학, 수사학 등이고 후자는 산술, 기하학, 음악, 천문학 등이다.

16. 도서관에서의 주제별 그룹화는 실제적인 이용편의를 고려해야 한다.

아슈르바니팔도서관과 알렉산드리아도서관은 지식의 철학적 분류에 따르기보다는 실제적인 이용편의를 위해서 정리되었다. 이것은 또한 근대에 와서도 적용되었는데 예를 들면 코나도 게스너Konrad Gesner(1516~1565)는 이미 언급한 중세의 학습일람표(문법부문과 산술부문)에 기초하여 분류함으로써 대학 교육과정의 질서를 좇아 실제 이용의 편리를 도모하였다. 1602년에 개설한 보들리안도서관의 분류원칙은 4가지 주제로 나누어졌다. 즉, 신학, 법률학, 의학, 예술 등이다. 그 뒤 같은 세기에 노데는 '도서관분류목록'을 출판하였는데 그는 여기서 그가 이용한 분류는 실용성을 우선하여 대학에서의 신학, 물리학, 법학, 수학, 인문학, 기타로 나누었다.

현대의 도서관 분류는 두 가지 체계로 구분되는데, 듀이십진분류(여기서 파생된 국제십진분류)체계와 미의회도서관 분류체계로 나뉘어 진다. 이들 분류체계의 공통된 특징은 실용성이다. 듀이는 그의 분류체계를 마치 재료가 들어가는 비둘기 집의 구멍과 같이 그의 9가지 주제 분류는 9가지의 특수한 실용성에 따른 것이라고 기술하였다. 미의회도서관분류체계도 일련의 실용적인 특수 분류 모델의 결합에 근거하여 설계된 것이다.

17. 도서관은 주제별 목록을 갖추어야 한다.

이 원리는 도서관이 주제별로 정리된 지식의 저장고라는 사실과 관련된 이전의 원리들의 논리적 연장선상에서 나온 것이다. 도서관사는 하나의 논리를 가지고 있다. 초기의 도서관 목록은 주제목록이었다. 앞서 본 바와 같이 캘리마쿠스의 피나케스는 분류목록의 형식을 갖추었다. 중세 때의 목록은 주제별로 정리된 간략 타이틀 목록이었다. 종합목록인 7분류 필기판 목록이 나오기 이전인 1200~1300년까지는 알파벳 분류체계였다.

주제 분류의 명성은 알두스 마느티우스Aldus Manutius 및 로버트 에스티네 Robert Estienne의 목록의 예와 같이 인쇄시대에로 이어졌다. 18세기와 19세기에 저자목록이 출현하였지만 그 이후의 세기에조차도 1849년 공공도서관에 임명된 위원회는 '지금까지 나타난 요구로 볼 때 도서관 목록은 주제에 따라서 저자명 알파벳순으로 분류하는 것이 최선'이라는 결론을 내렸다.

사실 영국에서는 1800~1850년에 복합적인 분류목록을 만들었지만 주제분류가 너무 인위적이고 그 질서가 체계적이지 못하였다. 결과적으로 그 후 반세기만에 그 분류에 대한 부정적 반응이 나타났고 사전식 목록이 소개되어 그 반응을 해소하게 되었다. 안드리아 크레스타도로Andrea Crestadoro의 색인목록은 이러한 사전체 형태의 조잡한 목록이었으나 미국의 찰스 아미 카터Charles Ammi Cutter는 사전체 목록의 표준코드 규칙을 편찬하였다. 그 후 세기가 바뀌어 카드목록이 일반화될 때까지 사전체 목록이 지배하였으며 그 후로 카드형 목록은 20세기의 주요 도서관에서 주제목록으로 제공하였다.

<이종권 편역 · 국회도서관보 2004년 3월호>

위의 원리들은 그 유사성에 따라 그룹화 하면 다음 5가지로 명확하게 정리되며 이는 역사에서 도출된 도서관의 본질을 잘 집약한 것이라 할 수 있다.

- **도서관 설립과 보존의 사회성**
  1. 도서관은 사회가 창조한다.
  2. 도서관은 사회가 보존한다.
  4. 도서관은 권력의 중심지이다.

- **도서관의 장서수집 및 확충의무**
  6. 도서관은 반드시 성장한다.(랑가나단의 제5법칙과 비슷함)
  7. 국립도서관은 모든 국가적 문헌과 외국의 대표적 문헌을 소장해야 한다.
  13. 도서관장서의 확충은 사서의 의무이다.

- **지식의 보존과 이용, 전파**

  3. 도서관은 지식의 보존과 전파를 위한 것이다.

  5. 도서관은 모든 사람을 위한 것이다.(랑가나단의 제2법칙과 비슷함)

  8. 모든 책은 이용하기 위한 것이다.(랑가나단의 제1법칙과 비슷함)

- **장서 관리기술의 합리성**

  14. 도서관은 어떤 질서체계에 따라 자료를 정리하고 그 내용의 목록을 제공하여야 한다.

  15. 도서관은 지식의 저장고이므로 주제에 따라 정리하여야 한다.

  16. 도서관에서의 주제별 그룹화는 실제적인 이용편의를 고려해야 한다.

  17. 도서관은 주제별 목록을 갖추어야 한다.

- **사서의 교육과 전문성**

  9. 사서는 교육을 받은 자라야 한다.

  10. 사서는 교육자이다.

  11. 사서의 역할은 정치적 사회적 시스템 속에 통합되어야만 그 중요성을 발휘한다.

  12. 사서는 훈련과 실습을 받아야 한다.

11

지역주의를 넘어서라

한동안 님비(NIMBY : Not in my back yard)라는 말이 유행한 적이 있다. 고속도로, 댐(DAM), 송전철탑, 원자력발전소 등 국가적으로 필수적인 사업이지만 자기 집 근처에 들어오는 것이 불리한 경우에는 절대 반대하는 지역이기주의를 표현한 말이다. 지역이기주의는 또 자기고장에 유치하는 것이 유리한 사업은 온갖 권력을 동원해서라도 끌어오려고 하는 속성을 지니고 있다(이런 것은 아마 님비가 아니라 'Welcome to my front yard'가 될 것 같다). 지역이기주의는 단기적으로는 그 지역의 보존과 발전에 유리할 수 있지만 장기적으로 보면 국가 전체의 발전을 더디게 하고, 결국 자기고장의 발전도 지연시키는 장애요인이 될 수 있다.

도서관도 마찬가지다. 도서관은 언제나 지역사회에 바탕을 두고 있다. 특히 공공도서관들은 지역주민의 세금으로 운영되는 지방자치단체의 산하기관이다. 따라서 대부분의 공공도서관들은 해당 행정구역 내의 주민들에게만 봉사한다는 원칙을 고수하고 있다. 논리적으로 보면 당연한 일이지만 이 역시 근시안적인 행정이라고 하지 않을 수 없다. 지도상으로 행정구역은 명확히 구분되어 있지만 주민들의 생활권은 반드시 행정구역대로 구획되어 있지 않다. 특히 행정구역간 접경지역의 주민들은 다른 행정구역에 있는 도시를 더 많이 이용한다. 이럴 경우 행정구역이 다르다고 해서 도서관 회원자격을 주지 않고 이용을 제한한다면 인접지역 주민에게 불편을 주고 결국 한 나라의 발전에도 도움이 되지 못한다.

도서관은 지역주의를 넘어서야 한다. 어느 지역, 어떤 종류의 도서관이든 시도의 경계를 넘어서 전국적으로 서비스를 확대해야 한다. 행정구역이나 소속기관이 다르다는 이유로 서비스를 제한할 것이 아니라, 시간적 물리적으로 가능한 서비스라면 전국 어디라도 고객을 위해 봉사하는 열린 도서관을 구현해야 한다. 전국 어디를 가더라도 필요한 서비스를 받을 수 있다면 전체적인 도서관서비스는 그만큼 시너지효과를 낼 수 있으며 도서관에 대한 국민들의 인식도 급격히 달라질 것이다. 지역주의를 넘어설 때 도서관택배가 오가지 않아도 도서관 상호 협력이 자연스럽게 달성될 수 있다고 본다. '벽 없는 도서관'은 어느 지역의 도서관이든 OPAC이나 인터넷으로 연결되는 도서관에 더하여 지역의 벽을 넘어 전 국민에게 봉사하는 열린 도서관을 구현할 때 달성될 수 있다.

더 알아둘 문제

벽 없는 도서관

전자기술을 활용한 도서관을 지칭하는 용어로 전자도서관(electronic library), 벽없는도서관(wall less library), 가상도서관(virtual library), 네트워크도서관(networked library), 멀티미디어도서관(multimedia library), 사이버도서관(cyber library), 디지털도서관(digital library) 등이 출현하였다. 이들 용어들은 각기 표현은 다르지만 그 중심 개념은 디지털기술에 의한 도서관, 즉 디지털도서관으로 집약된다. 디지털도서관이란 전 세계에 네트워크로 연결된 정보들을 이용자중심 인터페이스를 통해 시·공간에 구애됨이 없이 탐색·접근·이용할 수 있도록 설계된 멀티미디어 정보시스템이다.

미국 연구도서관협회(ARL)는 디지털도서관에 대한 여러 정의의 중심적 요소들을 종합하여 다음과 같이 제시하고 있다.[24]

- 디지털 도서관은 단일 실체(single entity)가 아니다.
- 디지털 도서관은 많은 정보자원을 연결시킬 수 있는 기술을 필요로 한다.
- 디지털 도서관과 정보서비스간의 연계는 최종이용자들에게 투명해야 한다.
- 디지털 도서관과 정보서비스에 대한 보편적 접근(Universal access)이 목표이다.
- 디지털 도서관장서는 문헌의 대체물에 제한되어 있지 않고, 인쇄형으로 표현되거나 배포 될 수 없는 디지털형태 자료(digital artifacts)까지도 포함된다.

도서관간 상호협력(협동체제)

도서관의 상호협력의 목적은 기본적으로 단위 도서관들이 보유하는 제한된 자원과 서비스를 보다 효율적으로 활용함으로써 이용자서비스를 충족시키는 데 있다. 이를 위해서는 크고 작은 많은 도서관들이 서로 협력하여 장서와 서비스를 상호 이용할 수 있는 효율적인 시스템을 가동하지 않으면 안 된다. 도서관의 상호협력은 모든 시민의 정보요구를 빈틈없이 충족시켜 주기 위한 지역, 광역, 국가도서관들의 협동전략이라 할 수 있다. 도서관 지역협력 체제를 구축함으로써 얻을 수 있는 장점은 다음과 같다.[25]

---

24) 한국데이터베이스진흥원 표준화보고서, 「데이터베이스 개발 지침에 관한 연구(1998)」 제2부 제2장 제1질 디지털도서관의 개념(http://www.dpc.or.kr)
25) 국립중앙도서관. 2001.『도서관 협력망 협력사업 표준모델 개발연구』. 8~9쪽 참조

- 이용자에게 정보접근의 가능성을 향상시켜줄 수 있다.
- 각 도서관이 보유하고 있는 제한된 자원을 십분 활용할 수 있다.
- 협력체제 내의 도서관 직원들의 업무능력이 향상될 수 있고, 도서관 봉사에 대한 직원들의 시야가 넓어질 수 있다.
- 개별 도서관의 위치, 도서관의 서비스를 도서관이 소재하는 지역을 넘어서 인근, 광역, 전국에 홍보할 수 있고, 다른 지역의 도서관이 개발한 서비스도 용이하게 벤치마킹 할 수 있다.
- 도서관 직원들 간의 정보교류와 유대가 강화될 수 있고 전문성이 있는 직원을 상호 발굴, 교류할 수 있다.

 국립중앙도서관 책바다 서비스(자료 : 국립중앙도서관 홈페이지)

개요

상호대차 서비스란 이용자가 원하는 자료가 거주 지역 내 공공도서관에 없을 경우, 다른 지역의 도서관에 신청하여 소장 자료를 서로 이용할 수 있도록 해주는 전국 도서관 자료 공동 활용 서비스입니다.

현재 국내 공공도서관은 평균 장서수, 국민 1인당 장서수에 있어 미국, 일본 등과 비교하였을 때 턱없이 부족할 뿐만 아니라 안정적인 자료구입비 확보에도 많은 어려움을 겪고 있습니다. 더욱이 매년 출판물 증가, 도서가격 상승, 다양한 정보매체 출현에 따른 자료정리 및 보존비용 증가 등은 도서관이 직면하고 있는 현안입니다.

이런 상황에서 특정 도서관이 한정된 예산과 인력으로 이용자가 원하는 모든 자료를 소장하여 서비스하는 것은 불가능하기 때문에, 도서관간 상호대차가 절대적으로 필요하게 된 것입니다. 즉 국가상호대차시스템을 통해 국가상호대차 서비스에 참여하는 도서관 소장자료의 자유로운 접근을 허용하여 지역 개별도서관의 한정된 보유장서 부족문제를 해소하고, 도서관간 협력체계 구축을 통해 자료의 중복구입 방지 및 자료 이용을 극대화함으로써 상호이익을 제고하고 진일보한 이용자 정보봉사서비스를 수행하는 계기가 마련되었습니다.

상호대차 대상 자료의 범위

참여도서관이 소장하고 있는 자료 중에서 관외대출이 가능한 단행본을 비롯한 인쇄자료, 장애인용 대체자료(점자도서, 묵 점자 혼용도서, 촉각도서, 녹음도서, 큰활자도서, 화면해설영상물, 수화·자막영상물 등) 입니다.

참여도서관 유형

- 국립중앙도서관
- 지역대표도서관
  공공도서관 중에서 「도서관법」 제22조(지역대표도서관)에 규정된 도서관을 의미합니다.
- 공공도서관
  공중의 정보이용·문화활동·독서활동 및 평생교육을 위하여 국가 또는 지방 자치단체가 설립한 도서관이나 공중에게 개방할 목적으로 민간기관 및 단체가 설립한 도서관을 의미합니다.
- 장애인도서관
  장애인에게 도서관서비스를 제공하는 것을 주된 목적으로 하는 도서관을 의미 합니다.
- 작은도서관
  문화부가 지원하여 조성한 작은도서관과 지역을 대표할 수 있는 공공도서관이 관할구역 내의 문고 중 연계협력대상으로 지정하는 작은도서관을 의미합니다.
- 대학도서관
  「고등교육법」 제2조의 규정에 따른 대학 및 다른 법률의 규정에 따라 설립된 대학 교육과정 이상의 교육기관에서 교수와 학생, 직원에게 도서관서비스를 제공하는 것을 주된 목적으로 하는 도서관을 의미합니다.
- 전문도서관
  설립 기관·단체의 소속 직원 또는 공중에게 특정 분야에 관한 전문직인 도서 관서비스를 제공하는 것을 주된 목적으로 하는 도서관을 말하며, 각 부처의 행 정자료실도 이에 해당합니다.
- 학교도서관
  「초·중등교육법」 제2조의 규정에 따른 고등학교 이하의 각급 학교에서 교사 와 학생, 직원에게 도서관서비스를 제공하는 것을 주된 목적으로 하는 도서관 을 의미합니다.

국가상호대차서비스 참여방법(도서관용)

국가상호대차서비스의 참여는 상호대차협의회에 가입신청서를 제출하는 것으로 이루어집니다.

〈상호대차 규약〉

제1조(목적) 본 규약은 상호대차서비스에 참여하는 도서관 간에 소장 자료의 상호대차에 필요한 사항을 규정함을 목적으로 한다.

제2조(용어의 정의) 본 규약의 용어를 정의하면 다음과 같다.
 ① 참여도서관이라 함은 본 규약에 동의하고 가입한 도서관을 의미한다.
 ② 신청도서관이라 함은 다른 참여도서관에 상호대차를 신청하는 도서관을 의미한다.
 ③ 제공도서관이라 함은 다른 참여도서관에 소장 자료를 제공하는 도서관을 의미한다.

제3조(가입과 탈퇴)
 ① 상호대차협의회에 가입은 〔별지 제1호 서식〕에 의한 가입신청서를 제출하는 것으로 이루어진다.
 ② 공공도서관 이외의 도서관(작은도서관, 장애인도서관, 대학도서관, 전문도서관, 학교도서관 등)도 본 규약에 동의하고 가입할 경우, 동일한 권리와 의무를 갖는다.
 ③ 대학도서관은 한국교육학술정보원(KERIS)의 운영위원회를 통해 가입, 탈퇴한다.
 ④ 상호대차협의회에서의 탈퇴는 〔별지 제2호 서식〕에 의한 탈퇴신청서를 제출하는 것으로 이루어진다.

제4조(권리와 의무) 참여도서관은 본 규약을 준수하며, 다음과 같은 권리와 의무를 갖는다.
 ① 참여도서관은 다른 도서관에 자료의 대출을 요청할 수 있으며, 이 요청을 받은 도서관은 특별한 사유가 없는 한 이에 응하여야 하고 신속히 처리하여야 한다.
 ② 휴관・공사・이전・제본 등 기타의 사유로 제공도서관으로서의 역할을 일정기간 할 수 없을 경우 사전에 상호대차시스템을 통해 공지하여야 한다.
 ③ 신청도서관은 자료의 안전한 관리를 위하여 제공도서관에서 요구하는 모든 사항을 준수한다.
 ④ 참여도서관은 자관의 소장자료에 대한 목록정보를 상호대차시스템에서 확인할 수 있도록 공개하여야 한다. 단, 작은도서관과 전문도서관, 학교

도서관의 경우 제반여건이 마련될 때까지 제공하지 않을 수 있다.

⑤ 상호대차 신청에서부터 종료까지의 모든 과정은 상호대차시스템을 통하여 수행한다.

제5조(신청 및 대출)

① 상호대차가 가능한 자료는 각 참여도서관이 자체 규정으로 정한 상호대차가 허가된 자료에 한한다.

② 상호대차 기간은 대출일부터 반납일까지 14일로 하며 1회에 한해 7일 연장할 수 있다. 단, 제공도서관은 자료 예약 등의 사유로 연장을 불허할 수 있다. 대출일은 신청도서관에서 이용자에게 자료 도착을 알린 날이며 반납일은 신청도서관에서 자료 반납을 확인한 날을 의미한다.

③ 이용자 1인당 대출 책 수는 3책 이하로 한다. 단, 장애인용 대체자료 중 분책형태의 자료(점자도서, 녹음도서 등)의 경우에는 이용자 1인당 대출 책 수를 6책 이하로 한다.

④ 상호대차 자료의 수령 장소는 신청도서관으로 한다. 단, 시각장애인이 신청한 상호대차 자료 중 현행 우편법에 의한 장애인용 대체자료는 신청인의 자택으로 전달되도록 한다.

⑤ 국립중앙도서관 자료는 국가대표도서관으로서 영구보존대상 자료임을 감안하여 신청도서관내에서 이용하도록 한다.

⑥ 상호대차는 지정된 전문운송업체를 통하여 신청도서관과 제공도서관간에 이루어진다.

⑦ 자료 대출 및 반납을 위하여 포장 시 자료가 훼손되지 않도록 하여야 한다.

제6조(반납) 대출 자료의 반납은 신청도서관에서 한다.

제7조(비용)

① 상호대차에 필요한 제 비용은 수익자부담을 원칙으로 한다. 단, 장애인의 상호대차에 필요한 제 비용은 국가 또는 지방자치단체에서 부담할 수 있다. 이때 상애인이라 함은 시각장애인, 청각장애인, 지체장애인 1,2급을 말한다.

② 비용은 모든 참여도서관간에 동일하게 적용하되, 그룹별로 부담주체 등에 관한 별도의 비용정책을 수립할 수 있다.

제8조(책임 및 변상)

① 자료의 대출일로부터 반납일까지의 기간에 발생하는 대출 자료의 연체, 분실, 파손 등에 대한 모든 책임은 제공도서관이 정하는 바에 따라 신청도서관에서 부담한다. 신청도서관은 이러한 사항에 대해 이용자와의 정산여부와 관계없이 제공도서관의 요구에 적극적으로 응해야 한다.

② 대출 자료의 연체 시 제재 수위 및 처리절차는 제9조에 정의한다.

③ 신청 자료의 이동 중 분실은 제공도서관에서 감독과 처리를 맡고, 반납 자료의 이동 중 분실은 신청도서관에서 감독과 처리를 맡는다.

제9조(제재)

① 연체일이 29일이하인 연체자는 연체일 수만큼 상호대차 신청이 정지된 다. 이때 연체일 산정 방법은 '자료 수×연체일 수'로 한다.

② 연체일이 30일 이상일 경우나, 3회 이상 연체자는 반납일로부터 6개월 간 상호대차를 신청할 수 없다.

③ 대학도서관의 소장 자료는 연체료가 부과된다.

제10조(이용자)

① 이용자는 참여도서관의 회원으로서 상호대차시스템의 승인을 받는 것으 로 상호대차 신청 자격을 갖는다.

② 이용자는 상호대차서비스를 통해 대출받은 자료의 분실, 파손의 경우 신 청도서관이 요구하는 바에 의하여 원상회복 또는 변상하여야 한다.

③ 상호대차를 신청할 때, 파생되는 비용(왕복 택배비, IFM, 연체료 등)은 수익자 부담 원칙에 따라 이용자가 부담한다. 단, 장애인의 상호대차에 필요한 제 비용은 국가 또는 지방자치단체에서 부담할 수 있다.

④ 상호대차자료의 대출 및 반납은 신청도서관으로 한다.

제11조(개인정보보호)

① 상호대차협의회는 행정자치부에서 제정한 「공공기관의 개인정보보호에 관한 법률」 상의 개인정보보호 규정 및 정보통신부가 제정한 「개인정보 보호지침」을 준수해야 하며, 이용 신청 시 제공받는 이용자의 개인정보 및 서비스 이용 중 생성되는 개인정보를 보호해야 한다.

② 상호대차협의회의 개인정보보호에 관한 관리책임자는 국립중앙도서관 정보화담당관으로 하며 상호대차시스템 서비스 안내에 게시한다.

제12조(기타)

① 신청도서관과 제공도서관을 비롯하여 상호대차 과정에서 발생한 조정이 필요한 사안에 대해서는 상호대차운영위원회에 조정을 요청할 수 있다.

② 본 규약에 명기되지 않은 부분이나 기타의 문제들은 상호대차운영위원 회의 결정에 따른다.

〈부칙〉

이 규약은 상호대차협의회 회장도서관이 참여도서관에 통보하는 상호대차서비스 개시 일부터 시행한다.

- 지역 이기주의

『한국경제』 입력 : 2011-01-24 17:40 / 수정 : 2011-02-06 03:25

초대형 국책사업 유치는 당선 보증수표?
"과학벨트·신공항 잡아라." 지역 의원들 유치전 과열
대선 주자들도 입장 갈려, 여야 지도부 교통정리 '끙끙'

국제과학비즈니스벨트(이하 과학벨트), 동남권 신공항 등 조 단위 국책사업들이
연초 정치권을 뜨겁게 달구고 있다. 이들 사업은 수조원대의 정부 예산이 투입되
는 데다, 유치 시 추가적인 외자유입 등 부가적인 효과가 크기 때문에 따기만 하
면 인근 지역구 의원들에게는 당선 보증수표나 다름없다.

그러나 정부가 사업지 선정을 차일피일 미루면서 너도나도 사업을 유치하겠다고
나서는 바람에 여야 모두 사업지 선정 문제를 놓고 내홍 직전 상황으로 몰리고
있다. 여기에 여야 대선 주자들도 각자 표(票) 계산에 따라 입장을 달리하고 있
다. 국책사업 유치가 지역발전 차원을 넘어 내년 총선 대선의 변수로 부상할 가
능성이 높다.

집권 여당인 한나라당은 사업지 선정 문제로 시끄럽다. 김무성 원내대표는 24일
"국책사업 유치운동이 도를 넘었다"며 "정부는 합리적 판단하에 신속히 결정을 내
리고 분쟁이 생기지 않도록 해야 한다"고 촉구했다. 그는 특히 7조원 이상이 투
입될 동남권 신공항 입지 선정과 관련, "부산과 대구·경북 지역에서 이달 말 각
각 시민단체들이 몇 만명을 모으고 몇 백만 명 서명운동을 하는데 어느 쪽으로
결정되든 한 쪽은 큰 타격을 입게 될 것"이라며 "두 지역의 유치결의 대회는 중단
돼야 한다"고 말했다. 자칫 이 문제로 양측이 신경전을 넘어 지역갈등으로 비화
될 경우 선거구도에 영향을 미칠 수 있다는 우려가 깔려 있다.

한나라당 지도부는 7년간 3조5000억 원이 투입될 과학벨트 사업지 선정과 관련
해서도 정부와 청와대에 입지 선정작업을 서둘러 줄 것을 요청키로 했다. 지도부
는 앞서 충청권 의원들의 유치 정당성 주장에 대구·경북권이 반박하고, 여기에
경기도 지역 의원들까지 가세하면서 논란이 커지자 오는 4월 국가과학기술위원회
의 입지 선정 때까지 '함구령'을 내렸다. 그러나 분란이 수그러들 기미를 보이지
않자 아예 선정 시기를 앞당겨 논란을 조기 불식하자는 쪽으로 돌아선 것이다.

그러나 과학벨트 등 국책사업 유치는 지역 의원들의 당락뿐 아니라 내년 12월 대선에 나설 예비 주자들의 표 계산에도 적잖은 영향을 주게 돼 더욱 복잡한 양상이다. 친박계인 서병수 최고위원은 "과학벨트를 충청권에 만드는 것은 이명박 대통령과 한나라당의 공약이며, 이 원칙만 확인하면 불필요한 오해가 사라질 것"이라며 충청권 입지를 공식화할 것을 촉구했다. 대선에서 충청권 표가 꼭 필요한 박근혜 전 대표의 입장도 이와 다르지 않다는 게 정치권의 대체적인 관측이다. 그러나 김문수 경기지사는 "과천 정부청사가 세종시로 떠나면 그곳을 어떻게 할 거냐.과학벨트는 과천에 유치돼야 한다"고 했다. 김 지사는 박 전 대표와의 당내 경선을 일단 통과해야 하기 때문에 표가 많은 수도권 민심을 살피고 있다는 분석이다.

민주당은 과학벨트 문제를 놓고 '분당(分黨)'까지 거론될 정도다. 민주당은 지난해 말 '충청권 유치'를 당론으로 했으나 김영진 의원 등 광주지역 의원들이 "지식경제부가 광주를 연구 · 개발특구로 지정했다. 특구 지정이 과학벨트 유치와 이어져야 한다"고 주장하면서 갈등 양상을 빚고 있다. 충청권 의원들은 "분당하자는 거냐"며 격앙된 반응을 보였고, 손학규 대표가 나서 호남권을 달래고 있지만 여의치 않은 상황이다.

박수진 기자 notwoman@hankyung.com

12

세계의 트렌드를 읽어라

세계는 하루가 다르게 변화하고 있다. 특히, 정보통신기술의 급격한 발전은 정치, 경제, 사회, 문화 등 인간생활의 모든 부문에 걸쳐 대 변혁을 일으키고 있다. 사회변동의 속도는 기술발전의 속도와 맥을 같이하고 있다. 우리는 농업사회에서의 1,000년간의 변화보다 산업사회의 100년간의 변화, 정보사회의 10년간의 변화가 더욱 빠르게 진행되어 왔음을 실감하고 있다. 오늘의 과학기술은 물질적 생산의 풍요 및 교통 통신의 혁신을 일으켜 국가 간의 물리적 경계를 넘어서 전 세계를 지구촌화 하고 있다. 특히 정보기술의 발전에 따라 젊은이들은 '디지털세대'라는 이름표를 달고 '디지털 원주민(digital native)'으로의 생태적 변신을 이룩하면서 이전 세대와는 완전히 다른 사회문화적 특징을 형성해 나가고 있다.[26] [27]

기술발전 뿐 아니라 자연환경의 변화, 정치이념, 문화적인 요인도 사회 변화에 크게 작용한다. 자연환경은 계속 변화되어 왔다. 지구는 고생대와 중생대, 신생대 그리고 빙하기 등 자연적인 대 변혁을 거쳐 왔다. 우리 인간이 살 수 있는 환경이 된 후에도 화산폭발, 지진과 홍수, 태풍과 해일 등의 수많은 자연변화를 겪어 왔다. 또한 인간의 과학 기술이 발전함에 따라 그 부작용으로서의 환경변화도 심화되고 있다. 지구 온난화와 대기오염

---

26) 김상훈 외. 2009. 『앞으로 3년, 세계 트렌드. 서울』: 한스미디어. 129~130쪽.
27) http://youthandmedia.org/projects/digital-natives/

등 환경파괴현상이 그것이다. 이러한 자연환경의 변화는 사람들의 삶에 영향을 미쳐 사회변동을 일으키는 중요 요인으로 작용한다.

정치이념은 모든 사회제도에 영향을 미쳐왔다. 민주주의와 공산주의는 한때 세계를 양극화시켰다. 소련의 몰락으로 냉전체제가 붕괴된 이후에도 정치이념에 따른 사회적 특성은 국가마다 다르게 나타나고 있다. 자유민주주의를 표방하는 나라에서도 정치지도자에 따라 사회 문화는 큰 변화를 겪게 된다. 문화적인 요인에서도 세계 여러 나라와의 인적 물적 교류에 따른 다문화사회의 확대는 전통사회의 질서를 대체하는 새로운 사회문화 질서를 요구한다.

도서관은 이러한 시대적 변화를 적절히 읽어내어 적어도 5년 내지 10년 앞을 내다보고 대처해 나가야 한다. 도서관 경영자들은 정치, 경제, 과학기술, 사회문화, 교육, 예술, 국제관계 등 다양한 시각에서 세계의 트렌드를 읽고 사회적 기관으로서의 도서관의 역할변화를 모색해야 한다. 이렇게 하기 위해서 도서관 경영자들은 세계 문명의 트렌드를 전망하는 서적들을 구입하여 독서할 뿐 아니라 신문과 방송 및 인터넷 등 네트워크를 통해 시시각각으로 전달되는 시사 정보에도 촉각을 곤두 세워 도서관의 미래 경영계획에 적절히 반영해야 한다.

관련도서

김상훈 외. 2009. 『앞으로 3년, 세계트렌드』. 서울: 한스미디어.
트렌드지특별취재팀, 권춘오 역. 2010. 『지금부터 10년 글로벌 트렌드―시장을 뒤바꾸는 새로운 물결』. 서울: 일상과이상.
김민주·이재구·김정원·이정아. 2010. 『키워드로 읽는 오늘의 세상 2011 트렌드 키워드』. 서울: 미래의창.

김난도 · 이준영 · 김정은 · 이향은 · 권혜진. 2010. 『트렌드 코리아 2011』. 서울 : 미래의창.

돈 탭스콧 저, 이진원 역. 2009. 『디지털 네이티브－역사상 가장 똑똑한 세대가 움직이는 새로운 세상』. 서울 : 비즈니스북스.

John Palfrey and Urs Gasser. Jun 22, 2010. Born Digital: Understanding the First Generation of Digital Natives.

자료

기술발전은 사회변화의 중요 요인이다. 신세대는 디지털 원주민이다.

Youth and Media

About〈http://youthandmedia.org/2010/10/18/about/〉
Led by John Palfrey and Urs Gasser, the Youth and Media project at the Berkman Center for Internet & Society at Harvard University encompasses an array of research on youth and technology. By understanding young people's interactions with digital media such as the Internet, cell phones and video games, we may address the issues their practices raise, learn how to harness the opportunities their digital fluency presents, and shape our regulatory and educational frameworks in a way that advances the public interest. ……

Digital Natives〈http://youthandmedia.org/projects/digital-natives/〉
The Digital Natives project focuses on the key **legal, social, and political implications of a generation "born digital"** - those who grow up immersed in digital technologies, for whom a life fully integrated with digital devices is the norm.
Through qualitative research, legal analysis, and collaboration with educators, we investigate how the culture of digital natives－a culture of connectivity, of public display, of sharing, of feedback, of constant availability and of global citizenship－

impacts and will continue to impact our world. In particular, we focus on the influence upon institutions of education and government, while also extending inquiry to impacts on business, relationships, and mental health. Our research informs our mission to provide recommendations to educators and legislators for reforms that make the most of the exciting possibilities young people's digital fluency presents, supports youth in navigating the difficult issues, and ultimately engages technology in ways that strengthen our social institutions.

자연환경 변화는 사회변화의 중요 요인이다.

지구환경의 변화는 지금도 계속된다.

일본 화산 폭발 조짐, 미야자키는 '초비상'

(엑스포츠뉴스=온라인뉴스팀 기사입력 : 2011.01.28 02:36)

26일 오전부터 일본 가고시마와 미야자키 현의 경계 부근에서 화산 활동이 시작됐다. 일본 TBS의 지역 뉴스 네트워크인 JNN에 따르면, 25일 아침부터 가고시마와 미야자키 현의 경계에 있는 신모에다케(新燃岳)에서 분화가 계속 되는 가운데, 바람이 부는 방향의 지역은 화산재에 휩쓸리고 있다.

26일 오전 7시 31분에 신모에다케에서 소규모의 분화가 발생한 이후, 분화가 계속 이어지고 있다. 오후 3시 전부터는 화산성 미동의 진폭이 커졌고, 오후 3시 40분경부터는 화구로부터 1500미터의 높이까지 연기가 치솟아 올랐다. 미야자키 현 내에는 넓은 범위에서 화산재가 내리고 있는 상태에, 최대 직경 2~3cm 가량의 분석(噴石)이 확인되어 차 유리창이 깨지는 피해도 발생했다고 한다. 한편 화산재의 영향으로 이 미야자키 현 내에서는 전차의 운행 중지, 미야자키 공항을 출발하는 비행기가 결항되는 등 교통에도 혼잡을 주고 있다고 한다.

이번 화산은 해발 1421m 높이의 신모에다케는 1716년부터 분화를 시작해 현재까지 활동을 하고있는 활화산으로, 화산군 기리시마연산(霧島連山)에 속해있다. 주변 지역에는 이에 따른 분화 경계 단계가 형성되어 있다. 신모에타케의 분화 경계단계는 26일 오후 6시를 기해 2에서 3으로 격상됐으며, 입산이 규제 및 위험지역에의 출입이 규제된 상황이다.

정치는 사회변동의 중요 원인이다.

이집트 최대 반정부시위… '100만 인 행진'(종합2보)

(『연합뉴스』/ 김홍태 / 입력 2011.02.02 03:34)

美 '질서 있는 이행' 착수. 엘바라데이 '안전한 퇴진' 언급 주목
식량난에 생필품도 부족. 민주화 물결 인접국으로 계속 확산

(카이로=연합뉴스) 김영묵 고웅석 특파원

100여 만 명의 이집트 국민이 1일 수도 카이로와 제2의 도시 알렉산드리아, 수에즈 등 전국 곳곳에서 호스니 무바라크 대통령의 퇴진과 정치개혁을 요구하며 8일째 반정부 시위를 이어갔다.

특히 계속되는 시위로 수에즈 운하의 운영에 일부 차질이 빚어진 것으로 알려진 가운데 야권은 이날 '백만인 행진'을 마친 뒤 무기한 총파업에 돌입할 방침이어서 이집트의 산업활동 전면 중단 가능성이 우려되고 있다.

미국이 특사를 파견해 '질서 있는 이행'에 본격 착수한 가운데 노벨평화상 수상자이자 반정부 세력 구심점인 모하메드 엘바라데이(68) 전 국제원자력기구(IAEA) 사무총장이 무바라크 대통령의 '안전한 퇴진'을 허용해야 한다는 유화적인 입장을 밝혀 주목된다.

그러나 반정부 시위가 장기화하면서 생활필수품이 부족해진 가운데 특히 식량난으로 식품가격이 치솟는 등 서민들의 생활고도 가중되고 있다.

이런 가운데 중동의 요르단에서는 압둘라 국왕이 국민의 요구를 수용해 들어선 지 2개월 남짓 된 새 내각을 해산하고 시리아에서도 야권이 대규모 주말 시위를 계획하는 등 민주화 물결이 중동 인접국으로 들불처럼 번지고 있다.

◇ 백만인 행진… 거대한 물결 = 이날 카이로 시내에는 아침 일찍부터 '백만인 행진'에 참석하려는 시민 수천 명이 모여들면서 긴장감이 고조되기 시작했다. 이

미 오전 8시께(현지시간) 카이로 중심가에만 시민 5천 명 가량이 집결했다. 이 들 중 상당수는 통금을 무시하고 전날부터 타흐리르(해방) 광장에서 밤을 지새 운 사람들이었다.

이들은 '무바라크 퇴출'이라는 구호가 쓰인 팻말과 무바라크 대통령이 올가미에 매인 모습을 그린 포스터 등을 들고 시위를 준비했다. 일부 시위대는 무바라크를 전(前) 대통령으로 부르기 시작했다고 알자지라방송은 보도했다. 시위대는 통금 이 시작되는 오후 3시가 넘어서도 모여들었다고 목격자들이 전했다.
이후 시위대는 타흐리르 광장에서 출발해 무바라크 대통령 집무실 등 시내 주요 지점을 향해 행진에 나섰으나, 주최 측은 군경과의 충돌을 우려해 대통령궁으로 의 행진은 취소한 것으로 알려졌다.
카이로 시내 주요 지점에는 군 병력과 장갑차가 배치되고 헬리콥터들이 중심가 주변을 선회했지만, 군은 전날 성명에서 발표한 대로 시위대에 별다른 위해를 가 하지 않았다고 목격자들이 전했다.

이집트 제2도시인 알렉산드리아를 비롯한 전국 곳곳에서도 대규모 시위가 벌어 졌다. 알렉산드리아에서는 수십만 명이 모여 '백만인 행진'에 동참했으며 행진하 는 모습이 활기에 차 있었다고 현지 언론이 전했다.

시위대는 남녀노소, 중산층과 저소득층, 농부, 실업자 등 각양각색이었으며 참가 인원에 대해 언론들은 수십만 명에서부터 100만 명 등 다소 시각차를 보였으나 사상 최대 규모라는 데는 이견이 없었다.
시위를 주도하고 있는 야권은 이날 백만인 행진을 마친 뒤 총파업에 들어간다는 계획이어서 산업활동의 전면 중단으로 이어질지 주목된다.
이미 지중해와 홍해를 잇는 수에즈 운하가 반정부 시위의 여파로 운영에 일부 차 질이 빚어지고 있다고 한진해운 김영민 대표이사가 로이터통신과의 인터뷰에서 밝혔다.

◇ 미국 특사 파견 … 엘바라데이, '무바라크의 안전 퇴진' 필요 = 미국은 프랭크 위즈너 전 이집트 주재대사를 특사로 공식 파견해 무바라크 대통령 접촉에 나서 는 등 '질서 있는 이행'을 위한 본격적인 관여에 들어갔다.
미 국무부는 자료를 통해 "위즈너 전 대사가 현재 카이로에 있으며 미국 정부가 이집트로 갈 것을 요청했다"며 특사 파견을 공식 확인하고 "이집트 지역에서 많은 경험이 있는 분으로서 이집트의 관리들을 만나 판단을 전할 것"이라고 말했다.

지난 1986~91년 5년간 대사를 역임하며 무바라크와도 친분이 있는 위즈너 전 대사가 무바라크 대통령에게 거취 문제에 대한 미 행정부의 입장을 전달할지 주목된다. 오바마 행정부는 무바라크의 퇴진이 불가피하다고 보고 오는 10월 대선이 자유롭고 민주적으로 실시될 수 있도록 과도정부에 권력을 평화적으로 이양하는 게 바람직하다는 입장을 정리한 것으로 알려지고 있다.

또 마거릿 스코비 이집트 주재 미국대사는 엘바라데이 전 사무총장을 면담한 것으로 전해져 '포스트 무바라크' 체제에 대비한 정지작업에 들어갔다는 관측이 나왔다. 이와 관련, 엘바라데이 전 총장은 이날 알-아라비아 TV와의 회견에서 무바라크의 퇴진을 거듭 촉구하면서도 이를 위해서는 그가 기소당할 우려가 없어야 한다며 안전장치의 필요성을 언급했다. 이에 따라 시위대가 지금까지 요구해온 무바라크의 퇴진과 단죄 입장에 변화가 있을지 주목된다.

◇ 생필품 품귀 현상에 식량난까지 = 시위가 8일째로 접어들면서 대형 점포들이 문을 열지 않아 생활필수품 품귀 현상과 함께 식량난이 빚어지고 있다.
대형 할인점인 까르푸는 시위 초기 약탈사건이 벌어진 이후 카이로 시내와 외곽 8곳의 점포를 모두 폐쇄했으며 슈퍼마켓들에서도 물건이 거의 동나면서 식품가격이 치솟고 있다고 시민들은 말했다. 새로 임명된 사미르 라드완 재무장관은 국영 TV에서 국영 은행들이 2일부터 연금생활자와 공무원이 연금과 월급을 수령할 수 있도록 현금지급기를 개방하되, 하루 인출금액을 1천 파운드(19만 원 상당)로 제한할 것이라고 말했다.

◇ 요르단 내각해산, 시리아 주말 시위 … 들불처럼 번지는 시위사태 = 요르단 국왕은 국민의 요구에 따라 사미르 리파이 총리 내각을 해산하고 장성 출신인 마루프 바키트 전 총리에게 새 내각을 구성할 것을 요청했다. 압둘라 국왕이 지난해 11월 총선에서 구성된 리파이 총리 정부를 해산한 것은 튀니지와 이집트 사태에 영향을 받은 것이라고 AP통신이 전했다.

요르단 국민은 연료와 식품가격이 급등한데다 정치개혁이나 실업대책이 지지부진하다는 이유로 리파이 총리를 비난해왔다. 시리아 야당도 이번 주말 이집트 국민을 지지하고 야당 탄압과 정부 부패를 고발하는 대규모 시위를 벌이기로 했다고 dpa통신이 보도했다. '시리아 민주이슬람운동'은 웹사이트를 통해 오는 5일 다마스쿠스 의사당 앞에서 대규모 시위를 벌일 것이라면서 홈스시(市)에서도 대규모 시위가 예정돼 있다고 밝혔다.

한편, 지금까지 이집트의 반정부 시위로 전국에서 300명이 사망하고 3천 명이 부상했으며 수백 명이 체포당한 것으로 추정된다고 나바네템 필레이 유엔 인권 최고대표가 말했다.

economan@yna.co.kr /freemong@yna.co.kr

국제교류는 사회변화의 중요 요인이다.

코피노

(경인일보=조용완 논설위원/ 2011/10/31)

코피노. 코리안(Korean)과 필리피노(Philipino)의 합성어로 한국 남자와 필리핀 여성 사이에 태어나 필리핀에서 생활하는 혼혈아다. 이들이 최대 1만명에 달할 것으로 예상하고 있다. 이들의 생활상을 들여다보면 우리의 1950년대, 전쟁의 후유증보다 더 비참하다. 대부분이 한국에서 유학 간 남성들, 20대 학생들이 남긴 족적으로 국제적으로 문제가 되고 있다. 망신살도 국제적이니 대한민국을 널리 알리는 데 일조한 공을 봐서 칭찬을 해야 할지…. 어학연수 바람이 불면서 함께 나타난 풍속도로, 말을 꺼내기도 부끄러운 형편없는 일들이 이슈화한 지 오래지만 아직도 여전한 데서 답답함 뿐이다.

필리핀 어학연수는 연평균 4천여 명, 최대 7천여 명에 달한다는 통계다. 이 많은 학생들이 코피노 생산자라는 꼬리표를 달고 있다. 물론 대부분의 학생은 가담하지도, 생각조차도 않은 건전한 학생들이겠지만, 연수국이 필리핀이라는 이유로 가해자의 오명을 쓴 또 다른 피해자가 되기도 한다. 매년 피해자를 양산하는 일이 반복되고, 반한 감정이 하늘을 찌르는 현장에 대책은 없고 걱정어린 시선만 있다.

빅 브라더의 감시망을 발동해서라도 이들의 행보에 족쇄를 채워야 하는 절박함이 필리핀 현지에서 감지되고 있다. 그 전에 해야 할 일은, 강화된 교양 프로그램의 운영과 탁아시설·교육문제·일자리제공 등 코피노세대에 필요한 맞춤형 지원 등 도움이다. 정부 대책을 요구하는 것이다. 필요하다면 민간단체가 나서 아빠 찾아주기 운동과 병행해 민·형사적 책임을 지우면 상황이 호전되지 않을까. 이산가족 상봉 행사가 아직도 진행형으로, 이들의 아픔을 모를 리 없는 정부와 국민이, 이보다 더한 이산가족을 만들어 내고 있는 것이 목하 현실이다. 인지 상정(人之常情)이다. 불쌍한 사람을 보면 동정심이 가고, 아픈 이를 대할 때면 가슴이 저려 오는 것을 느끼게 된다. 인면수심(人面獸心)도 제 새끼는 귀여운 법이다. 하지만 이들의 행태는 인간적인 면이라곤 찾기 힘들다. 여기서 멈추게 하고, 아픔을 어루만지며 삶의 길을 열어 줘야 G20국가의 체면이 조금은 설 성 싶다.

(코피노 홈페이지 : http://kopino.net/)

그로컬(glocal)시대의 시민과 도서관

1. 그로컬시대의 전개와 그 명암

언제부터인지는 확실하지 않으나 최근 들어 '그로컬'이라는 신조어가 등장하여 관공서나 대학의 기획문서에 유행처럼 쓰이고 있다. 그래서 그 의미를 알아보니 '글로벌(global) 과 로컬(local)의 합성어'이며, 우리말로는 '세방(世方)'이라고 한다는 인터넷 설명이 나왔다. 외래어라 별로 마음에 들지는 않지만, 의미상으로 는 정말 그럴 듯한 말이라고 인정하지 않을 수 없다. 왜냐하면 우리가 살아가는 '지금 여기'에서 세계화와 지방화가 동시에 일어나고 있기 때문이다. 세계 사람들 은 물리적인 교통을 넘어서 컴퓨터와 인터넷을 통해 사정없이 교류하고, 세계 모 든 지방의 문화가 복잡하게 섞여 들어 다문화 '융합'을 향해 빠른 행보를 계속하 고 있는 것이다.

확실히 우리의 삶의 환경은 하루가 다르게 변모되고 있다. 우선 눈에 보이는 외 형적 모습부터 이제 어느 나라 도시인지도 분간할 수 없을 정도로 바뀌어가고 있 다. 뿐만 아니라 사람들의 내면을 지배하는 언어와 문화도 이제 무엇이든 새롭고 유용한 것이면 교류하여 쓸 만큼 경계가 무너지고 있다. 가야금이 비틀즈 음악을 연주하고, 우리가 개발한 조그만 반도체 칩이 세계의 정보를 닮아 '내손아의 도 서관'을 구현할 수 있고, 세계의 언어가 검색과 동시에 자동 번역되며, 언제 어디서나 나의 휴대폰으로 필요한 정보를 얻을 수 있게 되어가는 이러한 놀라운 변화는 가히 '신의 기적'을 현실화시키고 있는 것만 같다. 1960년대에 필자의 선친께서는 앞으로 '앉아서 천리를 보는 시대가 올 것이라고' 예언처럼 말씀하셨는데, 이제 천리가 아니라 몇 억만 리 까지도 보게 되었으니 바야흐로 인간세상은 모든 것이 기적처럼 변하는 신의 경지로까지 치닫고 있는 것 같다.

그러나 인간 세상이 신의 세계로 한발 한발 다가간다고 해서 마음 놓고 좋아하고 있을 일만은 아니다. 한쪽으로는 이렇게 신의 기적처럼 변화되어 가는 사이에도 우리가 알지 못하는 어느 구석에서는 또 다른 '악신'이 지켜보며 어떠한 보복을 준비하고 있는지를 아무도 알 수 없는, 인간은 아직 '무지한 신'이기 때문이다. 그 단초는 바로 환경오염과 지구 온난화와 같은 크고 작은 재앙에서 나타나고 있는 것이다. 지구의 온도가 1도만 상승해도 개구리와 같은 양서류가 죽고 바다 속의 산호초가 사라지는 등 생태계에 큰 변화를 일으킬 것이라는 예측이 있다. 우리나라에도 최근 들어 기후 변화가 확실히 감지되고 있다. 안전지대였던 동해한 영동지방에 때 아닌 돌풍과 물난리가 나는가 하면, 6월의 더운 날씨에 우박이 내려 농작물에 큰 피해를 주기도 했다. 또한 진도 4.0을 웃도는 지진도 가끔 우리 한반도를 노크한다. 온대몬순지역이라던 조용한 아침의 나라가 '아열대 모순지역'으로 변화되어가는 것 같은 현상을 지금 피부로 느끼게 된다.

이와 같이 그로컬시대가 무조건 좋은 것만은 아니다. 그로컬사회는 우리가 직면하는 시대의 대세이며, 앞으로 인류사회에 대체적으로 행복을 줄 것이지만, 반면에 우리가 대처해야 할 수많은 문제가 잠재되어 있다는 것을 항상 간과해서는 안될 일이다. 아프리카 난민이 굶주리며 죽어가도, 그들이 문맹의 상태에서 허덕이고 있어도 대다수의 나라가 이를 방관하고 있는가 하면, 당장 내 코앞의 공기가 오염되고 있어도 검은 연기를 내뿜는 차를 보란 듯이 몰고 다니며 모든 오염을 남의 탓으로만 돌리고 있는 이 한심한 인간들의 작태는 인류 전체의 큰 행복을 훼손하기에 그야말로 안성맞춤이다. 우선 당장 나의 편리함을 추구하기에 급급한 이러한 근시안적인 행태는 그로컬사회의 보다 큰 행복을 훼손할 것이며, 나아가 지구라는 공을 어디로 굴러 떨어지게 할지 모르는 위험한 '자학행위'임을 우리들은 왜 깨닫지 못하는 것일까?

2. 그로컬시대의 시민생활, 그 깨달음과 실천

앞서 그로컬사회의 명암을 생각해보면 향후 우리의 생활이 어디로 어떻게 가야 하는지에 에 대하여 심각하게 고민하지 않을 수 없다. 그로컬이라는 '멋진' 신조 어가 나왔다고 해서 우리가 저절로 행복한 세계시민이 되는 것은 아니다. 스스로 행복하고, 다른 사람에게, 나아가 모든 인류에게 행복을 주는 세계시민이 되기 위해서는 우리가 해야 할 수많은 과업이 산적해 있는 것이다.

우선은 모든 시민이 눈을 크게 뜨고 현시대의 그로컬문명사회를 올바로 통찰하 여 각자가 할 일이 무엇인가를 찾아서 성실하게 실천해야 한다. 이때 자신의 사 리사욕을 위해서 일을 찾으면 잘 찾아지지 않을 것이며 부지불식간에 타인에게 피해가 되는 일을 할 수도 있다. 그러나 나의 힘은 적지만 우리고장을 위해서, 우리나라를 위해서, 인류를 위해서 점점 범위를 넓히면서 스스로의 할일을 찾아 보면 조금은 쉽게 좋은 일을 찾을 수 있을 것 같다. 지금 당장 무엇을 해야 하고, 무엇을 하지 말아야 하는지도 잘 판단할 수 있을 것이다. 그로컬사회의 시민이라 면 누구나 먼저 타자를 위한 봉사정신으로 제 할 일을 찾아 하려는 기본적 자세 가 필요하다고 생각된다.

모든 시민들이 제 역할을 잘하게 하기 위해서는 교육만한 기제(機制)가 없을 것 같다. 누구든지 '뭘 알아야 어떻게 할 수 있기' 때문에 세계시민으로서의 인간적, 실천적 교육은 오늘을 사는 현대인들에게 더욱 절실하게 다가온다. 따라서 교육 당국은 모든 사람들이 앞서 제시한 그로컬시민의 봉사정신을 갖출 수 있도록 평 생교육의 정책방향을 확고히 함은 물론, 각 연령대별, 사회계층별로 새로운 교육 인프라를 지속적으로 개발, 지원해야 한다. 이렇게 함으로써 모든 시민들이 어떤 일에 종사하든 그로컬시대에 알맞은 일을 찾아 성실하게 실천할 수 있게 될 것이 다.

세계는 일찍이 이러한 인류의 지속적 교육 필요성에 대비하여 1960년대부터 유 엔 교육과학문화기구(UNESCO)에서 주관하여 평생교육(life long, life wide education)이라는 훌륭한 교육개념을 창안해 냈다. 인류가 지향하고 희 망하는 세계시민으로 살아가기 위해서는 학교교육만으로는 안 되고, 요람에서 무덤까지 평생토록 교육을 받아야 한다는 것이다. 이러한 평생교육은 학습자 스 스로 능동적으로 받아야 하며, 여기에는 가정교육, 학교교육, 사회교육이 포함되 고, 형식교육, 비형식교육, 무형식교육이 모두 포함된다. 이러한 평생교육을 통해 그로컬사회에는 항상 새로운 학생, 새로운 교사, 새로운 교수, 새로운 학자, 새로운 직장인, 새로운 기업인…… 등등 모든 시민들이 신선한 통찰력을 가진 세계시민으로 거듭나게 해야 한다는 것이다.

그러나 참 말은 좋은데, 우리 대한민국의 '그로컬사회'는 시민의 평생교육을 뒷받침하는 기반이 잘 조성되어 있는 것일까? 여기에 대한 대답은 한마디로 '아니요'이다. 어디에서 무엇을 어떻게 배우고 실천해야만 세계시민으로 거듭날 수 있는지 막막하기 그지없다. 아무리 이상이 좋더라도 이를 제대로 실현할 수 없다면 이는 이상(理想), 그 이상(以上)도 이하도 아니게 된다. 이상을 실현하려면 이를 위한 사회 제도적 인프라가 굳건하게 구축되어야 하는 것이다.

3. 새 도서관제도의 모색, 시민과 더 친근한 도서관

물론 우리나라에 평생교육기관이 없는 것은 아니다. 한국방송대학교, 각 대학들의 평생교육원, 사회교육원, 각종도서관, 문화원, 기업의 연수원, 백화점문화센터 등에서 평생교육 프로그램을 운영하고 있다. 그러나 이들만으로 그로컬시민을 위한 평생교육 기반이 갖추어졌다고 하기에는 역부족이다. 한국방송대학은 다양한 연령대의 학생들로 하여금 개설되어 있는 전공학과를 이수, 졸업시키는 엄연한 대학이다. 따라서 시민의 모든 평생교육을 방송대학에만 의존하게 할 수는 없는 일이다. 각 대학 부설 사회교육기관은 프로그램이 제한적이며 수업료가 비싸 시민들이 여간해서는 엄두를 내지 못하고 있어 평생교육의 효과를 살리기에는 역시 한계가 있다. 공공도서관은 문화강좌, 취미강좌, 기초어학강좌, 컴퓨터강좌 등을 개설하고 있으나 본격적인 평생교육 프로그램이라기보다는 도서관 본 업무에 부수적인 업무의 성격으로 인식되고 있어 시민의 평생교육에 본질적으로 다가가지 못하고 있다. 이렇게 볼 때 우리나라는 한마디로 평생교육을 체계적으로 경영하지 못하고 수익사업으로, 기관의 홍보용으로 운영하고 있는 셈이다.

필자는 도서관을 연구하는 사람이므로 평생교육기관으로서의 도서관에 대하여 좀 더 생각해 보기로 하겠다. 도서관 특히 공공도서관은 시민과 가장 가까이 있어야 할 평생교육기관이다. 그러나 우리나라 그로컬사회에서 평생교육을 수행해야 할 도서관의 수는 전국적으로 너무나 부족하다. 공공도서관의 경우를 보면 2007년 3월말 현재 전국에 544개관이 개설되어 있고, 이는 인구 9만 명 당 1

개관으로서 OECD 국가 중 최하위로 나타나고 있다. 또한 그 속에서 이루어지는 서비스는 장서가 빈약하고, 전문가도 부족하여 제대로 된 평생교육프로그램을 운영할 여건이 되어 있지 못한 실정이다. 또한 공공기관으로서의 도서관이 운영하는 평생교육서비스는 '공공'이라는 공무원서비스의 한계로 인해 시민의 요구를 충족시켜 주지 못하고 있다.

그러나 우리나라의 도서관계에도 눈여겨 볼 현상이 나타나고 있으니 이는 곧 시민들이 자발적으로 개설, 경영하고 있는 소규모 민간도서관들이다. 민관도서관들은 1990년대 중반 이후 '어린이도서관'이라는 이름으로 전국 각처에 하나 둘씩 생겨나서 공공도서관이 하지 못한 어린이교육서비스를 실현해 나가고 있다. 또한 방송을 타고 기적처럼 추진된 '기적의 도서관'이 속속 문을 열면서 이제 민간어린이도서관은 시민들에게 자발적이고 친근하며 내실 있는 도서관으로 자리를 잡아가고 있는 중이다. 따라서 시민들은 공공도서관 어린이실 보다 민간 어린이도서관에 더욱 친근감을 느끼고 학부모들이 자발적으로 참여하여 다양한 교육프로그램을 기획, 운영하기도 한다. 민간어린이도서관은 전국에 100여 곳으로 아직은 많지 않지만 시민의 자율성과 친근성, 프로그램운영의 내실 면에서 볼 때 평생교육기관으로서의 역할을 잘 수행해내고 있는 것으로 여겨진다. 도서관계도 이를 간파하고 국립중앙도서관이 2006년 6월부터 서울 강남에 시범적으로 어린이청소년도서관을 개설, 운영하면서 어린이도서관 정책개발에 노력하고 있다. 따라서 어린이도서관은 앞으로 국공립도서관의 어린이실 뿐 아니라 민간에 의한 자발적인 도서관들이 합세하여 더욱 활기를 띨 것으로 기대되고 있다.

그런데 그로컬시민의 평생교육은 어린이들만 대상으로 하는 것은 아니다. 평생교육은 어린이에게는 기초생활교육으로서 필요하지만 학교교육 이후의 일반시민들에게는 그들의 새로운 인격과 지속적인 능력개발을 위해 절실히 필요하다. 어린이들에 대한 도서관의 평생교육은 시민정신의 기초형성을 위해 중요한 반면 일반 시민들에 대한 평생교육은 평생 계속해서 새로운 능력을 갖춘 인간으로 변신해 나가야 하기 때문에 중요하다. 따라서 모든 계층을 위한 평생교육프로그램이 마련되어 시민 누구나 원하는 시간에 참여할 수 있는 충분한 기회가 제공되어야 한다. 어린이도서관들이 민간에 의해 활성화되어 가듯이 일반시민을 위한 작은 도서관들도 민간에 의해 활성화되는 것이 바람직하다고 여겨지는 이유가 여기에 있다.

그러나 민간이 아무리 뜻이 있다 해도 재벌이 아닌 이상 사재를 털어 도서관을 경영하기는 쉽지 않은 일이다. 도서관은 비영리공공사업이기 때문에 현상유지하기도 어려운 분야이다. 물론 사립도서관은 도서관법상 사용료를 받을 수 있으나 그러한 사용료 등의 수입만으로는 운영경비의 충당도 어렵다. 따라서 민간도서관을 활성화하여 시민의 평생교육 시너지를 높이기 위해서는 정부차원에서 정책지원 방안이 마련되어야 한다. 이를 위해 도서관계에서는 '작은 도서관 활성화 방안'에 대하여 정책연구들을 진행하고 있지만 아직은 전망이 뚜렷이 보이지 않고 있다.

여기서 필자는 공공도서관이 직접 하지 못하는 사업은 민간도서관에 예산지원을 함으로써 공공과 민간이 상생할 수 있는 공공도서관과 민간도서관 협력을 위한 한 가지 실천 방안을 제안한다. 우선 도서관 정책당국에서 도서관법개정을 추진하여 민간도서관활성화를 위한 법적 근거를 마련해야 한다. 예를 들면 '국가 및 지방자치단체는 관내 민간도서관의 설립과 경영을 촉진하고, 예산을 지원하여야 한다.'는 의무조항을 신설하고, 민간도서관 경영의 자율성을 최대한 보장하는 가운데 예산 지원의 필수 조건을 제시하는 것이다. 또한 법령의 실질적인 실행을 위해서는 다양한 형태의 도서관을 장려해야 한다. 예를 들면, '라이브러리 농장'이나 '라이브러리 호텔'과 같은 신종사업을 세제혜택 등을 통하여 장려함으로써 민간 도서관을 기업개념으로 경영할 수 있도록 하는 것이 바람직하다. '라이브러리 농장'은 관광지나 농촌지역에서 경영할 수 있는 농장을 겸한 도서관으로서 도시민들에게 가족단위로 여가시간을 유용하게 보낼 수 있게 하는 새로운 개념의 농장도서관이다. '라이브러리 호텔'은 관광지나 각 도시에서 경영할 수 있는 숙박시설과 도서관의 합성시설로서 관광객이나 여행자 그리고 가족단위 주말여행자들이 관광도 하고 정보도 활용하며 여가시간을 학구적으로 보낼 수 있는 신종호텔이다. 이렇게 확대해가면 서점, 백화점 등 다른 업종에서도 도서관을 겸할 수 있는 분야는 많이 있을 것이며, 이를 통해서 정보자료의 활용은 물론 보다 질 높은 평생교육프로그램의 운영도 활성화 될 수 있을 것이다. 그리고 이 모든 사업들이 공공도서관과 연계된다면 공공도서관은 지역의 정보거점이 되고, 민간도서관들은 공공도서관의 분관이 되어 시민들이 언제 어디서나 접근할 수 있는 유익한 정보 활용과 평생교육장소가 될 수 있을 것이다.

기업개념으로서의 도서관 경영은 필자가 오래전부터 꿈꾸어 왔지만 이는 필자만의 생각이 아니라는 것을 알게 되었다. 최근 외국의 경우에서도 기업 개념 도서관 경영의 성공사례를 찾을 수 있기 때문이다. 2007년 6월 11일 보도된 "테레사 수녀의 마음에 대기업 CEO의 머리로"라는 신문기사(조선일보)에는 마이크로

소프트사에서 퇴직한 존 우드라는 사업가가 '룸 투 리드(Room to read)'라 불리는 도서관 사업을 전개하여 성공하고 있다는 내용이 있다. 빈곤한 사람들에게 봉사할 목적으로 전개하는 이 도서관 사업은 개인이 네팔 어린이들을 위한 이타적 사업으로 시작하였지만 고객들에게 기쁨과 희망, 그리고 이익을 주는 사업으로 성공하고 있다는 것이다(룸 투 리드 홈페이지에는 다양한 사업들이 소개되어 있다 : www.roomtoread.org). 따라서 우리는 이러한 예를 타산지석으로 삼아 우리의 문화 여건을 최대한 활용, 아이디어를 짜내어 민간도서관 사업을 활성화시켜나가야 한다는 생각이다. 이러한 평생교육사업을 통해 시민 모두를 현명한 '그로컬시민'으로 육성하여 우리나라가 인류사회에 희망을 주는 '동방의 등불'이 되도록 하는 것이 우리 '그로컬도서관'의 궁극적 사명이라 생각된다.

4. 사서선생님, 도서관의 교육 경영자

사서라면 사람들은 정적 이미지를 떠올리기 쉽다. '조용한 도서관에서 책을 분류 정리하거나, 대출 반납대에서 고객들과 별 대화 없이 책을 주고받거나, 때로는 한가롭게 책이나 보고 있는 한직' 쯤으로 인식되어 왔다. 대학의 문헌정보학 교과에서, 혹은 각종 도서관 정책세미나에서 사서의 전문성과 역할을 논의해 왔고, 지금도 논의하고 있지만 사서에 대한 인식은 좀처럼 변하지 않는 것 같다. 도서관계가 아무리 외쳐도 시민의 메아리가 없는 원인은 과연 무엇일까? 아마도 우리 사서들의 역할 정립에 대한 '외침'이 성실한 실천을 수반하지 않는 '공염불'로 인식되고 있는 것은 아닐까? 전문성을 높여야 한다는 논의가 있었으면 실제로 전문성을 높여야 하고, 서비스 정신을 높여야 한다고 논의 되었다면 실제로 서비스가 높아져야 하는데 그러한 진전이 도서관 현장에서 눈에 띄게 나타나지 않기 때문은 아닐까? 어떤 개선 방안이든 실천을 수반하지 않으면 아무런 효과가 없다는 것은 경험에서 배우는 상식이다. 따라서 사서와 도서관의 전문성, 서비스 정신에 대한 논의와 합의는 반드시 실천을 수반해야 하며, 이는 사서들 스스로의 노력과 정책당국의 치밀한 정책 지원이 합치되어야 가능하다. 참 어려운 일이긴 하다.

학생들은 문헌정보학 강의실에서 이루어지는 도서관에 대한 '장밋빛' 강의에 귀를 기울이지만 도서관 현장을 실습하거나 고객으로서 이용해 보고는 회의를 느끼는 경우가 많다고 한다. 이런 경우 '그 문제들은 앞으로 학생들이 사회에 진출하여 개선해 가야할 몫'이라고 훈계하면서 '지금 다 잘 되어 있다면 학생들이 나중에 발전시킬 여지가 없지 않느냐'고 궤변을 늘어놓지만 그렇게 말하고 있는 선생들의 마음은 아프고 부끄럽다. 언제까지 이렇게 현실과 따로 노는 수업을 해야 하는지, 어떻게 하면 예비사서들에게 장차 현실을 개선할 수 있는 만능의 도서관 경영자로 육성할 수 있겠는지?

이제 우리는 그로컬시대의 사서의 전문성과 역할에 대하여 새로운 차원의 길을 모색해야 한다. 지금까지 사서의 자질 또는 역할에 무수한 논의가 있어왔으므로 그러한 논의를 바탕으로 하면서도 그로컬이라는 세계적 상황과 평생교육이라는 시대적 요구를 감당할 수 있는 사서상을 정립해야 한다고 생각한다. 필자는 그러한 사서상을 '그로컬 도서관의 교육경영자'로 설정하고 싶다. 이는 도서관의 전통적 4대 기능인 자료의 수집, 정리, 보존, 제공이라는 차원을 넘어서 교육과 경영이라는 기능으로 그 넓이와 깊이를 확대해야 한다는 의미이다. 물론 전통적으로도 교육과 경영 기능이 있어왔지만 그러한 기능은 매우 소극적으로 인식되어 별로 효용을 나타내지 못하였다. 그러나 이제는 사서들이 교육과 경영기능을 적극적으로 발휘해야 할 때가 된 것이다.

이렇게 볼 때 사서들이 갖추어야 할 능력은 교육자로서의 능력과 경영자로서의 능력 2가지로 종합될 수 있다. 우선 교육자로서의 능력은 주제전문성과 연관된다. 사서가 도서관 이용방법만을 교육하는 것이 아니라 한 가지 이상의 주제 전공을 가지고 내용면에서도 시민의 평생교육을 담당해야 한다. 전공분야의 자료 발굴과 안내, 연구, 강의, 저술 활동을 함으로써 도서관의 '평생교사'가 된다면 책의 표피만을 어루만지는 사서상에서 교육자로서의 사서상으로 탈바꿈 할 수 있을 것이다. 어린이실을 담당하는 사서들은 페스탈로치나 몬테소리의 교육정신, 아동발달과 어린이문학에 대한 해박한 지식을 가지고 어린이와 학부모의 교사로서 교육프로그램을 기획하고 진행해야 한다. 일반 시민을 담당하는 사서들은 주제전문분야별로 나누어 평생교육학적 지식을 바탕으로 전공분야의 자료 발굴과 안내 및 교육서비스프로그램을 기획 진행해야 한다. 경영자로서의 능력은 도서관이라는 실체를 '기업경영'이라는 관점에서 통찰하고, 경영목적을 달성하기 위한 선순환적 경영사이클을 원활히 가동할 수 있는 전략경영능력이다. 도서관의 존재이유를 명확히 하고 인적 물적 재정적 자원을 사업 우선순위에 따라 종합 조정하는 리더십을 발휘해야하는 것이다. 이러한 도서관의 교육자 및 경영자로서의 능력은 공공이든 민간이든 어느 도서관에서든 그로컬시대가 요구하는 바람직한 사서상이라 하겠다.

5. 도서관, 시민의 평생교육 광장으로

지금까지 그로컬사회와 관련하여 시민과 도서관의 문제를 생각해 보았다. 그로컬사회에서는 보다 새로운 시민적 자각과 실천이 요구되며 이를 뒷받침하기 위한 평생교육 제도의 체계화와 새로운 교육인프라의 지속적인 개발 및 보급이 필요함을 강조하였다. 또한 도서관이 평생교육기관으로서 역할을 다하기 위해서는 시민과 더욱 친근한 민간도서관의 설립을 장려하고, 민간도서관의 경영활성화를 위한 정책적 지원은 물론 공공도서관과 민간도서관의 협력 네트워크의 구축으로 평생교육의 효과를 높여야 함을 주장하였다.

한편 민간사업으로서의 도서관 경영을 위해서는 '라이브러리 호텔'이나 '라이브러리 농장', '라이브러리 서점'과 같은 신종 민간도서관 사업의 장려 및 지원책이 필요함을 제안하였다. 도서관의 모든 평생교육서비스를 공공부문이 전부 감당할 수는 없으므로 민간 경영자(CEO)들의 경영능력을 도서관 경영에 십분 활용하여 평생교육서비스의 질을 높이는 것이 최적 대안이라고 생각한다.

또한 그로컬시대의 도서관 사서들은 지금까지의 정적 이미지를 벗어나 '도서관의 교육경영자'로서 능동적이고 적극적인 역할을 정립하고, 교육자로서의 전문성과 경영자로서의 리더십 능력을 발휘해야 함을 강조하였다. 솔직히 사서가 없는 도서관은 도서관이라 할 수 없다. 동사무소 문고 등 사서가 없는 시설들은 과거의 마을문고처럼 언제 흐지부지 문을 닫을지 알 수 없다. 규모가 크든 작든 교육경영자로서의 전문사서가 경영하는 도서관이 되어야만 평생교육 광장으로서의 도서관의 사명과 역할을 충실히 구현할 수 있다고 본다.

〈이종권 · 국회도서관보 2007년 9월호〉

LIBRARY library

제3부

실행 DOING

인(人), 물(物), 금(金)
3M's(man, material, money)을
최적화하라.

13

인사정책을 수립하고 철저히 지켜라
Personnel Policy

공·사 조직을 막론하고 체계적이고 합리적인 인력관리를 위해서는 조직과 인사에 관한 정책수립이 필수적이다. 공무원이 운영하는 도서관의 경우는 공무원인사규정이 있어 인사정책이 불필요한 것으로 인식되기 쉽지만 개별도서관은 공립, 사립을 불문하고 자기도서관의 원활하고 효과적인 인력관리를 위하여 별도의 인사정책을 수립 시행하는 것이 바람직하다. 조직이 인사관리의 원칙을 정해두고 모든 직원을 원칙과 절차에 따라 공정하게 통솔, 관리하는 것은 인력관리의 기본이다.

인사관리정책에는 직원을 정규직, 임시직으로 구분하고, 사서직, 행정직, 기술직, 기능직 등 필요한 직종, 직급, 인원을 확정, 분담업무의 명세를 작성해 두어야 한다. 모든 소속 직원들은 채용, 평가, 승진 등에 관련된 일관된 정책을 잘 알고 있어야 한다. 인사정책에는 채용, 보직, 이동, 승진, 평가, 보수 등 인력관리의 제반 사항을 규정하고 매년 변화하는 요인을 반영하여 개정해야 한다.

첫째, 인력의 채용과 보직은 투명성과 공정성이 보장되도록 해야 한다. 공무원의 경우는 직종별로 임용고시에 의해 채용되지만 위탁도서관이나 사립도서관들은 자체적인 인사정책을 수립, 직원을 공정한 절차에 따라 채용해야 한다. 직종, 인원, 자격, 보수 등 채용계획의 결정, 모집공고, 서류심사, 예비 후보자의 선발, 면접 등 객관성과 공정성을 확보할 수 있는 장치를 마련하여 시행하여야 한다.

둘째, 이동, 승진, 교육훈련, 이직, 퇴직 등에 관한 절차를 규정해야 한다. 직무별, 직급별 업무 및 경력에 따른 순환보직, 승진요건과 절차, 휴직, 이직, 퇴직절차 등을 체계화하여 직원의 불평요인을 사전에 방지해야 한다. 직원들은 신입사원의 경우에는 열심히 하려고 노력하지만 1년 정도만 지나면 조직의 매너리즘과 무사안일에 빠지기 쉬우므로 년차별로 교육훈련에 관한 규정을 정해두고, 직원들이 수행할 과제를 미리 규정해야 한다.

셋째, 직원의 복지와 보수에 관한 원칙을 정해두어야 한다. 직원의 고용안정, 복리후생, 급여, 퇴직금 등에 관한 결정기준과 절차 등을 상세히 규정하여야 한다. 이 경우에도 공무원의 경우는 공무원보수규정에 따르므로 별 문제가 없겠으나 위탁도서관이나 사립도서관들의 보수 책정은 매년 문제가 될 수 있다. 따라서 보수 책정에 관한 절차와 방법을 명확히 하여 불만요인의 발생을 사전에 방지하여야 한다.

넷째, 직원 근무성적 평가에 관한 사항을 반드시 규정해야 한다. 근무성적 평가의 목적과 평가기준, 평가자, 평가빈도와 평가시기, 평가결과의 활용 등에 대한 방법과 절차를 규정하고, 직종별로 세부적인 평가지표와 평가표 양식을 정해 두어야 한다. 평가는 반드시 인사관리에 반영하는 절차를 마련해 두어야 평가의 실효성이 있다.

인사정책은 도서관 관리운영규정에 포함하여 작성할 수 있으나 별도의 문서로 작성할 수도 있다. 어떤 형식을 취하든 도서관경영자는 직원들에게 인사관리정책을 사전에 공지하고 인력관리에 있어 법과 규정에 따른 인사원칙을 준수하여 공정하고 투명한 인사관리를 해야 한다. 인사관리의 정책을 합리적으로 정해두어야만 지역 세력들의 학연, 지연, 혈연 등에 의한 인사 청탁이나 영향력을 합리적으로 배제할 수 있다.

더 알아둘 문제

HRD(Human Resource Management) : 인적자원관리

조직의 목적을 달성하기 위하여 효율적으로 활용하여야 하는 자원 중에 인적자원의 획득·개발에 관한 활동으로 '기업의 장래 인적자원의 수요를 예측하여, 기업전략의 실현에 필요한 인적자원을 확보하기 위하여 실시하는 일련의 활동'이라 정의한다. HRP(Human Resource Planning: 인적자원 계획), HRD(Human Resource Development : 인적자원 개발), HRU(Human Resource Utilization: 인적자원 활용)의 3가지 측면으로 되어 있지만, 채용·선발·배치부터 조직설계·개발, 교육·훈련까지를 포괄하는 광범위한 활동에 있어 종래의 인사관리의 틀을 넘어선, 보다 포괄적인 개념으로 주목받고 있다.(출처 : 네이버 용어사전)

인력관리의 기본원칙[1]
- 적임자의 선발과 적재적소의 배치
- 신뢰성 있는 직무평가
- 공정한 인사고과(근무성적 평정)
- 직원들의 동기부여와 인격존중
- 고용안정과 신분보장

---

1) 정동열. 2007. 『도서관경영론』. 한국도서관협회. 253~54쪽

14

전문가를 채용하라

프레데릭 테일러의 '과학적 관리론' 이후 조직은 분업과 전문화라는 기본적인 틀을 유지하게 되었다. 분업은 같은 종류의 일을 과정에 따라 또는 업무량을 분담하여 하는 것이고, 전문화는 개인이 한 분야의 일을 집중적으로 숙련하여 처리함으로써 작업의 능률을 극대화하는 관리방식이다. 조직 관리에 있어서 이러한 분업과 전문화의 원칙은 지금도 변함이 없다. 도서관의 조직도 분업과 전문화의 원칙에 의해 편성되며 각 직위의 담당자는 모두 전문가로 채용되어야 한다.

여기서 잠시 어떤 사람을 전문가라고 하는지 살펴보면 전문가란 형식상으로는 전문적인 지식과 기술을 갖추고, 일정수준 이상의 교육을 받았으며, 국가에서 인정한 자격증을 취득한 사람이어야 한다. 이러한 사람들은 그 분야에 있어서는 다른 사람들이 쉽게 따라할 수 없는 능력의 소유자로서 예를 들면, 의사, 변호사, 공인회계사 등이 있다. 그렇다면 사서는 과연 전문가인가를 생각해볼 필요가 있다. 사서 역시 위에서 말한 형식적인 요건을 갖추고 있으나 의사, 변호사, 공인회계사처럼 보통사람이 도저히 따라할 수 없는 분야라고 하기는 어렵다. 이 점이 바로 사서직의 전문성 논란을 일으키는 요인이 된다.[2] 따라서 사서는 다른 직종의 전문성을 인정

---

2) 김세훈 · 정진수 · 이종권. 2004. 『도서관 전문성 강화방안』. 한국문화관광정책연구원.

하면서 사서의 전문성을 강화할 수 있는 길을 모색해야 한다. 도서관계에서 줄곧 주제전문사서 양성의 필요성을 제기하는 것은 바로 이 때문이다.

도서관에서의 전문직은 일반적으로 정사서 이상의 사서자격증을 취득한 사서직원을 지칭하고 있다. 그러나 위에서 본 전문화의 원칙 및 전문직의 요건에 비추어 볼 때 다른 분야 즉, 행정직, 전산직, 기능직 등도 모두 그 분야에서는 사서 못지않은 전문가라 할 수 있다. 따라서 도서관의 인력을 채용할 경우 각기 그 분야의 전문가를 채용해야만 업무의 능률과 효과를 극대화할 수 있다. 물론 도서관은 사서가 가장 중심이 되는 조직이지만 행정직, 전산직, 기능직도 엄연히 그 분야의 전문가로 인정되어야만 직원 간의 화합과 단결에 도움이 될 수 있다. 사서만이 전문직이고 사서가 아닌 다른 직원들은 비전문직이라고 치부하는 것은 도서관 전체의 경영에 결코 도움이 되지 않는다.[3]

더 알아둘 문제

전문직으로서의 사서

사회에 전문직은 무수히 존재한다. 대학에는 수많은 학과가 있다. 그 많은 학과들은 다 나름대로의 전문성을 갖추고 있어서 그 분야 전문가 양성에 주력하고 있다. 전문 자격증의 종류도 무수히 많다. 그러면 전문직이란 무엇인가? 이를 확실히 하지 않으면 전문직에 대한 혼동이 일어나서 무엇

---

3) 예를 들면 사서들은 일반적으로 공문서작성, 회계, 기획문서 작성 등에 취약하나 행정직이나 전산직들은 사서직의 업무를 일부나마 잘 처리하는 경우를 흔히 볼 수 있다.

이 과연 전문직인지 판단하기가 어려울 것이다. 따라서 전문직의 정의와 특성을 먼저 살펴보기로 하겠다.

먼저 사전적 의미에서 전문직을 살펴보면 전문직이란 "일반인들이 갖지 못한 고도의 전문적 기술이나 지식을 갖추고 일반인들이 수행할 수 없는 일을 처리하는 직업"으로 이해된다. 따라서 전문직은 특정 직업이 지식이나 기술적 측면에서 고도의 전문성으로 말미암아 다른 직업 또는 활동과 차별화 된다는 점이다. 따라서 적문직의 업무는 아무나 할 수 없는 것이 된다. 그러나 사회적 의미에서의 전문직은 사전적 의미의 전문직 보다 더 세부적으로 설명된다. 전문직의 개념은 위의 전문 지식과 기술을 갖추는 것은 필수적이고 그 이외에도 국가가 인정하는 전문 자격증, 봉사정신 등이 꼽히고 있다. 보다 세부적인 분석은 다음 예에서 찾아볼 수 있다.[4]

구조적 외적 특성
- 인류와 사회에 봉사할 수 있는 창조적, 이론적, 체계적 지식과 지적 기술
- 전문 교육기관의 설립과 장기간의 교육 훈련
- 전문인 협회의 창설
- 윤리강령의 제정
- 전문인으로서의 권위
- 사회적으로 인정받는 특권
- 전문인들이 형성하는 문화
- 직업의 상근성

태도적 심리적 특성
- 자기 직업에 대한 고도의 참여의식
- 경제적 보상보다 내면적, 정신적 보상을 기반으로 하는 직업에 대한 의무감

---

4) 김영욱 외. 1999. 『언론인 전문화 교육—개념과 모델, 실태와 전망』. 한국언론재단. 16쪽.

- 자기 분야의 전문인 협회 또는 단체를 주된 준거집단으로 삼는 자세와 공통 규범
- 공중에 대한 봉사의 신념과 가치관
- 직업 활동에 대한 자율적 규제의 신봉
- 자기 분야에 대한 소명의식
- 직무 수행에 있어서의 자치성 향유

위와 같은 전문직에 대한 정의와 개념에 비추어보면 사서직의 경우도 상당한 전문직으로서의 특징을 갖고 있다고 볼 수 있다. 즉, 전문지식의 습득은 대학의 문헌정보학과와 대학원의 석·박사학위 과정을 통하여 이루어지고 있다. 국가의 공인은 법률에 의거 일정한 교육 이수자에게 사서 자격증을 수여함으로서 이루어진다. 또한 도서관협회가 결성되어 활동하고 있으며 윤리성과 관련하여 '도서관인 윤리선언'은 사서의 사회적, 윤리적 책임성을 강조하여 전문직에 요구되는 윤리와 책임을 규정하고 있다.

사서직원의 자격요건

도서관법시행령 제4조 제2항 별표 3 <개정 2009.9.21>

구분	자격요건
1급 정사서	1. 문헌정보학이나 도서관학 박사학위를 받은 자 2. 2급정사서 자격증을 소지하고 문헌정보학이나 도서관학외의 박사학위를 받거나 정보 처리기술사 자격을 받은 자 3. 2급정사서 자격증을 소지하고 도서관 근무경력이나 그 밖에 문화체육관광부령으로 정하는 기관에서 문헌정보학 또는 도서관학에 관한 연구경력(이하 "도서관 등 근무경력"이라 한다)이 6년 이상 있는 자로서 석사학위를 받은 자 4. 2급정사서 자격증을 소지하고 도서관 등 근무경력이 9년 이상 있는 자로서 문화체육관광부장관이 지정하는 교육기관(이하 "지정교육기관"이라 한다)에서 문화체육관광부장관이 정하여 고시하는 소정의 교육과정(이하 "소정의 교육과정"이라 한다)을 이수한 자
2급 정사서	1. 대학(교육대학·사범대학·「고등교육법」 제2조 제5호에 따른 원격대학·산업대학 및 이에 준하는 각종 학교를 포함한다. 이하 같다)에서 문헌정보학이나 도서관학을 전공하고 졸업한 자 또는 법령에서 이와 동등한 학력이 있다고 인정한 자로서 문헌정보학을 전공한 자

	2. 문헌정보학이나 도서관학 석사학위를 받은 자 3. 교육대학원에서 도서관교육이나 사서교육을 전공하여 석사학위를 받은 자 4. 문헌정보학이나 도서관학 외의 석사학위를 받은 자로서 지정교육기관에서 소정의 교육과정을 이수한 자 5. 준사서 자격증을 소지하고 석사학위를 받은 자 6. 준사서 자격증을 소지하고 도서관 등 근무경력이 3년 이상 있는 자로서 지정교육기관에서 소정의 교육과정을 이수한 자 7. 대학을 졸업하여 준사서 자격증을 소지하고 도서관 등 근무경력이 1년 이상 있는 자로서 지정교육기관에서 소정의 교육과정을 이수한 자
준사서	1. 전문대학(전문학사학위를 수여하는 사이버대학을 포함한다) 문헌정보과나 도서관과를 졸업한 자 또는 동등 이상의 학력이 있는 자로서 문헌정보과나 도서관과를 전공한 자 2. 전문대학(전문학사학위를 수여하는 사이버대학을 포함한다)(종전의 실업고등전문학교를 포함한다) 또는 동등 이상의 학력이 있는 자로서 지정교육기관에서 소정의 교육과정을 이수한 자 3. 대학을 졸업한 자로서 재학중에 문헌정보학이나 도서관학을 부전공한 자

비고 : "도서관 등 근무경력"은 다음 각 호의 기관에서 사서 또는 사서행정 업무를 전임으로 담당하여 근무한 경력을 말한다.
  1. 도서관
    가. 국가 또는 지방자치단체에서 설립한 공공도서관·전문도서관
    나. 법 제31조 제1항 및 제40조 제2항에 따라 지방자치단체에 등록한 사립 공공도서관·전문 도서관
    다. 대학도서관, 학교도서관
    라. 그 밖에 작은도서관 규모 이상의 도서관
  2. 국가기관 및 지방자치단체
  3. 도서관 관련 비영리 법인

직무기술서(職務記述書, Job Descriptions)

조직의 직무를 상세히 기술하는 문서로서 직무분류, 직무평가 및 직무분석의 기초자료가 된다. 직무기술서에 포함되는 요소는 직무명칭, 소속직군, 직종, 직무내용, 직무수행에 필요한 기자재, 작업도구, 직무수행 방법, 직무수행절차, 작업조건 등이 기술된다. 직무기술서는 직무의 목적과 표준성과(performance standard)를 제시함으로써 직무에서 기대되는 결과 및 직무수행 방법을 제시한다. 직무기술서는 인사관리에서 가장 기초가 되는 문서이다.

직무명세서(職務明細書 job specification)

직무기술서를 기초로 하여 직무의 내용과 직무의 자격요건을 일정한 형식으로 기술한 문서이다. 주로 모집과 선발에 사용되며 직무의 명칭, 소속 및 직종, 교육수준, 기능·기술 수준, 지식, 정신적 특성, 육체적 능력, 작업경험, 책임 정도 등에 관한 사항이 기술된다. 직무명세서의 필수적 포함내용은 다음과 같다.

- 직무명(부서명, 직무명)
- 직무개요(작업의 목적, 범위, 내용의 개요)
- 직무내용(내용의 자세한 서술, 타 직무와의 관계)
- 직무요건(학력, 지식, 기술, 경험, 정신적, 신체적 조건)
- 명세서 작성 시기(명세서 작성 날짜 update 필요)

도서관인 윤리선언

우리나라에서는 도서관계가 뜻을 모아 도서관인의 철학적 윤리적 실천 덕목으로서 '도서관인 윤리선언'을 선포하였다. 도서관인 윤리선언은 1997년 10월 30일 한국도서관협회가 주관하여 도서관계의 중지를 모아 제정한 것이다. 여기에 좋은 말은 다 있다. 따라서 우리 사서들은 이와 같은 윤리를 평소의 생활 속에 실천할 수 있도록 성실과 인내로 지식과 지혜를 연마해야 할 것이다.

도서관인 윤리선언

도서관인은 민족과 인류의 기억을 전승하여 사회발전에 기여하는 도서관의 운영 주체로서 무거운 책임을 지니고 있다. 이 책임은 우리들 도서관인의 모든 직업적 행위의 바탕에, 비판적 자기 성찰과 윤리적 각성이 살아 있을 때 비로소 완수될 수 있다. 이에 우리는 스스로의 다짐이자 국민에 대한 약속으로 우리가 지켜 나갈 윤리적 지표를 세워 오늘 세상에 천명한다.

1. (사회적 책무)도서관인은 인간의 자유와 존엄성이 보장되는 민주적 사회발전에 공헌한다.
    가. 도서관인은 헌법이 보장하는 국민의 알 권리를 실현하는 데 기여한다.
    나. 도서관인은 국민의 자아성장 의욕을 고취하고 그 노력을 지원한다.
    다. 도서관인은 도서관과 이용자의 자유를 지키고 정보접근의 평등권을 확립한다.
    라. 도서관인은 성숙된 지식사회를 열어가는 문화적 선도자가 된다.

2. (자아성장)도서관인은 부단한 자기개발을 통하여 역사와 함께 성장하고 문명과 더불어 발전한다.
    가. 도서관인은 자신을 개선하는 데 게으르지 아니하며 끊임없이 연구하고 정진한다.
    나. 도서관인은 자신의 직무가 역사를 보존하며 사실을 전수하는 행위임을 자각한다.
    다. 도서관인은 사회의 변화와 이용자의 요구에 능동적으로 대처하는 능력을 배양한다.
    라. 도서관인은 개척자의 정신으로 일상의 난관을 극복하며 열정과 안내, 그리고 용기와 희망 속에서 일한다.

3. (전문성)도서관인은 전문지식에 정통하며 자율성을 견지하여 전문가로서의 책임을 완수한다.
    가. 도서관인은 자신의 업무영역에 관한 전문 지식과 기술습득에 최선을 다한다.
    나. 도서관인은 전문가로서의 자율성을 발휘하여 스스로 사회적 지위를 확

보한다.

다. 도서관인은 소속된 조직의 입장이 전문성의 원칙에 배치될 경우 전문가
   적 신념에 따라 이의를 제기할 책임이 있다.

라. 도서관인은 전문직 단체의 중요성을 인식하고 조직 활동에 적극 참여한
   다.

4. (협력)도서관인은 협동력을 강화하여 조직운영의 효율화를 도모한다.

가. 도서관인은 협력의 기초가 되는 소속 도서관의 능력신장에 먼저 노력한
   다.

나. 도서관인은 도서관간의 협력 체제를 지속적으로 발전시켜 나간다.

다. 도서관인은 다른 사회기관과 협력하여 부단히 활동영역을 확장한다.

라. 도서관인은 자신의 조직에 불이익이 있을지라도 협력의 의지를 지켜나
   간다.

5. (봉사)도서관인은 국민에 헌신하는 자세로 봉사하고 도서관의 진정한 가치에
   대한 사회적 인식을 유도한다.

가. 도서관인은 이용자의 다양한 요구에 적합한 전문적 봉사에 힘쓴다.

나. 도서관인은 이용자의 이념, 나이, 성별, 사회적 지위 등을 이유로 차별
   하지 아니한다.

다. 도서관인은 항상 친절하고 밝은 태도로 업무에 임한다.

라. 도서관인은 도서관에 대한 사회의 정당한 인정을 획득하기 위하여 노력
   한다.

6. (자료)도서관인은 지식자원을 선택, 조직, 보존하여 자유롭게 이용하게 하는
   최종 책임자로서 이를 저해하는 어떠한 간섭도 배제한다.

가. 도서관인은 민족의 문화유산과 사회적 기억을 지키는 책임을 진다.

나. 도서관인은 지식자원을 선택함에 있어서 일체의 편견이나 간섭 또는 유
   혹으로부터 자유로워야 한다.

다. 도서관인은 지식자원을 조직함에 있어서 표준화를 지향한다.

라. 도서관인은 이용자와 관련된 개인정보를 보호하며 그 공개를 강요받지
   아니한다.

7. (품위)도서관인은 공익기관의 종사자로서의 품위를 견지한다.

가. 도서관인은 언제나 전문가로서의 긍지를 가지고 업무를 수행한다.

나. 도서관인은 항상 정직하고 정당한 태도를 잃지 아니한다.

다. 도서관인은 업무와 관련하여 정당하지 아니한 일체의 이익을 도모하지 아니한다.

라. 도서관인은 직업적 윤리규범을 성실히 지킨다.

15

적재적소에 배치하라

적재적소의 배치는 인력관리의 기본 원칙 중 가장 중요한 원칙이다. 최선의 인력관리는 직무분석 및 직무명세서에 기초하여 자리에 꼭 맞는 '맞춤채용'을 하여 그 자리에 배치하는 것이다. 그러나 공무원 임용고시 선발에서처럼 맞춤채용이 되지 않는 현실에서는 보직 발령에 있어서 본인의 적성을 최대한 고려하여야 한다. 예를 들어 도 단위로 사서직공무원을 선발하여 공공도서관으로 발령된 경우 도서관장은 해당자를 사전에 심층 면접하고 적성을 파악하여 각자의 적성에 맞는 자리로 배치해야 한다는 것이다. 그러나 실제로는 사서를 서무담당자로 배치하거나 극히 내성적인 사람을 대인관계가 빈번한 참고자료실로 배치함으로써 직무수행의 효과를 반감시키는 경우를 흔히 볼 수 있다.

인력관리는 조직경영에 있어서 가장 핵심적이고 중요한 부문이라 할 수 있다. 언제 어디서나 일은 사람이 하는 것이기 때문에 사람을 관리하는 일이야 말로 경영관리의 거의 전부라 해도 과언이 아니다. 어떤 일을 적성에 맞지 않는 사람에게 맡기는 것은 그만큼 일처리의 완성도를 떨어뜨릴 수 있다. 따라서 경영자는 수습기간이나 직무교육 및 순환보직 등을 통하여 개인의 적성과 능력을 지속적으로 파악하여 인사관리에 충실히 반영해야 한다. 경영자는 직원들의 평소의 업무 수행 태도 및 업무성과의 관찰을 통해서, 그리고 직원과의 상담 및 정기적인 근무성적 평정의 결과를 통해서 모든 직원이 적재적소에서 일할 수 있도록 인력관리에 최대의 정성을 쏟아야 한다.

16

멘터(mentor)와 멘티를 구성하라

멘터(mentor)는 영어다. 영어사전에는 "mentor : 1.<그리스신화> 멘토르 : Odysseus가 아들의 교육을 맡긴 지도자. 2. 선도자(善導者), 좋은 조언자 ; (지도)교사, 스승"으로 풀이되어 있다. '멘티'라는 말도 있어 역시 사전을 찾아보니 영어사전에는 없고 2004년 국립국어원 <신어자료집>에 소개되어 있는데, "멘티(mentee) : 멘터에게서 상담이나 조언을 받는 사람"으로 풀이되어 있다. '멘터'는 영어이고 '멘티'는 우리나라에서 만들어진 영어신조어인 셈이다. 위의 뜻풀이에서 보는 바와 같이 멘터와 멘티는 좋은 스승과 제자, 좋은 선배와 후배를 의미한다. 서로 이끌어주고, 밀어주는 스승과 제자의 관계, 선배와 후배의 관계, 이것이 곧 멘터와 멘티의 관계이다.

직장에 처음 들어가면 무엇이든 생소하고 서먹서먹하다. 신입사원이 사람들에게 적응하고 업무에 적응하는 데는 적어도 3~4개월의 시간이 걸린다. 대부분의 직장에서는 3개월 정도의 수습기간을 정해두고 신입사원 오리엔테이션 교육과 직무교육, 그리고 현장교육(OJT) 과정을 마련하여 직무에 적응할 수 있도록 배려한다. 한편, 기성 직원들도 사회발전에 부응하여 자신의 능력발전을 도모하고 도서관을 발전적으로 경영하기 위해서는 지속적이고 체계적인 교육과 훈련을 받아야 한다. 따라서 대내외적으로 각종 교육 훈련제도가 운영되고 있다.

오리엔테이션은 신입직원이 조직의 일원으로서 갖추어야 할 기본적 업무지식과 그 기관의 경영철학(사명, 목적, 목표), 각종제도(조직, 정책, 근무규칙,

휴가, 이동, 승진, 급여계산법, 노사관계), 직장예절과 윤리, 복장 등 직원의 일원으로서 갖추어야 할 제반 사항들을 교육한다. 오리엔테이션은 큰 조직에서는 연수원 등에서 집합교육으로 시행하는 것이 일반적이지만 규모가 작은 조직에서는 직장 내에서 상사와 선배들이 개별적으로 신입직원을 교육한다. 현장교육은 직장 내에서 업무를 하면서 상사와 선배들로부터 지도를 받는 교육이다. 현장교육은 직장에서 공식적으로 실행하는 교육훈련으로서 그 과정이 끝나면 직원들은 누구나 홀로서기를 해야 한다. 다른 직원, 다른 부서 직속 상사와 원활한 관계를 유지하면서 업무를 처리해나가야 한다.

직장 내의 교육훈련은 지도하는 사람의 성격에 따라 천차만별이다. 남남이지만 '궁합'이 잘 맞지 않는 경우 서로 불만인 경우가 속출한다. 선배가 후배를 지도하지만 인간적으로 지도하지 않고 반말하며 퉁명스럽게 대하기도 한다.[5] 이성의 경우에는 업무외적인 '속셈'을 저변에 깔기도 한다. 직장은 사회의 축소판이다. 따라서 인간관계에 있어 모든 경우의 수가 발생되는 것은 당연한 일이지만 직장 내에서는 상사든 선배든 그 기관의 경영목적 달성이 최우선이라는 점을 잊어서는 안 된다.

이러한 공식적인 교육의 한계를 극복하고 인간관계론에 입각하여 선배와 후배사이에 서로끌어주고 밀어주는 관계를 형성하는 것이 바로 멘토링이다. 멘토링은 공식적인 관계가 아니라 비공식적 관계로서 스승과 제자의 인간적 관계를 형성하는 것이다. 따라서 멘토링은 개인의 능력발전 뿐

---

5) 필자가 모 회사의 신입사원으로 채용되어 영어를 사용하는 부서로 배치 받았을 때 어느 선배의 질문은 지금생각해도 불쾌하다. "느그 영어사전 가져 왔어? 이 어린 양들을 운제 부리 묵겠노?" 그 선배는 결국 신입사원인 우리들을 잘 지도해주지 않고 다른 부서로 떠났다.(속이 후련했다.)

아니라 조직목적 달성에도 긍정적으로 기여할 것이기 때문에 경영자는 이러한 비공식적 멘토링관계가 직원들 사이에 형성, 유지되도록 유도하는 것이 바람직하다. 그러나 이러한 멘토링의 관계가 자칫 개인지배와 복종 관계 내지 사조직 집단의 파벌로 이어지지 않도록 유의할 필요가 있다.

더 알아둘 문제

직무교육

현장교육(OJT : On the Job Training)

직무에 임하여 상사 및 선배에게서 직접 직무수행 방법을 실습으로 배우는 일종의 도제식 훈련방법이다. 신입직원은 보통 3개월 정도의 수습기간을 갖는데 이때 부서를 순환하면서 업무를 배우며, 조직 분위기를 익힌다. 기성 직원의 경우에도 이동, 승진 등으로 새로운 업무를 맡을 경우 상사와 선배로부터 직무교육훈련을 받아야 한다.

집합교육(OFF JT : OFF the Job Training)

근무지를 떠나서 연수원이나 외부기관에 가서 일정기간 집중하여 교육을 받는 경우를 말한다. 정부기관이나 대기업들은 자체 연수원을 두고 교육과정을 편성하여 각종 직무교육을 실시하는 것이 일반적이다. 도서관의 경우에도 국립중앙도서관 사서연수원에서 교육과정을 편성하여 연중 집합교육을 실시하고 있다.

좋은 상사 되려면 '나·팀·줄' 챙겨라

『한국경제신문』 2011년 1월 31 일(월) 하버드비즈니스리뷰 제안

좋은 상사가 되려면 내 자신과 팀, 네트워크 등 세 가지를 모두 염두에 둬야 하는 것으로 나타났다. 미국 경영월간지 하버드비즈니스리뷰(HBR)는 "일터에서 훌륭한 상사가 되기 위해서는 자신을 끊임없이 돌아보고 팀을 체계적으로 관리하며 회사 사람들을 잘 챙겨 내편으로 만드는 등 다양한 사항들을 지켜야 한다"며 2월호에서 이같이 보도했다.

일단 "상사로서 자질을 쌓는다는 것은 본인과의 싸움"이라고 이번 연구에 참여한 린다 힐 하버드대 경영대학원 교수는 지적했다. 본인 스스로에 대한 확신을 가져야 고위 임원들도 나에게 주요 업무를 맡길 수 있으며 부하 직원들도 믿고 따라올 수 있다는 얘기다. 신뢰는 업무뿐 아니라 말투와 행동, 근태, 인간관계 등 모든 측면에서 고루 쌓아야 한다. 이를 위해선 "난 믿을 만한 사람인가"라는 질문을 자신에게 끊임없이 던지며 나에 대한 조직원들의 신뢰 정도와 평판을 발전시켜 나가는 것이 좋다.

두 번째로 '팀'을 체계적으로 관리해야 한다. 많은 사람들이 조직에서 부하직원 개개인을 관리하는 데 열심이지만 이는 나무만 보고 숲은 보지 못하는 단시안적 처사라는 것이다. 회사 내에서 팀 문화는 매우 중요하기 때문이다.

마지막으로 나만의 '줄', 즉 네트워크를 꾸려가는 것도 상사로 올라서기 위한 괜찮은 방법이다. 정치적 이해나 줄서기가 싫어서 내 할 일만 하는 '독야청청'을 선택하는 이들도 많지만 이러한 자세는 예기치 못한 위기 상황 때 본인의 평판에 마이너스 요소로 작용할 수 있다. 어느 정도의 정치적 성향은 필수적이라고 이 잡지는 전했다.

(김정은 기자 likesmile@hankyung.com)

17

서비스 교육을 자주하라

서비스는 우리말로 봉사(奉仕)다. 봉사는 인간적, 정신적, 심리적인 바탕이 없으면 실행되지 않는다. 인간관계는 어떤 의미에서는 상호 봉사의 관계이다. 우리들의 일상적 인간관계도 진정한 봉사정신에 바탕을 둘 때 더 원만해지고 일이 순조롭게 해결되는 경우를 많이 본다. 부부간, 부모와 자녀, 친구관계, 회사동료나 상하관계 등 서로 마주치는 순간마다 진정으로 도와주고 싶다면 제대로 풀리지 않을 일이 없을 것이다. 서비스는 마음과 마음의 보살핌에서 출발하기 때문에 마음의 자세가 가장 중요하다.

도서관서비스는 정보서비스이다. 정보서비스는 신속·정확·친절이 생명이다. 신속하지 않은 정보서비스, 정확하지 않은 정보서비스, 불친절한 정보서비스는 이미 서비스가 아니다. 정보서비스는 대학의 문헌정보학과에서 다루어지고 있는 중요한 교과목이다. 그러나 도서관 현장의 서비스 인식은 미약하기 짝이 없다. 직원들의 행동과 태도는 고객을 "소가 닭 보듯 한다"고 표현해야 할 정도로 무관심한 경우가 많다. 대학에서 '정보서비스'과목을 이수한 사서들조차 도서관 현장에서의 서비스 실천은 몸에 배어 있지 않다. 사서들이 고객을 대하는 태도는 친절과는 거리가 먼 것으로 자주 지적되고 있다.

서비스의 중요성은 사기업에서 먼저 깨닫고 실천해왔다. 기업경영에서 서비스의 중요성을 깨달은 대기업들은 고객서비스(CS : Customer Service)교육을 전문적으로 시행하고 있다.[6] 인사하는 방법으로부터 고객을 대하는 태도, 전화 받는 태도에 이르기까지 반복적인 교육으로 종업원들에게 친절의 생활화를 유도하고 있다. 친절과 정성으로 대하지 않으면 고객을 만족시킬 수 없고 고객을 만족시키지 못하면 기업은 살아남지 못할 것이기 때문이다.

사람은 아무리 사소한 것이라도 제대로 교육을 받지 않으면 실행하기 어렵다. 도서관이 고객서비스헌장을 제정하고 홈페이지에 띄워놓았다고 해서 서비스가 잘 실천되는 것은 아니다. 직원들이 근무 중 일상생활 속에서 근무예절과 서비스를 잘 실천하도록 유도하기 위해서는 직원들에게 서비스 교육을 계속 실시해야 한다. 서비스 전문 강사를 초청하여 집합교육을 실시하고, 날마다 아침회의에서 서비스 실습을 하고, 서비스모니터링제도를 도입하여 인사고과에 반영하는 등 체계적인 서비스 경영을 추진할 필요가 있다.

고객은 도서관의 존재이유이다. 도서관이 제대로 된, 고객을 만족시키는 정보서비스를 수행하지 못한다면 도서관은 고객들의 지탄을 피할 수 없을 것이고, 도서관 무용론을 더 확산 시킬 가능성이 높다. 서비스를 어떻게 하고 있는지는 해당 기관의 업무수행에 대한 고객들의 평가가 모여서 결정된다. 따라서 도서관이 고객들로부터 좋은 평가를 받고 지역사회에서 보다 중요한 정보서비스기관으로서 역할을 다하기 위해서 경영자는 직원들의 인성교육과 서비스 실천교육을 실시해야 할 것이다.

---

6) 서비스교육은 항공회사에서 승무원을 대상으로 실시하였으나 이제는 공공, 민간 할 것 없이 글로벌 경쟁력의 확보 및 서비스 경영차원에서 「서비스 아카데미」를 마련하고 서비스 교육을 실시하고 있다.

관련도서

김양호, 조동춘. 2002. 『성공하는 직장인의 매너와 화법』. 서울 : 예문당.

박영실. 2001. 『서비스를 돈으로 만드는 여자』. 서울 : 도서출판하우.

박준식. 2009. 『정보서비스론』. 대구 : 계명대학교출판부.

엄문자 외. 2002. 『생활문화와 매너』. 서울 : 건국대학교출판부.

엘런 피즈 바바라 피즈 저, 서현정 역. 2005. 『보디랭귀지』. 서울 : 대교베텔스만.

이종권. 2009. 대화와 인간관계, 『바른 국어생활』. 서울 : 국립국어원.

한상완. 2000. 『디지털시대의 정보조사제공학』. 구미무역(주)출판부.

더 알아둘 문제

서비스의 특성

- 서비스는 무형(intangible)이다. 서비스는 업무수행이나 경험이기 때문에 미리 보여줄 수 없고 감지할 수도 없으며 산출결과도 무형적이다.

- 서비스는 이질적(heterogeneous)이다. 서비스는 제공자에 따라, 고객에 따라, 시점에 따라 모두 다르게 나타난다.

- 서비스는 생산과 소비를 분리할 수 없다(inseparable). 서비스는 생산자와 소비자 사이의 상호작용을 통한 전달 과정에서 동시에 이루어진다.[7]

대화의 기본

- 진실성 : 진실성이란 대화의 내용이 참다워야 한다는 것이다. 거짓말은 어떤 경우에도 인간관계의 약화를 초래한다. 거짓말을 하는 사람을 신뢰하는 이는 없을 것이다. 그리고 대화 시에 어떠한 복선을 깐다든가

---

7) Valarie A. Zeithaml, A. Parasurman and Leonard L. Berry, *Delivering Quality Services Balancing Customer Perception and Expectations*, New York : The Free Press, 1990. p.15.

저의를 가지고 대화하는 것은 신뢰를 얻기 어렵다. 대화는 언제나 진실과 합리에 바탕을 두어야 신뢰를 형성할 수 있다.

- 상대방의 인정 : 대화의 상대를 깔보거나 인정하지 않으면 대화는 중단되고 만다. 인관관계는 먼저 상대방을 인정하는데서 출발한다. 사회적으로는 알게 모르게 계층이 많다. 종교그룹에도 대학에도 계층이 없는 곳은 없다. 따라서 상대적으로 높은 계층에 있는 사람이 상대적으로 낮은 계층에 있는 사람을 얕보는 경향이 있다. 이럴 경우에는 대화가 성립되기 어렵다.

- 명료성 : 전달하고자 하는 내용이 분명해야 한다. 내용이 분명하지 않으면 어떻게 말하더라도 소통이 어렵다. 말은 번드르르하게 포장할 수 있지만 내용이 모호하면 이도 저도 아니게 된다. 따라서 대화를 하기 전에 먼저 내용을 논리적으로 분명하게 정리하여 대화에 임하는 것이 성공적 대화의 관건이다.

- 겸손한 태도 : 대화에서는 언제나 겸손한 자세가 기본이 되어야 한다. 내가 상대방보다 우월하다고 생각하면 대화가 잘 통하지 않는다. 누구나 자존심이 있기 때문이다. 따라서 대화에서는 자존심을 감추면서 대등하고 겸손한 자세로 임하는 것이 바람직하다. 또한 감정적으로 화가 난 상태에서는 대화를 피하는 것이 좋다. 화난 상태에서의 대화는 싸움으로 변하기 쉽기 때문이다.

비언어 대화

비언어적 대화는 보디랭귀지 또는 kinesics라는 명칭으로 1952년에 Birdwhistell에 의해 체계화되었다. Birdwhistell에 의하면 비언어 커뮤니케이션이란 "비언어적 단서들을 통하여 정보를 교환하는 것"이다. 여기에는 얼굴표정, 자세, 몸짓 등 언어외적인 모든 움직임이 커뮤니케이션의 단서로 포함된다.

서비스헌장

〈사례 1〉
도서관 고객서비스 헌장

우리 도서관 전 직원은 고객서비스 만족을 위하여 다음 사항을 항상 실천할 것을 다짐한다.
1. 전 직원은 항상 고객의 편에서 생각하고 행동한다.
2. 전 직원은 이용자의 정보 요구에 신속, 정확, 친절하게 응답한다.
3. 전 직원은 고객의 눈높이에 맞추어 공정하게 대하며 고객과 관련된 개인정보를 보호한다.
4. 전 직원은 단정한 복장으로 신분증을 패용하고 친절하고 적극적인 자세로 근무한다.
5. 노약자나 장애인이 방문할 경우 적극적으로 보호하며 안내한다.
6. 고객들이 도서관 이용에 불편함이 없도록 항상 쾌적한 환경을 유지한다.
7. 전화를 받을 때
   가. 전화벨이 4회 이상 울리기 전에 받는다.
      전화를 받을 때는 "감사합니다. ○○도서관 ○○○입니다."
      라고 먼저 말하며 반드시 받는 사람의 이름을 밝힌다.
   나. 통화를 마친 후에는 "감사합니다." 끝인사를 하고 고객이 수화기를 놓는 소리를 확인한 다음에 수화기를 내려놓는다.
   다. 담당자가 부재중일 경우는 담당업무가 아니라도 최선을 다해 답하고 부족한 부분은 반드시 메모를 남겨 3시간 내에 담당자가 전화를 하도록 조치한다.
8. 전 직원은 내부 직원 및 자원봉사자를 대할 때에도 고객을 대하듯 협조적 자세로 임한다.
9. 이 서비스 헌장을 각자의 책상에 비치하고 매일 독송 후 근무에 임한다.

〈사례 2〉

우리 ○○도서관 직원은 고객의 교양 증진과 지식을 개발하고 시민들에게 여가선용의 기회를 제공하여 건전한 정서생활과 기반조성을 구현할 수 있도록 다음과 같이 실천하겠습니다.
1. 우리는 항상 웃는 얼굴로 고객 여러분을 대하고 모든 일을 고객 편에서 생각하고 행동하겠습니다.
2. 우리는 도서관 환경을 깨끗이 관리하여 쾌적한 학습 분위기 조성에 최선을 다하겠습니다.
3. 우리는 모든 민원을 신속 정확 공정하게 처리하겠습니다.
4. 우리는 자료 비치과정에서 고객 여러분의 의견을 최대한 존중하고 적극 반영하겠습니다.
5. 우리는 민원처리과정에서 부당하게 민원을 처리하였거나 불편하게 해 드렸을 때에는 정중히 사과함은 물론 즉시 시정하고 이에 상응하는 보상을 해드리겠습니다.
6. 우리가 제공한 서비스에 대하여 고객으로부터 평가를 받아 업무개선에 적극 반영하고 그 결과를 공표하겠습니다.

위와 같은 우리의 실천목표를 달성하기 위하여 "서비스 이행표준"을 정하고 이를 성실히 이행할 것을 약속드립니다.

18

외부교육에 적극 참가하고, 참가시켜라

'우물 안 개구리'라는 말이 있다. 한 곳에만 틀어박혀 있어 세상 돌아가는 상황을 잘 모르는 사람을 빗대어 이르는 말이다. 도서관에도 의외로 '우물 안 개구리'들이 많은 것 같다. 도서관은 정보서비스기관이므로 도서관 직원들은 스스로 세상 돌아가는 것을 잘 알 것 같은 착각에 빠지기 쉽다. 또한 인터넷을 통하여 누구나 세상의 변화를 알아차릴 것 같은 착각에 빠진다. 그러나 아무리 정보서비스기관에 근무하더라도, 아무리 인터넷이 발달되어 있다고 해도 도서관 직원들은 좀 어두운 것 같다. 더구나 지방자치단체들은 도서관에 충분한 인력을 배치하지 않기 때문에 직원들은 1인 2역 내지 1인 3역을 하는 경우가 많다. 이렇게 직원들이 서류업무에 시달리다 보면 도서관 밖 세상의 변화를 잘 읽어낼 기회를 잡지 못하는 경우가 많다.

물론 세상에 적응하여 살아가는 것은 개인들의 책임이다. 사서들이 문명의 변화를 읽어내고 세계 도서관계의 발전방향을 읽어내어 적절히 대처하는 것 역시 사서 개인의 책임일 수 있다. 그러나 도서관 경영자가 세계 문명의 변화를 읽고, 도서관의 미래 경영에 적절하게 대비하기 위해서는 스스로 외부교육에 적극 참가할 뿐 아니라 직원들에게도 외부의 발전 동향을 이해하고 대비할 수 있는 외부교육에 적극 참여시켜야 한다. 필자는 '사서는 문명의 경영자(A librarian is the manager of civilization)'라는 생각을 해본 적이 있다. 사서들은 문명의 소산(所産)인 책과 정보를 경영하는 사람

들이다. 이런 사람들이 문명의 발전과 변화상황에 어둡다면 '문명의 경영
자'가 되기 어려울 것이다. 국내교육이든 해외교육이든, 주제전문교육이든
전산교육이든 교육의 기회가 온다면 적극 참여하고 참여시켜야 한다.

우리사회에도 외부교육에 대한 마인드를 좀 바꾸어야 한다. 특히 "바람
이나 쐬러 갔다 온다."는 생각은 불식되어야 한다. 바람이나 쐬려고 국민
의 혈세인 출장비를 낭비해서는 안 된다. 외부교육의 가치는 사서들에게
세상을 보는 안목을 넓혀준다는 데 있다. 우물 안 개구리에서 탈피하여 보
다 넓게, 보다 빠르게, 보다 공정하게, 보다 전문적으로, 보다 효과적으로
도서관을 경영할 수 있게 해준다는 데 있다. 우리나라 도서관계의 전국단
위 외부교육은 우선 국립중앙도서관 사서연수원 교육이 있다. 그리고 각
종 정책세미나, 공청회, 연구발표회 등이 있다. 해외교육으로는 IFLA의 세
계도서관대회가 있고, 책과 도서관에 관련되는 수많은 행사와 견학기회들
이 있다. 도서관 경영자는 이러한 교육기회를 제공하는 데 인색해서는 안
된다. 다만 주의할 것은 교육기회를 주되 교육의 결과를 활용할 수 있도록
후속 조치와 인사관리에 철저를 기해야 한다.

"공무원들 반박자만 빨라졌으면…"

『매일경제신문』 2011.1.27.(수) 공무원교육 관련기사
윤은기 중앙공무원교육원장

"공무원들이 생각하는 틀을 바꾸기 위해 '더 빠르게, 더 크게, 더 공정하게' 이 세 가지 가치를 교육목표로 내걸었습니다." 국가공무원 교육기관인 중앙공무원교육원 발족 61년 만에 지난해 6월 민간인으로 처음 수장을 맡은 윤은기 원장(60).
…중략…

그는 "많은 공무원들이 부처 중심주의에 빠져 있고 나아가 심각한 부처 이기주의의 질병을 앓고 있다"며 "과제에 따라 기업들이 전사적 차원에서 대응하는 것처럼 공무원들도 부처 차원을 떠나 국가적 차원에서 생각하고 대응하는 유연성이 시급하다"고 지적했다.

중앙공무원교육원의 두 번째 교육 포인트는 '더 큰 대한민국, 더 큰 생각을 하는 공무원' 양성을 위한 '더 크게'다. 이를 위해 지난해 국정과제 10가지를 선정해 고위공직자 1000명을 대상으로 '더 큰 생각'을 하는 교육을 진행했다.

윤 원장은 '더 공정하게'를 세 번째 교육 포인트로 설정했다. 그는 "공직의 가치와 윤리, 국가관, 안보관 등에 대한 가치관의 재정립이 필요한 시점에 와 있다"며 "공무원들은 현재보다 더 공정하게 생각하고 행동해야 한다"고 말했다.

그는 '더 빠르게, 더 크게, 더 공정하게'의 세 가지 목표를 달성하려면 사고방식을 확 뜯어고치는 근본적인 치유책이 필요하다는 점을 강조했다. 이를 위해 그는 신입 사무관들의 체험·봉사교육을 강화한다. 대기업을 방문해 브리핑 받는 형식적인 교육 대신에 중소기업에서 외국인 근로자들과 함께 생활하며 중소기업 현실을 체감할 수 있도록 할 예정이다. 또한 중남미, 아프리카 등에서 글로벌 봉사활동을 할 수 있도록 할 방침이다. … 중략 …

그는 "한국의 공무원들은 훌륭한 경력과 놀라운 스펙을 갖고 있음에도 불구하고 민간기업의 임원들과 달리 직위가 올라갈수록 시야가 좁아지는 경향이 있다"며 "교육인에서의 교육기간을 노는 기간이 아니라 국가와 개인, 국민이 미래에 대한 시야를 확 넓혀주는 계기가 될 수 있도록 하고 싶다"고 밝혔다. 윤 원장은 "교육

은 개인은 물론 가정과 국가의 운명을 바꾼다"며 "제대로 된 공무원 교육으로 국
가의 운명까지 바꿀 수 있는 창의적인 공무원 양성을 위해 최선을 다 하겠다"고
다짐했다.

(최은수 기자)

19

직원 평가를 실시하고 활용하라

　직원의 근무성적평가를 하지 않는 인사관리는 실패하기 쉽다. 인력수급이 무난히 이루어졌다고 하더라도 조직에서 일하는 직원들의 업무수행의 성공 여부가 경영목적 달성과 직결되기 때문이다. 구성원들이 조직에 책임감을 가지고 맡은 바 업무를 잘 해내는 조직이라야 효과적인 조직이라 할 수 있다. 근무성적평정의 목적은 경영자의 입장에서는 직원의 능력과 취향이 직무와 맞는가를 파악하여 적재적소에 배치할 수 있게 하고, 근무성적평정의 결과를 인사관리에 건설적으로 반영함으로써 조직 건강성을 유지하는데 있다. 또한 직원의 입장에서는 일정기간 동안 자신이 수행한 일에 대해 정당한 평가를 받고 개선할 부분을 개선하게 하는 데 목적이 있다.

　근무성적 평가자는 직속상사와 그 위의 상사가 되는 것이 보통이지만, 다면평가제도를 시행하는 경우에는 상위직이 하위직을, 하위직이 상위직을, 동료가 동료를 평가하여 이를 종합하는 방법을 취한다. 어떤 평가 제도를 사용하든 성공적인 인사고과를 위해서는 평가자와 피 평가자간의 원활한 의사소통이 있어야 한다. 서로의 생각과 입장을 이해하고 업무수행 중의 어려운 점과 해결책을 강구하는 것은 근무성적 평정에 앞서 선행되어야 할 문제이다. 인사고과가 실패하는 주된 요인은 기관의 연중행사 내지 요식행위로 여기는 풍조, 그리고 학연, 지연 등에 의한 개인적 감정요소의 개입 등을 들 수 있다. 일반적으로 근무성적 평가의 주요 요소는 다음 10가지로 요약해 볼 수 있다.

- 책임감 : 업무를 책임지고 완수하려는 열의와 추진력 및 결과에 대하여 책임 있는 태도를 취하는 정도
- 인간관계 협조성 : 조직 내 인화 단결에 힘쓰며 직원 상호간 유기적인 협조를 취하는 정도
- 도덕성 : 품위를 유지하고 공정하고 투명하게 업무를 처리하며 건전하고 긍정적인 사고로 개인생활을 영위하여 사회적 물의 없이 타의 모범이 되는 정도
- 자기개발 : 일을 통한 자기 동기부여와 능력신장을 위한 연구 노력도, 차원 높은 일을 맡으려는 자세와 관심도
- 업무지식 : 업무를 효과적으로 수행하는데 필요한 경험과 지식 정도
- 창의 기획력 : 장래를 예측하고 적절한 대책을 세워 실행하는 능력 및 새로운 업무라도 솜씨 있게 처리하는 능력과 새로운 아이디어를 내어 업무를 처리하는 능력
- 섭외조정력 : 업무수행에 있어서 외부와의 교섭, 절충, 상담 등을 성공적으로 끌어가는 능력
- 변화대응능력 : 환경변화를 적극 수용하고 기존의 사고방식이나 업무처리방법을 바꾸어 변화에 탄력적으로 대응하는 자세
- 수명사항 이행 및 기대수준 충족정도 : 수시로 지시한 업무에 대한 이행여부 및 수행한 업무 중 상사가 기대하고 요구한 수준 달성 정도
- 논리적 표현력 : 말이나 글로 전달하려는 의도, 생각을 논리정연하고 정확하게 표현하는 능력

인사고과의 오류 요인

- 후광효과 : 피 평가자의 전체적인 인물 됨됨이나 일반적 조건 때문에 모든 고과 요소에 점수를 후하게 또는 박하게 매기기 쉬운 점
- 편견 : 평가자의 개인적 편견이나 편파성이 공정한 평가를 저해하는 경우, 개인적 친분, 특정종교, 정치이념, 지방색, 성차별, 연령차별 등 편견의 개입
- 극단적인 평가 : 평가자의 개성이나 주관에 따라 전체적으로 너무 혹독 하게 또는 관대하게 평가함. 대개 완벽주의자는 혹독하게 평가하고 관용주의자는 후하게 평가하기 쉬움
- 중도주의 : 평가자가 우유부단해서 적당히 중간으로 평가하는 것. 예를 들면 설문조사 시 응답자들이 '보통'에다 표시하는 경향을 볼 수 있음.
- 실제업무 성적과 업무능력의 괴리 : 실제로 업무에 나타난 성적을 평가 하지 않고 평가자 가 평소에 그 직원에 대해서 생각하고 있는 직원의 잠재력이나 능력에 따라 평가하는 경우, 이럴 경우는 능력이 있는 직원 이라도 실제 업무에는 소홀한 점을 가려내지 못함.
- 비교연관 : 여러 사람을 평가할 때 각자를 따로따로 생각해서 평가하여 야 하나 앞, 뒤 사람과 비교하여 비슷하게 점수를 주는 경향
- 최근의 일에만 중점을 두는 것 : 업무평가 대상기간 전체의 업무를 평 가하지 않고 최근의 일만 생각하여 평가하는 경향이 있다.

이런 점들을 유의하여 인사고과는 인력관리에 필수적 요소라는 점을 감 안, 공정하고 객관적인 평가, 실제 업무를 개선할 수 있는 평가, 조직의 활력 을 세고힐 수 있는 평가가 되도록 최신의 노력을 기울여아 한다.

20

사소한 일도 칭찬하라

우리는 칭찬에 인색하다. 칭찬을 하더라도 의례적이거나 가식적인 경우가 많은 것 같고, 상대방을 진정으로 칭찬하고 격려하는 경우는 드문 것 같다. 우리가 인사에 인색하고 칭찬에 인색한 것은 동네에서부터 명확히 드러난다. 아파트에서나 회사에서나 엘리베이터를 타면 사람들은 대개 표정들이 굳어 있다. 서로 모르는 사람이 먼저 미소를 짓거나 말을 거는 경우는 별로 없다. 만일 그렇게 한다면 아마 '이상한' 사람으로 여길 것이다. 반면, 아는 사람들끼리는 다른 사람들의 의식을 별로 하지 않고 큰 소리로 수다를 떨기도 한다. 이러한 어색함은 우리가 생활 속에서 얼마나 이기적으로 행동하는지를, 상대방을 배려하지 않는지를, 대화와 칭찬에 인색한지를 나타내는 증표라 할 수 있다.

대학에서는 교수와 학생간의 대화가 쉽지 않고, 직장에서는 상사와 부하간의 대화가 녹록하지 않다. 상사는 직원을 감독하는 입장이라서 문턱을 낮추려하지 않는다. 대화의 문턱을 낮추면 직원들이 너무 만만하게 보고 상사의 리더십에 도전하는 경우도 발생하기 때문에 조직의 위계질서를 위해서는 어느 정도 '근엄한 리더십'이 필요하다. 서양 사람들은 근엄하지 않아도 위계질서를 잘 유지하며, 부하가 상사 앞에서 자유롭게 동작하며 스스럼없이 대화를 나누는 데 우리는 그러하지 못하다. 대화가 부족하고 대화를 하더라도 서로 경계를 늦추지 않으니 격려와 칭찬에 인색할 수밖에 없다.

인사관리에서는 이러한 우리의 인간관계 풍토를 적극적으로 바꾸어 나가야 한다. 낯선 사람 또는 별로 친하지 않은 사람이라도 먼저 미소(微笑)로 인사하고 날씨를 소재로 해서라도 말을 건네 소통하고 싶다는 뜻을 비쳐야 한다. 너무 지나친 일방적 접근은 사기성이 있어보이므로 피해야겠지만 진심에서 우러난 가벼운 인사와 대화는 인간관계를 트는데 꼭 필요하다. 사람들은 마음을 닫고 있으면서도 본인에게 이로운 정보를 주면 반가워한다. 사람들은 대개 이기적이다. 누구나 남을 칭찬하는 데는 인색하지만 다른 사람으로부터 칭찬을 받기는 좋아한다. 대화할 때 은근히 자기자랑을 늘어놓는 경우가 있는데 이는 상대방의 칭찬을 유도하려는 심리 때문이다.[8] 부하도 상사도 칭찬받기를 싫어하는 사람은 없다.

상사는 부하직원이 결재서류를 들고 왔을 때, 별 문제가 없는 서류라면 "수고 했네" 정도만 말하더라도 그 직원의 기분은 좋아진다. 만약 결재서류에 창의적 아이디어가 보인다면 "참 좋은 아이디어야, 어떻게 자네가 이런 생각을 다했나? 앞으로도 기대하겠네." 하고 칭찬의 말을 던진다면 그 직원은 입이 귀에 걸리면서 더 열심히 하고 싶은 의욕이 생길 것이다. 직원은 상사에게 성의 있는 태도로 대화를 하며 배려에 대한 감사와 칭찬의 말을 건네야 한다. "관장님, 제가 대학원에 다닐 수 있도록 배려해 주셔서 정말 감사합니다. 열심히 해서 우리도서관에 꼭 보탬이 되도록 하겠습니다."

---

8) 어느 공공도서관장은 본인이 도서관장으로 부인하여 한 달에 10권이 책은 읽기로 했다고 하면서 이미 읽은 어떤 책에 대하여 독후감을 썼는데 이는 태어나서 50여 년 만에 처음 쓴 독후감이며 독후감을 저자한테 보냈더니 잘 썼다고 하려라고 사랑했다. 좌중에서 "관장님 참 대단하십니다."하고 칭찬이 나왔다.

『칭찬은 고래도 춤추게 한다』라는 책이 베스트셀러가 된 적이 있다. 이 책에 보면 고래 조련사와 고래와의 관계는 인간관계와 다르지 않으며, 조련사가 고래에게 멋진 쇼를 하게 만드는 비결은 고래에 대한 관심과 칭찬, 그리고 격려라고 말하고 있다. 사실 "잘 한다, 잘한다 하면 더 잘 한다"는 말처럼 인사관리에서 칭찬의 효과는 대단하다. 상사는 부하로부터 존경을 받고, 부하는 상사로부터 인정을 받으려면 상대방에 대한 시의적절한 칭찬에 인색해서는 안 될 일이다.

관련도서

켄 블랜차드 저, 조천제 역. 2002.『칭찬은 고래도 춤추게 한다』. 서울 : 21세기북스
브루스 하일랜드, 멀 요스트 저, 류한호 편역, 1999.『칭찬합시다』. 안양 : 물푸레.

더 알아둘 문제

리더십 leadership

조직과 인력이 건강하게 작동하도록 부하를 지휘하고 통솔하는 힘. 조직과 인력의 활성화를 위해서는 경영자의 리더십(leadership)과 통솔력이 발휘되어야 한다.

leader : listen, explain, assist, discuss, evaluate, respond

지도력의 요소

* 지도자로서의 자질(資質)과 통솔력

- 동기화를 위한 조직 내 여건 조성
- 상호 이해를 위한 원활한 의사소통

지도력의 원천

- 합법성(合法性) : 법률이나 규정에 따라 한 기관의 공식적 직위에 부여한 권력. 조직의 위계질서의 원칙에 따라 상위직의 명령을 부하직원이 따라야 한다.
- 상훈권(賞勳權) : 부하직원의 업적에 대하여 칭찬으로 격려하고 상여금, 급여인상, 승진 등 부하에게 이익이 돌아가게 할 수 있는 권한
- 징벌권(懲罰權) : 부하직원의 잘못이나 부실한 업적에 대하여 질책, 좌천, 감봉, 정직, 파면 등 불이익을 줄 수 있는 권한
- 전문지식(專門知識) : 업무에 대하여 실무자보다 더 깊은 지식이 있다고 부하직원이 인정할 때
- 모범적 인격 : 경영자의 총체적 인격이 존경심과 역할 모델의 표적이 될 때, 닮고 싶은 사람이 될 때

Rensis Likert의 경영자의 스타일

- 강압적 권위주의(Exploitative Authoritative) : 군대식 명령 복종
- 관대한 권위주의(Benevolent Authoritative) : 성인군자식 관용주의
- 자문적 지도체제(Consultative) : 방관적 태도
- 참여체제(Participative) : 적극적 참여유도

이들 중 참여체제가 인간존중과 생산성 제고의 이상적 결과를 낼 수 있다.

블레이크와 무튼(Robert R. Blake and Jane S. Mouton)의 관리격자(Managerial Grid) 이론

블레이크와 무튼은 인간에 대한 배려를 Y축, 생산성에 대한 배려를 X축에 놓고 지도자의 유형을 다음 그림과 같이 구분하였다. 그들은 이상적 조직은 중도경영(5.5)으로부터 이상적 경영(9.9)으로 나아가는 것이라고 보았다.

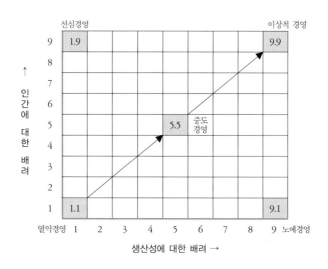

피들러(Frod E. Fiedler)의 상황 적응적 지도력(Contingency Leadership)

지도력은 지도자의 인간적 자질보다는 각각 다른 기관의 상황에 달려 있다는 것으로 상황을 강조하여, 지도력은 위기 상황, 안정 상황 등에 따라 다르다고 하였다. 그러나 어느 상황에서도 바람직한 경영스타일은 인간존중의 참여경영이라고 하였다.

직원의 동기화(Motivation)

동기란 어떤 일이나 행동이 일어나는 계기이며, 동기화는 그런 계기를 만드는 일이다. 동기이론은 인간의 욕구에서 출발한다. 즉, 인간은 정신적

이든 물질적이든 욕구를 충족시키기 위해 행동하며 행위의 결과 얻는 정
신적·물질적 보상이 다시 차기 행위로 연계된다.

욕구이론(Needs theory)

Abraham H. Maslow의 욕구단계이론

- 생리적 욕구(Physical needs) : 음식, 물, 공기, 휴식, 성 등 원초적 욕구
- 안전의 욕구(Safety needs) : 신체적 정신적 안전이 보장되는 생활 즉,
  폭력, 전쟁, 공해 등으로부터 안전 보장, 직업안정, 안전한 근로조건
- 소속의 욕구(Social needs) : 사회적 존재로서 가족, 학교, 친구, 회사동료
  와의 공동체 관계를 가지고 더불어 살려는 욕구
- 존경의 욕구(Esteem needs) : 자기가 속한 사회에서 인정을 받으려는 욕
  구로서 사람은 자기를 알아주고 칭찬해 주기를 바란다는 것.
- 자아실현의 욕구(Self actualization) : 내면적, 정신적 욕구로서 개인의
  궁극적 인생목표 달성의 욕구

Frederick Herzberg의 Two factor theory

2요인 이론이라고 하며 불만요인과 만족요인은 동일한 연장선상에 있지 않다는 이론

- 불만요인은 위생요인(Hygiene Factors)이라고도 하며 물리적 작업조건,
  급여, 안정성, 인사정책, 인간관계 등이 위생요인에 해당된다. 따라서
  이들이 미흡할 경우로서 불만이 생기지만, 충족된다고 하더라도 동기
  요인으로 발전하지는 않는다고 본다.
- 만족요인(Satisfiers)은 동기화요인(Motivators)으로서 개인적 성취, 타인
  의 인정, 책임감, 일 자체의 의미 등 스스로 인간적 성장을 느끼는 요인이
  다. 이는 근로자를 만족시키고 동기화 하는 힘을 발휘할 수 있다고 본다.
- 위생요인은 기본적으로 충족시켜야 할 요건으로서 종업원의 불만을
  예방하며, 동기화 요인은 직원의 성장 욕구를 도와주는 요인으로서

별도 차원의 경영관리 노력이 필요하다.

〈그림 2〉

기대이론(Expectancy Theory)

기대이론은 보상을 얻기 위한 행동과정에 초점을 두는 이론으로 개인의 동기화는 그가 원하는 결과와 그것을 얻기 위해 수행하는 자신의 능력에 대한 기대 및 실행수단에 대한 기대가 일치할 때 동기화가 된다는 것이다.

Victor H. Vroom의 기대이론

동기화 = 목표달성에 대한 가치 X 행위에 결과에 대한 기대 X 행위수단에 대한 기대

이들 3가지 중 하나라도 zero가 되면 곱셈공식이므로 동기화도 zero가 된다.

예) 외국어 교육동기= 외국어 교육의 가치 인정 X 자신의 능력에 대한
    기대 X 교육 프로그램에 대한 기대

보강이론(B.F.Skinner의 Reinforcement Theory)

행위수정의 동기화
직원이 한 일에 대하여 어떤 방법으로 보강해 주는가에 따라

- 긍정적 보강(Positive reinforcement) : 잘 한 부분에 대하여 칭찬과 보상을 줌으로써 그 행위를 반복하도록 한다. 칭찬하면 신(神)이 나서 점점 더 잘하게 됨.
- 부정적 보강(negative reinforcement) : 직원의 잘못한 부분을 지적하고 질책함으로써 그 행위를 반복하지 않도록 하는 것
- 보강중단(Extinction) : 개인의 일에 대해서 칭찬이나 보상을 중단하여 자신의 행위가 바람직한 것이 아님을 깨닫게 하는 것.
  예) 화나면 말이 없음(감독자의 의도가 확실히 전달되어야 함)
- 징벌(Punishment) : 잘못한 일에 대한 불이익을 당하게 하여 재발 방지
- 가장 좋은 동기화의 도구는 긍정적인 보강이며 가장 좋지 않은 것은 '징벌'이다. 그러나 신입직원은 처음부터 질서를 잘 잡아야 한다. 좋은 게 좋다는 식의 관리로는 기강을 바로 세울 수 없다.

동기화에서 고려할 점
- 직원의 개인차를 인정할 것 - 적재적소의 원칙
- 실현 가능한 목표를 설정 - 감독자와 직원의 합의 도출 : 능력도 없는데 무리한 목표의 요구는 곤란
- 성과와 보상을 연결 짓고 업무별로 개별화 할 것.
- 제도의 공정성을 점검할 것 - 공정한 Rule은 어디서나 필수
- 물질적 보상의 힘을 무시하지 말 것.

자료 이순자. 『도서관정보센타 경영론』. 157~175쪽 참조.

21

잘못한 일은 호되게 질책하라

학교에서나 직장에서나 상과 벌이 있다. 교육이든 업무든 상과 벌은 평가의 결과 나오는 것이 보통이지만 일상 생활가운데서도 크고 작은 상과 벌을 활용할 수 있다. 앞서 살펴본 칭찬은 일종의 상이라 할 수 있다. 조직 내에서 칭찬이 쌓이고 확산되면 그 직원은 더 큰 상을 받게 되고, 국가적으로 공헌이 인정되는 경우에는 훈장도 받을 수 있다.

반면에 일상적인 학업과 업무에서 성실하지 못하고, 스승이나 상사의 지시를 무시하고, 불평불만을 하는 학생이나 직원은 그에 상응하는 질책과 벌을 받아야 마땅하다. 잘못한 일이 있어도 '좋은 게 좋다'는 식으로 덮고 넘어가게 되면 잘못을 반복할 여지를 남겨주기 때문에 개인에게도 조직에게도 피해를 준다. 따라서 잘한 일에 칭찬을 하는 것처럼 사소한 잘못이라도 고의성이 있다고 판단되는 사안은 분명히 짚고 넘어가야 한다. 물론 칭찬을 하는 것처럼 빈번하게 질책하거나 벌을 주는 것은 바람직하지 않지만, 조직질서나 조직 목표달성에 위반되는 잘못을 했을 경우에는 합리적인 방법으로 호되게 책임을 물어야 한다.

인사정책을 규정해 두는 것은 바로 조직질서를 확립하고, 직원들을 조직에 몰입하여 일할 수 있도록 유도할 뿐 아니라 공정성, 정당성, 합리성, 성실성, 직장예절 등을 위반한 구성원에 대해서 경영자가 개인적 감정의 개입 없이 합리적, 합법적으로 구성원을 통제할 수 있는 절차를 마련하기 위한 것이다. 사소한 잘못에 대해서는 대화를 통해 질책할 수 있지만, 대화로 질책을 해도 반복되는 잘못에 대해서는 인사규정에 따라 정식으로 징계절차를 밟아야 한다. 다만, 구성원의 처벌은 경영자가 혼자서 결정하는 사안이 아니라 인사위원회 또는 상벌위원회 등의 객관적 절차를 거쳐야 한다.

22

건물 설계는 30년 앞을 내다보라

일반인들이 보기에 도서관은 여느 건물과 다르지 않을 것이다. 그러나 도서관의 건물은 일반 건물과는 다르고 또 달라야 한다. 도서관 건물은 역사에 길이 전승될 건물이기 때문에 최대한 반영구적으로 지탱할 수 있도록 견고하게 설계되어야 한다. 도서관의 건물은 일반 건물과는 다른 '복합 건물'로서 도서관에 소장되는 각종 장서와 설비의 무게를 안전하게 지탱할 수 있도록 설계되어야 하며, 지속적으로 늘어나는 장서의 보존과 이용을 모두 고려, 미래의 규모 확장에도 대비하는 설계가 되어야 한다. 또한 도서관의 목적과 기능을 원활하게 수행할 수 있도록 하면서 건물의 외부 디자인과 내부 공간이 심미적 내지 실용적 공간으로서 조화를 이룰 수 있도록 설계되어야 한다.

도서관 건축설계에서 기술적으로 고려할 가장 중요한 문제는 건축구조의 내구성과 안전성이라고 할 수 있다. 건물의 구조가 역학적으로 안정적이어야 하며, 지진, 폭우, 폭설 등 자연재해는 물론 화재, 수재에도 피해를 최소화할 수 있도록 설계되어야 한다. 이를 위해서는 건축구조와 상하수도 배관설계, 전기 및 가스 등 에너지 이용설비, 소방 설비 등의 배치, 건축자재와 마감재 등에서도 전문가에 의한 최선의 선택이 이루어져야 한다.

우리나라의 도서관들은 규모가 큰 국립도서관이나 국회도서관 및 대학 도서관들의 경우를 제외하면 설계 당시부터 도서관의 용도로 건축된 건물이 아직 많지 않다. 제법 큰 규모의 도서관이라도 옛날 고등학교 건물을 도서관으로 사용하는 경우가 있는가 하면, 사무용 빌딩 안에 도서관을 설치하는 경우도 적지 않다. 도서관을 새로 건축하는 경우에도 외부의 디자인과 내부의 실용성이 조화를 이루지 못하는 경우가 많다. 어떤 경우에는 외부 디자인에 너무 치중한 나머지 건물규모에 비하여 내부의 공간 실용성이 떨어지는 도서관도 발견된다. 이는 대개 지방자치단체들의 전시성 행정으로 업적 쌓기에 급급한 나머지 도서관의 목적과 기능 및 미래의 확장에 대한 치밀한 검토 없이 도서관을 급조한데서 비롯된다고 볼 수 있다.

관련도서

정기용. 2010. 『기적의도서관』. 서울: 현실문화.

이 책은 단순한 어린이도서관 건축에 대한 책이 아니라, 어린이 도서관을 둘러싼 사람들의 삶의 변화, 즉 '기적'을 다루고 있다. 건축가 정기용이 2003년 순천 기적의도서관을 시작으로 진해 기적의도서관, 제주 기적의도서관, 서귀포 기적의도서관, 정읍 기적의도서관, 김해 기적의도서관에 이르기까지, 7년 동안 맡은 여섯 개의 어린이 도서관 건축의 모든 것을 담았다.

Carol R. Brown 저, 양영완 역. 2004. 『살아있는 도서관을 위한 인테리어 디자인』(퍼시스 리서치 시리즈 2). 서울: 국제

이 책은 좋은 도서관을 만들기 위해 알아야 할 다양한 정보를 제공하고 있다. 도서관 부관장인 저자의 경험과 지식을 바탕으로 도서관의 공간 설계, 마감재의 선택, 적합한 가구 배치 등 도서관 계획에 대한 상세한 정보를 담고 있다. 다시 찾고 싶은 편리함을 느끼게 하는 도서관에는 사용자의 안전성을 고려한 품질요소, 다양한 도서관 건축물과 인테리어, 분위기에 조화될 수 있는 디자인 요소, 자료의 증감이나 이동에 효율적으로 대응하는 기능 요소가 곳곳에 스며들어 서로 조화를 이루고 있고, 도서관에서 발생하는 업무와 사용자에 대한 정확한 분석과 계획이 있음을 알려준다.

자료

IFLA Key Issues in Building Design : How to get started in planning a project
도서관 설립·운영전략 매뉴얼. 2008. 문화체육관광부.
공공도서관 건립·운영 매뉴얼. 2010. 문화체육관광부.

23

시설은 용도별로 최적화하라

소규모의 작은 도서관을 제외하면 대부분의 도서관들은 용도별로 시설을 구획하게 된다. 도서관 봉사를 간접봉사와 직접봉사로 구분할 때 간접봉사 업무는 직접 봉사를 위한 준비업무로서 고객들이 보이지 않는 곳에서 수행하게 된다. 간접 봉사를 위한 직원 업무공간은 업무의 능률과 효과성을 우선적으로 고려, 업무의 기능, 과정, 업무 동선에 적합하도록 구획하는 것이 바람직하다. 직원 사무실과 관장실 등은 도서관 출입구가 있는 1층 안내데스크와 근접 배치하여 자료 및 물품의 수급이나 업무 관련자들의 접견과 상담 등을 용이하게 해야 한다. 간혹 사무실과 관장실을 2층 또는 3층에 배치하는 경우를 볼 수 있는 데, 이렇게 되면 업무와 관련되는 외부 인사들의 출입에 불편을 줄 뿐 아니라 고객들에게 경직된 관료적인 인상을 주기 쉬우며 자료와 물품의 반입 반출 운반 시에도 불편을 겪게 된다.

도서관의 서비스별 공간의 구획은 층별 로비, 휴게실, 자료실, 디지털자료실, 독서실, 어린이실, 세미나실, 강의실, 극장, 식당 등으로 나눌 수 있다. 층별 로비는 각 층의 시설 방향을 찾아가는 일종의 접견공간이므로 밝고 쾌적해야 한다. 또 심미적 휴게실과 식수대, 화장실 등을 가까이 배치하고, 넓은 공간은 전시공간으로 활용할 수 있도록 시설해 두면 편리하다 (층별 로비가 어둡고 우중충하여 쾌적한 인상을 주지 못하는 도서관이나 행정기관들이 아직도 많이 있다. 이런 공공기관에 들어가면 고객을 환영하지 않는 것 같은 분위기가 느껴진다.)

　자료실은 도서관의 핵심적 공간으로 장서를 분류하여 서가에 질서정연하게 배열해 두고 고객들에게 개방하는 공간이다. 따라서 공간 구성에도 고객을 배려하는 분위기가 느껴질 수 있어야 한다. 서가 사이가 비좁아서 고객끼리 부딪치게 해서는 곤란하다. 검색대와 열람석을 군데군데 설치해서 검색과 브라우징 및 독서에 불편하지 않도록 해야 한다. 바닥은 주요 동선만이라도 여성들의 하이힐 소리를 흡수할 수 있는 재질로 포장하여 다른 고객들에게 소음공해를 주지 않도록 해야 한다. 자료실 입구에는 심미적 디자인의 도난방지시스템을 설치함으로써 실제로 감시를 하면서도 고객들에게는 감시당한다는 느낌을 별로 주지 않도록 하는 것이 좋다. 담당 사서데스크는 모서리가 둥근 낮은 책상과 탁자를 배치하여 고객의 눈높이에서 정보서비스를 제공할 수 있도록 배려해야 하며, 사서데스크 옆 공간에는 관공서 사무실 분위기가 나지 않는 디자인의 소파를 일렬로 배치하여 자료를 브라우징하는 고객들이 집에서처럼 편안하게 이용할 수 있어야 한다. 자료실은 보존전용 자료실이 아닌 한 직원이나 이용자들에게 알맞은 온습도와 조도를 유지해야 한다.

　다음은 디지털자료실이다. 디지털자료실은 시설이 더 복잡하다. 데이터를 관리하는 하드웨어 서버 시설은 고객이 보이지 않도록 분리 배치해야 한다. 대부분의 디지털 자료실은 인터넷을 사용할 수 있는 고객용 데스크탑 컴퓨터가 수십 대씩 설치되어 있고, 개인이 노트북을 가지고 와서 이용할 수 있는 공간도 일부 마련해놓고 있다. 그러나 예상하건데 앞으로 디지털 자료실에는 점차 간편한 노트북을 비치하는 것이 바람직할 것으로 생각된다. 노트북의 성능이 데스크 탑 컴퓨터 못지않게 향상되었고 가격도 매우 저렴해졌으므로 자료실 공간을 훨씬 절약할 수 있는 노트북을 설치하는 것이 관리자나 고객들 모두에게 편리할 것이기 때문이다. 또한 영화를 볼 수 있는 비디오 및 DVD 플레이어 코너도 디지털 통합기술의 발전으로 디지털자료실에서 점점 사라져 갈 것으로 예상된다. 모든 디지털정보를 노트북이나 스마트폰으로 이용하는 넷세대(net generation)가 성장하여 정보 이용에 주도적인 역할을 하게 되었고, 새로운 디지털 원주민(digital native)이 계속 출현할 것이기 때문에 디지털자료실은 머지않아 도서관의 자료실 개념을 바꾸게 될 것이다.

필자는 이번(2011년 1월) 방학 중에 공공도서관 디지털자료실을 이용하고 있는데 그 이유는 일반 자료실에서는 책만 볼 수 있으나, 디지털 자료실의 노트북 데스크에 오면 책(일반 자료실에서 대출 받은 책)도 볼 수 있고 인터넷정보도 검색할 수 있어서 온·오프라인 자료를 찾아가며 글을 쓰는데 매우 편리하기 때문이다. 앞으로는 일반자료실, 디지털자료실, 열람실 등 도서관의 모든 이용자 공간에 노트북을 설치하고 모든 온·오프라인 자료를 이용할 수 있도록 공간을 구성하는 것이 좋을 것 같다. 실제로 서울 동대문정보화도서관은 설립 시부터 열람실을 설치하지 않는 대신 각 자료실 열람석에 컴퓨터를 배치하고 책과 온라인자료를 동시에 활용할 수 있는 정보이용환경을 제공하고 있다(이용대상 고객에 비해 시설이 부족해서 문제지만).

우리나라 도서관의 열람실은 관종을 불문하고 수십 년째 공부방으로 운영되어 왔다. 공부방은 수험생들이 자기 책을 가지고 와서 공부하는 곳으로서 시험시기가 다가오면 도서관 열람실을 이용하기 위해 아침 일찍부터 장사진을 이룬다. 집에서는 공부할 수 있는 환경이 잘 안 되고 사설 독서실을 이용하려면 경제적 부담이 크기 때문에 많은 수험생들이 도서관으로 몰려오는 것이다. 이러한 현상은 필자가 학생시절에도 똑 같았다. 그러나 열람실을 전적으로 수험생을 위한 공부방으로 내어주는 것은 도서관의 본질에는 맞지 않는 일이어서 도서관들은 열람실을 축소하거나 없애려는 추세에 있다. 여기에서 이용자인 시민들과 종종 마찰이 일어난다. 그러나 도서관은 시민들의 필요와 요구를 외면할 수 없다. 그러한 요구가 도서관의 방향과 다소 다르더라도 그들의 목적과 도서관의 목적을 절충 또는 융합하여 고객들에게 최선의 학습 환경을 마련해 줌으로써 교육기관으로서의 도서관의 방향과 위상을 재정립해 나가야 한다. 따라서 필자의 생각으로는 열람실을 전부 자료실로 바꾸되 열람좌석을 많이 배치하고 온라인 자료도 활용할 수 있는 노트북 활용공간도 만들어서 도서관을 하이브리드 학습공간으로 제공하는 것이 바람직하다고 본다.

어린이 자료실은 어린이들을 책의 세계로 안내하는 공간이다. 어린이는 보통 0세부터 13세까지의 어린 사람들을 말한다. 어린이들도 연령 및 발달단계에 따라서 영·유아와 초등학교 저학년 및 초등학교 고학년으로 구분할 수 있다.

영·유아들을 위한 도서관 공간은 어린이 실 안에서도 별도로 구획되어야 하는 데 수유, 장난감놀이 등의 가정적 양육환경이 필요하기 때문이다. 온돌방, 아기자기한 소품과 장난감, 작은 사이즈의 그림책 등을 비치하고 엄마와 함께, 책과 더불어 놀 수 있는 '책 놀이터'를 제공해야 한다. 최근 확산되고 있는 북스타트 운동은 아기들을 위한 책 놀이 프로그램으로서 엄마와 아기가 함께 프로그램에 참여한다. 아기 방은 아기와 엄마들의 안전을 위해 모서리 없는 소품과 비품을 비치, 안방분위기를 연출함으로서 영·유아 프로그램을 안정적으로 진행할 수 있도록 해야 한다. 또한 영·유아 자료실을 구획함으로써 다른 영역의 자료실로 '육아소음'이 전파되는 것을 방지할 수 있다.

초등학교 학령 어린이를 위한 자료실은 어린이 눈높이에 맞는 낮은 서가, 열람석, 자료 검색대를 배치하고 프로그램을 실행할 수 있는 방을 별도로 구획하여 배치해야 한다. 어린이를 위한 자료실은 어린이들의 특성상 다소의 소음은 허용해야 하겠지만 그 이외의 도서관 프로그램 활동들이 다른 이용자들에게 방해를 주어서는 안 된다. 이야기 방이나 프로그램 방, 도우미 방 등은 자료실 내에 있더라도 소음을 차단할 수 있는 별도의 파티션이 필요하다.

세미나실, 강의실, 극장, 식당 등의 평생교육 프로그램 활동 및 복지를 위한 시설은 해당 도서관의 목적과 여건에 따라 달리 설계할 수 있다. 강의나 수업을 위한 시설은 각기 그 용도에 맞으면서도 정보기술 및 교육공학 발전에 뒤처지지 않도록 기자재 설비를 지속적으로 개선해나가야 한다. 식당이나 매점 등의 복지시설은 쾌적하고 위생적인 환경으로 설비되어야 하며 음식냄새가 널리 퍼져나가지 않도록 별도의 시설을 마련하거나 자료이용시설과 멀리 떨어진 곳에 배치하는 것이 바람직하다.

오피니언

• '수학능력' 도서관

2011년도 수능시험문제 언어영역에 공공도서관에 관련된 문제가 출제되었다는 소식이 날아왔다. 즉시 그 문제를 받아 풀어보았다. 문제의 내용은 토의를 듣고 토의 내용과 결과의 반영에 대한 이해의 정확성을 묻는 것인데 그 소재가 공공도서관의 열람실 이용시간 연장문제, 열람좌석을 늘리는 문제 등 현실적으로 공공도서관과 이용자 사이에 대립되고 있는 문제였다.

도서관의 열람실 문제는 이용자측은 도서관을 시험 공부방으로 이용하려 하는 반면, 도서관측은 시민들에게 유용한 지식과 정보를 제공 활용시키는 도서관 본연의 역할을 다하려고 하는 데서 비롯된다. 따라서 대립의 근본적 원인은 시험에 있다. 초·중·고등학교의 시험, 대학입학수학능력시험, 각종 자격시험, 공무원시험, 사법고시, 고등고시 등 사회적 신분상승이 시험에 의해 결정되다보니 시민들이 시험 이외의 것에 대해서는 관심을 가질 수 있는 여유가 별로 없다.

그렇다면 우리는 각종 시험과 관련하여 도서관이 시민들에게 무엇을 어떻게 서비스해야 할 것인지를 진지하게 고민할 필요가 있다. 도서관은 사회적 존재이며 사회적 역할을 충실히 수행할 때라야 존재의 의미가 있기 때문이다. 그렇다고 열람실의 좌석수와 이용시간만을 늘리는 것은 도서관의 본질에 어긋나니 이 두 가지를 통합하여 도서관의 자료실을 열람실로 확대하고 도서관의 개관시간을 최대한 연장하여 시민들이 도서관의 자료로 공부할 수 있게 하는 파격적 조처가 필요할 것으로 생각된다.

사실 누구나 공부하면서 경험하는 일이지만 도서관의 책을 이 책 저 책 독서만 하는 정도로는 저마다 소기의 목적을 달성하기 어렵다. 자기 책을 가지고 다니면서 밑줄 그어가며 공부하면서 도서관의 풍부한 관련 자료들을 그 때 그 때 참고하는 것이 실력을 극대화하는 방법이다. 그런데 도서관 자료실에는 개인 책을 가지고 들어갈 수 없으니 자료실에서 공부하기가 어렵다. 또 자료실에는 시험에 대비한 책이 별로 없을 뿐 아니라 있다고 해도 자기 책처럼 마음대로 사용할 수 없다.

그래서 가장 좋은 방법은 도서관의 전 자료실을 열람실로 개방하고 자기 책도 가져오게 해서 도서관에서 풍부한 자료를 찾아가며 밤늦도록 공부하게 하는 것이다. 그러나 그렇게 하려면 교대근무를 할 수 있는 많은 인력이 필요한데, 그게 어디 잘 되겠는가? 학교도서관 사서교사 배치도 신경을 못 쓰는 판인데… 도서관 정책은 그래서 도서관이 사회적 역할을 충실히 수행할 수 있도록 풍부한 전문인력을 확보하고, 쾌적한 도서관 시설을 확충해서 시민 누구나 빈부격차 없이 열심히 원하는 공부를 할 수 있도록 해 주는 것이 최상의 정책이 아닐까? 누가 뭐래도……

24

비품은 10년 앞을 내다보라

가정에서 가구가 중요하듯 도서관에서도 비품이 중요하다. 가정에서의 가구가 심미적이고 안락해야 하는 것처럼 도서관의 비품 역시 심미적이면서도 용도별로 안전성과 기능성이 보장되어야 한다. 도서관에서의 주요 비품은 서가, 열람테이블과 의자, 디지털 열람테이블과 의자, 휴게실 탁자와 의자, 안내데스크, 사무용 책상과 의자, 회의용 테이블과 의자, 세미나실 탁자와 의자, 강의실 탁자와 의자, 강당의자, 북 트럭, 복사기, 프린트기, 전화기, 소파 등으로 살림살이가 매우 많다. 이들 살림살이들은 보기도 좋고 튼튼하며 쓸모가 있어야 한다. 가구가 오래되면 기능이 떨어지고 보기도 싫어져서 싫증이 나듯이 비품도 오래되면 싫증이 나게 되어 있다. 철제 서가가 녹이 쓸고, 북 트럭의 바퀴가 삐거덕거리며, 열람 테이블이 흔들거린다면, 이들은 도서관의 공해물질이다.

따라서 비품을 선택할 때에는 내구성과 심미성을 면밀히 검토하여 구입 후 최소한 10년은 무난하게 사용할 수 있어야 한다. 예산 사정이나 긴급성을 이유로 값싼 물건 위주로 비품을 구입하게 되면 얼마 못가서 교체하지 않으면 안 되므로 오히려 예산 낭비의 요인이 되며, 직원과 이용자에게도 불편을 주게 될 것이다. 필자는 개인 서재용 서가를 30여 년 전에 당시로서는 가장 보기 좋고, 품질이 좋은 좀 비싼 제품을 구입하였다. 그 결과 지금까지도 무리 없이 잘 사용하고 있다. 그런데 혼자 임시방편으로 싼 맛에 구입했던 소파나 가구들은 3년도 안되어 모두 폐품처리하고 말았다. 이를 통해 '탁월한' 비품 선택이 얼마나 중요한가를 절실히 깨닫게 되었다. 도서관의 비품은 남의 물건이 아니다. 직원과 고객을 위해 10년 이상 사용할 수 있는 고품질의 비품을 선택해야 한다.

25

시각표지물을 최적화하라

시각표지물은 한 마디로 간판이다. 간판은 하나만 있는 것이 아니라 구역마다 시설마다 다 붙어 있어야 한다. 간판을 다는 목적은 그 곳이 무엇을 하는 곳인지를 고객들에게 알려주는 데 있다. 간판은 도서관인지, 박물관인지, 일반 자료실인지, 청소년 자료실인지, 식당인지, 화장실인지 처음 오는 사람이라도 누구나 쉽게 알 수 있도록 안내해 준다. 따라서 간판은 홍보와 마케팅의 첫 번째 도구이다.

기업이나 기관단체는 그들의 홍보를 위해 로고를 디자인하고 간판에 넣어 그들의 상징으로 활용한다. 서울대학교의 '진리는 나의 빛' 로고는 서울대학교를 상징한다. 성균관대학교의 은행잎 로고는 성균관대학교의 상징이다.[9] 검찰의 칼 로고는 정의의 칼로 불의를 재단하는 검찰의 특징을 잘 드러낸다. 제천시의 로고는 '산속의 물'로서 청풍명월이라는 지역적 특징을 상징한다. 모든 기관단체 및 기업들은 그 기관의 상징인 로고를 멋지게 제작하기 위해 노력하며 로고가 싫증나거나 새로운 계기가 발생되면 큰 돈을 들여 로고를 다시 디자인하고 간판업체를 먹여 살린다.

그런데 도서관의 로고는 그렇게 흔하지 않다. 대학도서관들은 소속 대

---

9) 요즘 대학생들은 학교 로고인 배지를 잘 달고 다니지 않는다. 20여 년 전에는 대학생들이 배지를 달고 다니면서 스스로 대학생임을 자랑했다. 특히 속칭 일류대 학생일수록 소속 학교의 배지를 보란 듯이 달고 다녀 사람들로부터 부러움을 샀다. 그러나 속칭 3류 대학에 다니는 학생들은 배지를 잘 달지 않았다.

학의 로고가 있어 별도의 로고가 필요 없다. 공공도서관들은 동대문정보화도서관이나 파주 교하도서관, 기적의 도서관과 같이 별도 로고를 제작하여 사용하는 곳도 있으나 소속 자치단체의 로고를 그대로 사용하는 경우가 대부분이다. 기업체 역시 도서관은 그 기업의 로고를 그대로 사용하여 기업을 홍보하는 효과를 낸다. 로고를 별도로 만들 것인가 말 것인가의 문제는 오직 그 기관의 모기관이나 경영자의 뜻에 달려 있다. 그러나 로고를 별도로 만들든 그렇지 않든 기관을 상징하는 로고는 꼭 필요하며 로고를 그 기관의 모든 시각표지물에 넣어 활용하는 것이 홍보와 마케팅을 위해 효과적이다.

모든 시각표지물은 로고를 기초로 제작된다. 도서관 진입로 길거리 이정표, 도서관 건물의 간판, 현관의 층별 종합안내판, 각 시설의 방향표지판, 각 실별 번호 및 명칭, 자료실의 분류번호판, 서가의 분류번호판, 옥상이나 야외 정원의 식물 이름표, 직원의 이름표, 신분증, 출입증 등 모든 시각표지물에 반드시 로고가 들어가야 한다.

시각표지물은 심미적이어야 한다. 컴퓨터에서 프린트한 것 같이 밋밋한 표지판이 되어서는 곤란하다. 그 기관 및 시설의 특징을 잘 나타내면서도 이해하기 쉽고 보기에도 좋은 표지물이 되어야 한다. 시설 명칭은 글자를 아는 사람이라면 누구나 금방 알 수 있는 표현이라야 한다. 요즘에는 시설 이름을 멋있게 짓기 위해서 공을 들이는 걸 볼 수 있으나 일반인들이 잘 알아들을 수 없는 표현은 아무리 멋이 있어도 쓰지 않는 편이 좋다. 예를 들면 "괴나리 봇짐", "다섯나무 극장", "도란도란" 등은[10] 표현은 특이하고 멋있어 보이지만 일반인이 알아차리려면 직원한테 물어보아야 하며,

---

10) '괴나리봇짐'은 현관, '다섯나무 극장'은 강당, '도란도란'은 휴게실을 나타낸다.

직원도 그 의미를 모를 경우 이름을 지은 사람에게 문의해야 하는 번거로움이 있다.

또한 시각표지물은 시간이 지나면 빛이 바래기 마련이다. 어느 기관이든 빛바랜 표지물을 그대로 두는 것은 고색창연한 느낌을 줄지는 모르지만 산뜻한 인상을 주지는 못하므로 잘 판단하여 적절한 시기에 교체해 주어야 한다. 특히 야외에 설치되는 간판이나 정원의 꽃이름 표지판은 쉽게 색이 퇴색되므로 최소한 5년 정도의 주기로 새로 제작하여 교체하는 것이 바람직하다.

26

시설고장은 즉시, 근본적으로 수선하라

아무리 설계와 시공이 잘된 도서관이라도 건물과 시설은 언젠가는 고장이 나기 마련이다. 인위적이든 자연풍화에 의한 것이든 시설은 불시에 고장이 나기 쉽다. 건물의 벽에 균열이 생기고, 비가 새며, 유리창에 금이 간다. 냉·난방 시설이 작동하지 않으며, 화장실은 상습적으로 막힌다. 야외의 가로등은 청소년들의 태권도 발차기 연습으로 수시로 파괴된다. 마이크시설은 공교롭게도 중요한 행사를 앞두고 작동되지 않는다. 이러한 일들은 도서관에 1년만 근무해 보면 누구나 쉽게 체험할 수 있다.

건물 전체에 영향을 미칠 수 있는 고장과 균열은 전문가의 안전진단을 받아 즉시 보강조치를 해야 한다. 화장실이나 세면기의 고장도 발견 즉시 근본적인 조치를 해야 한다. 마이크 시설은 주기적으로 점검하여 정상 작동 여부를 확인하고, 고장이 잦은 경우는 근본적으로 수리를 해야 한다. 어떤 직원이라도 시설 고장을 발견한다면 즉시 담당자 및 책임자에게 보고하여 근본적 조치를 하도록 해야 한다. 특히 소방시설은 평소에 아무 일 없으므로 무관심하기 쉬우나 소방법규에 따라 시설점검을 철저히 해 두어야 한다. 소화전이나 소화기 점검을 서류로만 해서는 안 되며 실제로 작동여부를 철저하게 점검해야 하며, CATV시설도 날마다 점검해서 언제나 정상 작동이 되도록 신경 써야 하며 점검 기록을 유지관리 해야 한다. 담당자와 경영자는 예산이 없다는 이유로 고장수리를 지연시켜서는 안 된다. 예산이 없으면 감독기관에 보고하여 추가예산을 확보하도록 긴급으로 조치해야 한다.

27

장애인을 충분히 배려하라

장애인은 몸이 불편한 사람이다. 시각, 청각, 그리고 오체불만족의 사람들은 일상을 살아가는 데 있어 어딜 가나 불편을 느끼지 않을 수 없을 것이다. 모든 시설이 정상인을 중심으로 되어 있기 때문이다. 그래서 법적으로는 장애인의 차별을 금지하는 장치가 마련되어 있다. "장애인차별금지 및 권리구제 등에 관한 법률(시행 2010.5.11, 법률 제10280호, 2010.5.11, 일부 개정, 담당부서 : 보건복지부(장애인권익증진과)" 제1조(목적)는 "이 법은 모든 생활영역에서 장애를 이유로 한 차별을 금지하고 장애를 이유로 차별받은 사람의 권익을 효과적으로 구제함으로써 장애인의 완전한 사회참여와 평등권 실현을 통하여 인간으로서의 존엄과 가치를 구현함을 목적으로 한다."고 규정하고, 이어서 제2조(장애와 장애인)는 "① 이 법에서 금지하는 차별행위의 사유가 되는 장애라 함은 신체적·정신적 손상 또는 기능상실이 장기간에 걸쳐 개인의 일상 또는 사회생활에 상당한 제약을 초래하는 상태를 말한다. ② 장애인이라 함은 제1항에 따른 장애가 있는 사람을 말한다."라고 하여 장애인에 대한 차별을 법률적으로 금지하고 있다.

그런데 모든 게 다 그러하듯이 현실은 법대로만 되는 것은 아니다. 법률이 있다고 해도 공공기관이나 민간기관이나 조직을 운영하는 사람들은 관계 법령을 잘 모르는 경우가 허다하며, 설사 관련법규를 안다고 해도 인력, 예산 등 여러 가지 이유로 법대로 지키기 어려운 것 또한 현실이다. 그러나 그렇더라도 경영자는 장애인을 충분히 배려하는 경영을 해야 한다. 법률도 법률이지만 공공기관이 실질적으로 사회적 평등을 구현하기 위해서는 법률 이전에 조직경영의 모든 요소에서 장애인에 대한 인간적 배려를 해야 할 것이다.

도서관도 장애인을 배려한 시설과 자료가 없는 곳이 많다. 계단만 있고 엘리베이터가 없는 곳, 휠체어를 이용할 통로가 없는 곳, 자료실이나 디지털자료실에 장애인 좌석이 없는 곳, 점자자료실이 없는 곳이 대부분이다. 물론 모든 도서관이 장애인을 위한 시설과 서비스를 제공할 수는 없다고 해도 규모가 큰 지역 대표도서관이나 대학도서관, 학교도서관 등은 장애인을 위한 인력, 시설, 자료를 필수적으로 갖추어야 한다. 장애인 시설의 이용 빈도가 높지 않다고 해도 지역사회의 주요 정보제공기관인 도서관들이 장애인에 대한 도서관서비스를 외면해서는 안 된다. 모든 도서관 경영자는 좀 더 역지사지(易地思之)하는 마음으로 장애인을 위한 도서관서비스의 품질을 높여나가야 한다.

28

장서개발정책을 반드시 수립 시행하라

장서개발정책은 인사관리정책과 더불어 도서관이 수립해야 할 가장 기본적인 정책이다. 잘 정비된 장서개발정책은 도서관 자료를 체계적으로 개발하고 장서에 대한 내·외부의 간섭을 방어할 수 있는 수단이 된다. 장서개발정책은 도서관의 지적자유를 수호하는 보루일 뿐 아니라 일관된 장서수집과 지속적인 정보서비스를 제공하는 기반이 된다.

장서개발정책은 현재의 장서를 기술할 뿐 아니라, 직원들에게 장·단기에 걸친 조직의 목적과 목표, 그리고 이에 따른 여러 활동들의 우선순위에 초점을 맞추어 일할 수 있게 한다. 또 도서관 내부, 도서관 상호간, 도서관 외부기관들과의 의사소통 채널로서 협동장서개발, 외부검열간섭의 방지, 기증처리, 자료의 선택제외, 연속간행물 취소 등을 포함하는 제반 장서관리 활동의 기준이 된다.

도서관의 기본적 업무는 적절한 자료를 선택, 정리, 보존하고 고객에게 제공하는 것이다. 기술 발전에 따라 도서관의 주된 전략은 보존 자료를 필요한 경우에 이용하게 하는 전략('just in case')에서 자료를 제때에 접근하게 하는 전략('just in time')으로 변화되고 있다. 따라서 장서정책도 중대한 변화를 맞고 있으며 도서관은 보다 폭넓게 정보를 수집, 배포해야할 필요성에 직면하게 되었다.[11] 도서관은 이러한 시대적 요구에 발맞추어 소유와

---

11) GUIDELINES for a COLLECTION DEVELOPMENT POLICY, using the CONSPECTUS model.

접근의 양면적 장서개발 정책을 수립하고 시행할 필요가 있다. 장서개발
정책 수립을 위해서는 다음의 자료를 참고하면 도움이 된다.

자료

IFLA GUIDELINES for a COLLECTION DEVELOPMENT POLICY, using the CONSPECTUS model
Peggy Johnson. 2009. FUNDAMENTALS OF COLLECTION DEVELOPMENT AND MANAG
EMENT Second Edition. ALA.

29

신간서적은 신속하게 제공하라

인간은 언제나 새로움을 추구한다. 세월이 감에 따라 사람은 늙지만 새로운 생명이 계속 태어난다. 교과과정도 계속 새롭게 개편된다. 우리나라 교육과정은 개정을 거듭하여 이제 7차 교육과정에 와 있다. 책도 마찬가지다. 10년 전, 20년 전의 책은 역사적 가치는 있을지 몰라도 거의 이용되지는 않는다. 고객들은 신간에 대한 수요가 매우 강하다. 사람들이 책을 많이 읽지 않는다고 해도 대형서점의 매장은 사람들로 넘쳐난다. 대형서점의 고객 수는 도서관 이용자 수와는 비교할 수 없을 정도로 많은 것 같다. 대형서점에는 온갖 책들이 잘 갖추어져 있고, 신간도 발행즉시 접할 수 있다.

고객들은 도서관에서 신간서적을 신속하게 이용할 수 없는 점이 불만이다. 사서인 필자도 고객으로서 도서관을 이용할 때 원하는 신간서적이 없으면 매우 실망한다. 그러나 도서관은 개인이 서점에 가서 책을 사듯이 그렇게 신속하게 책을 살 수는 없다. 자료 선택의 과정부터 수서행정과 회계처리, 책에 대한 장비작업에 이르기까지 잡다한 일에 시간이 많이 소요된다. 어떤 경우는 책을 검수해놓고도 정리하는데 6개월이나 걸리는 경우도 있다. 고객들은 빨리 신간을 보고 싶다 하고 도서관은 정리하느라고 기다리라고 하고 이러한 이용자와 도서관간의 시차는 고객의 불만요인 중 하나이며 도서관의 효과성을 저해하는 중요한 요인이다.

따라서 도서관은 신간서적을 신속하게 구입하고 재빨리 정리하여 고객들에게 내어 놓아야 한다. 도서관에 때 지난 오래된 책만 가득하고 신간서적이 별로 없다면 고객들은 도서관을 신뢰하지 않을 것이다. 희망도서로 신청했는데도 별 설명도 없이 무작정 기다리게 하면 고객은 그 사이에 서점에 가서 책을 구입하여 이용한다. 필자의 경우 서울 모 공공도서관에 희망도서를 신청한 일이 있었다. 당시 필자로서는 논문을 쓰는데 급히 필요하여 도서관에 희망도서를 신청했으나 오지 않아 구입하여 이용했는데, 도서관은 3개월 후에야 자료가 도착되어 이용할 수 있다는 내용의 문자메시지를 보내왔다. 한 마디로 뒷북 행정인 것이다. 우리나라는 뒷북치는 행정이 많은 것 같다. 어딜 가나 뒷북행정을 어렵지 않게 찾아 볼 수 있다. 도서관이 이런 저런 사유를 대 뒷북행정을 계속한다면 도서관은 고객들로부터 신뢰를 받기 어려울 것이다.

2010년도 출판 통계

(뉴스와이어 | 입력 2011.01.17 12:28)

(서울=뉴스와이어) 2010년 1년 동안 (사)대한출판문화협회를 통해 납본된 자료를 집계한 결과, 신간 도서의 발행 종수는 총 4만 291종(만화 포함)이며, 발행 부수는 1억 630만 9,626부로 나타났다. 전년도와 비교해 볼때 발행 종수는 4.5% 감소하였고, 발행 부수는 0.1% 증가한 것으로 나타났다.

종당 평균 발행 부수는 2,639부로 집계되어 전년(2,517부) 대비 4.8% 증가하였고, 권당 평균 정가는 1만 2,820원으로 전년(1만 2,829원) 대비 0.1% 감소하였으며, 평균 면수는 272쪽으로 전년(273쪽)보다 1 페이지가 줄었다.

2010년에 총 4만 291종이 발행되었다. 전체적으로 각 분야가 감소세를 면치 못하였는데, 학습참고서는 39.3%로 큰 폭의 증가세를 보였는바, 수능 인터넷 방송의 확대에 따른 해당 교재의 발행 및 수요가 큰 영향을 미친 것으로 보여진다. 다음으로 철학(15.3%), 기술과학(5.0%), 역사(2.3%)만이 증가하였고 다른 분야는 감소하였다. 가장 많이 감소한 분야는 만화분야(16.7%)로서 이는 만화 전문출판사의 폐업 및 수요 감소에 따른 것으로 보여진다. 이밖에 종교(12.8%), 총류(12.7%), 사회과학(7.2%), 아동(6.7%), 문학(6.0%)순으로 감소하였다. (이하 생략)

〈대한출판문화협회〉 보도자료 통신사 뉴스와이어(www.newswire.co.kr) 배포

30

자료의 조직 질서를 철저히 지켜라

'인류'는 분류하는 동물이다. 인류(人類)의 류(類)라는 말 속에는 이미 분류가 적용되어 있다. 모든 인간생활에 분류가 없는 것은 없다고 해도 과언이 아니다. 산과 들이 분류되고 논과 밭이 분류된다. 초가집과 기와집, 빌딩이 분류된다. 안방과 거실, 주방이 분류되고, 모든 가재도구들도 쓸모에 따라 분류된다. 책과 공책, 문방 재료가 분류된다. 만일 인간 생활에서 분류와 정리의 개념이 없다면 소나 개, 돼지처럼 '뒤죽박죽'의 상태에서 날마다 쓰레기 더미를 헤매며 지저분하게 살아갈 것이다.[12] 인류는 자연과 사물을 분류하고 질서지음으로서 인간 생활을 짜임새 있고, 편리하며, 질서 있게 영위할 수 있다.

인간생활의 총체적인 맥락에서 볼 때 학문의 분류는 그 무엇보다도 중요한 의미를 갖는다. 인간의 문명생활은 학문으로부터 발전했기 때문이다. 학자들은 연구 대상의 무질서한 상태를 잘 분류 정리해서 질서 있는 상태로 만들어 주는 사람들이라 할 수 있다. 복잡하게 얽혀 있는 문제를 실마리(緒論)를 풀어 이것을 유별로 가닥을 잡고(本論), 이론과 대안(結論)을 정리하는 것이 곧 학문 활동인 것이다. 따라서 학문 활동을 지원하는 도서관은 학문의 도구인 정보와 지식을 잘 분류 정리하는 일이 무엇보다 중요한

---

12) 사람도 분류 정리 개념이 없는 사람은 지저분하게 살 수밖에 없을 것이다.

임무가 된다. 우리가 도서관의 분류와 정리를 연구하고 실행함에 있어 항상 위와 같은 맥락에서 분류의 중요성을 인식하고, 학문의 발전을 위해 도움이 될 수 있도록 도서관 실무를 전개해 나가야 한다. 도서관의 분류는 도서관의 관리를 위한 분류라기보다는 학술 발전을 위한 분류라는 인식을 항상 간직할 필요가 있다.

분류의 의미는 사물을 공통된 성질에 따라 종류별로 나누는 것이라 할 수 있다. 자료의 분류는 자료를 주제나 형식의 유사성에 따라 체계적으로 배열할 수 있도록 구분하는 것으로서 같은 것은 같게, 다른 것은 다르게 서가상의 주소를 결정하고, 목록의 배열 순서를 결정하는 것이다. 따라서 분류는 나눈다는 의미가 강하나, 같은 것을 모은다는 의미도 함께 포함되어 있다. 다른 것은 나누되 같은 것은 모아 줌으로서 자료의 질서를 찾아 주는 것이다.

분류의 효과

- 자료의 전체적 구성을 쉽게 알 수 있다.
- 모든 지식을 체계화할 수 있다.
- 목적한 주제의 관련 주제를 그 전후에서 구할 수 있다.
- 분류기호를 기억함으로써 시간과 노력을 절약할 수 있다.
- 자료를 계획적으로 균형 있게 선택하는데 도움을 준다.

분류법

- 십진분류법 : 모든 지식을 10진식으로 분류, 전개, 가장 흔한 예로는 듀이십진분류법(Dewey Decimal Classification)과 이를 우리나라 실정에 맞게 수정한 한국십진분류법(Korean Decimal Classification)이 있다.

• 비 십진분류 : 십진법을 사용하지 않는 분류방법으로 미국 의회도서
관분류법(LCC)이 있다.

DDC와 KDC의 비교

구분	DDC	KDC
000	총류	총류
100	철학	철학
200	종교	종교
300	사회과학	사회과학
400	언어	순수과학
500	순수과학	기술과학
600	기술과학	예술
700	예술	언어
800	문학	문학
900	역사	역사

KDC는 DDC를 기초로 하되 언어와 문학을 인접시켰다. 도서관에 따라
서는 서양서는 DDC, 동양서는 KDC를 사용하기도 하나 일반적으로 이중
한 가지 분류표만을 적용하여 분류의 통일을 기하고 있다.

청구기호의 구성

R   별치기호
023   분류기호
김34   도서기호(저자기호)
v.1.c.2   권차기호, 복본기호

R은 참고도서 서가에 별도로 소장되어 있다는 의미를 나타낸다. 참고도서는 사전류, 백과사전류, 연감류 등 참고용 도서를 의미한다.

저자기호

동일한 분류기호 아래에서 저자명 가나다순으로 모으기 위한 기호로서 우리나라에서는 전 연세대학교 도서관학과 교수 리재철 박사가 고안한 저자기호표를 주로 사용한다. 이표에서 성과 이름을 저자기호로 조합하는데 성은 한글로 그대로 표기하고 이름 첫 글자의 초성 중성만 숫자화하여 표기한다. 저자기호 다음에는 책의 제목 첫 글자 초성만 표기한다.

자료

리재철저자기호표

자음

ㄱ	ㄴ	ㄷ	ㄹ	ㅁ	ㅂ	ㅅ	ㅇ	ㅈ	ㅊ	ㅋ	ㅌ	ㅍ	ㅎ
1	19	2	29	3	4	5	6	7	8	87	88	89	9

모음

ㅏ	ㅐ(ㅑ ㅒ)	ㅓ(ㅔ ㅕ ㅖ)	ㅗ(ㅘ ㅙ ㅚ ㅛ)	ㅜ(ㅝ ㅞ ㅟ ㅠ)
2	3	4	5	6

ㅡ(ㅢ)	ㅣ
7	8

예) 이종권 지음. <남에게 행복을 주는 사람은> : 이75ㄴ

여기서 끝의 ㄴ은 책 제목의 첫 글자 '남'에서 ㄴ만을 취한 것이다.

800
이75ㄴ
c.2

이렇게 주제별 분류기호와 저자기호를 함께 사용하면 서가에서 동일 분류 아래에서 저자가 가나다순으로 배열되며, 동일 저자의 책이 가나다순으로 배열되므로 쉽게 찾을 수 있다.

목록

서가에 접근하기 전에 자료를 쉽게 찾을 수 있도록 제시하는 도서관의 검색도구로서 분류한 결과와 서지사항을 리스트로 만들어서 체계적으로 배열한 것이다.

목록의 종류

저자명 목록 : 저자의 이름으로 배열

서명목록 : 책의 제목으로 배열

주제명 목록 : 주제명으로 배열

사전체 목록 : 저자명, 서명, 주제명을 혼합하여 가나다순으로 배열

분류순 목록 : 분류에 따른 배열

목록의 형태

- 카드목록 : 목록 카드 함 배열
- 책자형 목록 : 한 도서관의 장서목록을 책으로 편집
- 전산목록 : 컴퓨터에 의한 목록

오늘날은 전산목록이 일반화되어 모든 도서관에서 전산목록을 사용한다.

- KOMARC : Korea Machine Readable Catalog(기계가독형목록) : 국립중앙도서관 개발하여 보급 활용하고 있는 우리나라의 표준 전산목록
- OPAC : Online Public Access Catalog(온라인목록) : 목록이 전산화되고 인터넷으로 연결됨에 따라 도서관에 가지 않고도 일반인들이 자료를 검색할 수 있도록 온라인으로 개방한 목록

목록규칙

목록기술(目錄記述)에 대한 표준적인 규칙을 정한 것으로 각종 목록의 엔트리, 구두점 표기에 대한 세부적 매뉴얼

- AACR : Anglo American Cataloging Rule 영미목록규칙
- KCR : Korean Cataloging Rule 한국목록규칙

이상과 같이 분류와 목록은 도서관의 정보자료를 찾아들어가기 위한 눈(目)을 제공함으로써 자료의 합리적 조직과 검색의 편리를 동시에 도모하는 도서관자료의 과학적 관리기법이라 할 수 있다.

31

고무인을 보이는 곳에 날인하지 말라

장서인은 도서관의 소장 자료임을 나타내는 도장이다. 개인들은 서점에서 책을 사면 책의 적절한 여백에 소속과 이름을 써서 자기 소유라는 것을 나타낸다. 초등학교 교과서에는 아예 책의 뒤표지에 이름 쓰는 난이 마련되어 있다. 책의 소유자를 기록하여 둠으로써 책의 분실을 예방하고, 분실되었을 때 소유자를 쉽게 식별하기 위한 일종의 소유자 확인 방법이다. 도서관이나 개인이나 자기 소유의 책을 잘 보유하기 위한 하나의 예방책을 쓰는 것이다.

도서관의 장서인(藏書印)은 보통 사각형의 큰 도장으로서 책의 안쪽 표제지에 날인한다. 그리고 이를 보완하는 수단으로 비인(秘印), 측인(側印) 등을 추가하여 찍는다. 비인(秘印)은 자기 도서관만이 비밀로 정한 책면에 작은 도장을 날인하는 것으로 장서인을 찍은 면이 고의 또는 마모로 없어질 경우에 대비하여 자기 도서관에서 정한 특정 책면의 잘 눈에 띄지 않는 위치에 비밀 도장을 찍어 둠으로서 후일 분실된 장서를 확인하기 위한 방법이다. 도서관은 장서인과 비인으로 소장 자료표지를 해 두지만 이것으로 만족하지는 않는다. 그래서 그냥 겉으로 보기만 해도 소유를 알 수 있도록 측면에 스탬프 고무인을 찍는다. 어떤 도서관은 측면만 찍는 것이 아니라 책의 위면, 아래 면까지 다 찍어 놓기도 한다.

고객들은 도서관의 책을 대출하여 그 도서관에서만이 아니라 지하철, 버스, 대합실 등 공공장소에서 책을 읽는다(필자의 경우 지하철에서의 독서가

집에서보다 효과적일 경우가 많다). 그런데 승객들이 손에 들고 있는 책을 보면 '00시립도서관', '00대학도서관', '00회사도서실' 등의 고무인이 시퍼렇게 찍혀 있어 흉물스럽게 보일 때가 많다. 도서관의 책은 북 재킷을 걷어내고 '알 책'만 남겨놓은 상태라 미감(美感)이 떨어지는데, 거기다 시퍼런 도장까지 찍어놓았으니 책의 미감이 더 떨어져 보인다. 또한 속칭 일류대학이나 좋은 회사의 도서관 도장이 찍혀 있는 경우는 이용자들이 프라이드를 느끼는 것 같지만, 그렇지 않은 경우는 시퍼런 고무인이 다른 사람들에게 보이지 않도록 손으로 가리는 현상도 엿보인다.

그렇다면 도서관들은 이용자를 배려하여 도서관 책의 측면에 고무인을 날인하지 말고 책 아래 면에만 고무인을 날인하면 어떨까? 책의 윗면과 측면은 깨끗하게 남겨두고 책의 아랫면에만 고무인을 날인한다면 도서관 책의 미감을 덜 훼손할 것이고, 이용자들이 공공장소에서 도서관 책을 읽더라도 다른 사람들의 시선을 의식하지 않고 마치 자기소유의 책처럼 독서를 즐길 수 있을 것이다.

오피니언

도서관에 새 책이 많이 들어와도 모든 책이 헌책처럼 보이는 데는 다 이유가 있다. 도서관은 책의 재킷을 모두 벗겨내고 바코드와 라벨을 붙이고, 스탬프를 찍어 놓았기 때문이다. 이제 도서관도 고객을 위해서는 책의 아름다움을 살리고 서가를 돋보일 수 있는 디스플레이를 했으면 좋겠다. 특히 이용 위주의 도서관에서는……

32

이중분류를 지양하라

도서관에서는 모든 자료를 한 가지 분류표로 분류하여 정리 배열하는 것이 원칙이다. 이 원칙을 모르는 사서들은 아마 거의 없을 것이다. 그런데 현실에서는 이러한 원칙이 지켜지지 않는 경우가 종종 있다. 예를 들어 동양서는 한국십진분류법을 사용하고 서양서는 듀이십진분류법을 사용하는 대학도서관이 있다. 또한 한국십진분류법을 사용하는 도서관인데 정부 간행물이나 비매품 자료들은 한국십진분류법을 적용하기 어렵다는 이유로 자체 분류법을 만들어 사용하는 경우도 있다.

한 도서관에서 2가지 이상의 분류법을 사용하는 주된 이유는 관리상 편리하다는 점일 것이다. 그러나 필자의 경험에 의하면 한 도서관에 둘 이상의 분류법을 사용하는 이중적인 기준의 자료 정리와 배열은 관리에도 이용에도 불편을 준다. 자체적으로 고안한 분류는 대개 자료의 형태 위주, 즉, 바인더 자료, 출장보고서, 설계자료 등으로 별도의 부호를 정하여 분류하기가 십상인데, 이는 분류의 대 원칙인 주제 분류를 무시한 결과가 되어 분류라기보다는 형태별 별치 개념에 가깝게 된다. 따라서 이용자가 자료에 접근하는 가장 기초적인 방법인 주제별 접근에 혼란을 주는 것이다. 따라서 별도의 분류표를 만들 것이 아니라 하나의 분류법을 기준으로 형태상 특별한 자료들은 별치하는 방법을 택하는 것이 혼선을 줄이는 방법이다.

자료를 별도의 방이나 서가에 배치하는 경우에도 그 기준을 명확히 해

두는 것이 관리와 이용에 혼선을 방지할 수 있다. 필자의 경험에 의하면 어떤 공공도서관은 연속간행물실에 연속간행물이 아닌 공공기관에서 기증한 단행본자료들과 향토자료들을 분류표와 상관없이 배치하고 대출을 제한시켜 이용자에게 큰 불편을 주고 있었다. 공공도서관에서 자료를 별치하는 경우는 참고자료, 향토자료, 연속간행물로 구분하여 배치하고, 주제별로는 인문사회과학자료실, 자연과학자료실, 예술체육자료실 정도로 구분하여 별치하는 것이 관리 및 이용에 편리할 것으로 생각한다. 자료의 분류는 분류의 원칙을 철저히 지키면서도 고객의 이용 편의를 충분히 고려해야 한다.

33

하루에 한 번 이상 서가를 둘러보라.

우리가 삶의 일상을 둘러보는 일은 가정에서도 직장에서도 매우 중요하다. 모든 조직구성원들은 자기가 책임 맡고 있는 조직과 시설이 제대로 작동되고 있는지, 직원들의 근무상태는 어떠한지, 고객들의 상태와 불편사항은 무엇인지 등 현장의 상황을 파악하고 문제점이 있는 곳, 바로잡아야 할 곳 등을 제때에 알아내어 개선해 나가야 한다.

필자는 요즘 공공도서관의 디지털 자료실 노트북 좌석을 이용하고 있다. 그런데 어느 날 그 자리는 다른 이용자가 사용하고 있어 그 날은 일반 열람실에서 다른 작업을 할 수밖에 없었다. 그 도서관은 노트북을 사용할 수 있는 좌석이 한 자리밖에 없어 다른 이용자가 먼저 이용할 경우 다른 사람은 이용할 수가 없었다. 그래서 도서관장에게 건의를 했더니 일주일 정도 지나 노트북 좌석 하나를 더 마련해 주었다. 또 비가 오는 날 도서관을 이용하다가 건물이 새는 곳을 발견하고 사서에게 알려주었더니 사서가 감사하다는 인사와 함께 담당자에게 곧 연락하여 조치하겠다고 말했다. 그런데 이러한 불편사항과 문제점은 도서관의 직원들이 하루에 한번 주위를 자세히 둘러본다면 이용자가 말하기 전에 파악하고 조처할 수 있는 일이다.

도서관에서 하루에 한번 이상 살펴보아야 할 가장 중요한 장소는 자료실이다. 자료실의 상태는 도서관의 얼굴이다. 이용자가 많든 적든 도서관 직원들은 수시로 자료실을 둘러보고 문제점이 있는 부분을 발견하면 즉시 바로잡아 놓아야 한다. 넘어진 책, 잘못 꽂혀 있는 책, 바닥에 떨어진 책, 파손 오손된 책, 이용자가 자기만 보려고 감추어 놓은 책 등을 발견하면 즉시 바로잡아 놓아야 하고 스스로 할 수 없는 일이면 담당자에게 연락하여 조치하도록 해야 한다. 관장과 직원들은 하루에 한 번 이상 의무적으로 서가를 둘러보는 것이 바람직하다. 관장은 사서가 아닌 다른 모든 직원들에게도 하루에 한번 서가를 둘러보게 하는 것이 좋다. 이렇게 함으로서 서가 자료실의 문제 뿐 아니라 건물과 시설, 비품의 문제도 전반적으로 살펴 문제점을 개선해 나갈 수 있어 일상적 도서관 경영의 문제를 해결할 수 있고 미래의 계획에도 대비할 수 있게 된다.

34

레퍼럴 봉사(referral services)를 충실히 실천하라

레퍼럴(referral)란 "○○○한테 물어보라고 말하기(directing to a source for information)"라는 뜻으로서[13] 자관에 소장하고 있지 않은 자료를 이용 가능한 다른 도서관이나 기관 및 전문가를 알려주는 봉사이다. 자관에서 이용할 수 없는 정보 자료에 대하여 소장기관을 미리 알고 있거나 자원공유시스템이나 OPAC(Online Public Access Catalogue), 인터넷 검색을 통하여 알 수 있는 경우에는 정확한 소스를 알려줌으로서 이용자가 그곳에서 자료를 이용할 수 있게 하는 것이다. 우리 도서관에 없다는 이유로 "그 자료는 저희 도서관에 없는데요."라고 대화를 끝낸다면 이용자는 매우 실망스러워 할 것이다. 그러나 우리도서관에는 없지만 어디에 가면, 또는 누구에게 물어보면 틀림없이 있다는 정보 소스를 준다면 이용자로서는 매우 고마워할 것이다. 이러한 레퍼럴 봉사를 책임 있게 수행하기 위해서는 다른 도서관, 연구소, 정부기관 등 정보자료를 소장하고 관리하는 도서관과 전문가들을 파악하고 유대관계를 유지하고 있어야 한다.

또한 도서관은 고객이 필요로 하는 모든 생활정보서비스 및 상담서비스까지도 확대 실시할 필요가 있다. 시민들의 생활정보 서비스 수요는 취업, 금융, 법률, 복지, 보건, 번역, 대필, 다문화 서비스 등 매우 다양하다. 이러

---

13) 최성진·조인숙. 1994. 『정보봉사론』. 아세아문화사. 166~167쪽.

한 생활정보 서비스는 본래의 도서관 서비스라고는 말할 수 없을 것이다. 그러나 도서관이 지역사회의 대표적 정보전문기관으로서 시민이 꼭 필요로 하는 생활정보를 제공한다면 시민과 도서관의 심리적 거리를 좁힐 수 있을 것이다. 도서관이 시민생활에 관련되는 업무를 어디에서 누가 담당하고 있는지를 파악하여 정보파일을 구축하고, 시민들에게 홍보하고 시민들을 해당 기관 단체 및 전문가에게 연결시켜 주는 일은 도서관의 새로운 봉사영역이 될 것이다.

시민들은 누구나 one-stop 서비스를 원한다. 어디든지 한곳에서 그들이 필요로 하는 문제를 해결할 수 있기를 기대한다. 도서관이 지역사회 기관 단체와 협력하여 민원서류 발급기를 설치하여 간단한 민원서류는 도서관에서도 발급받을 수 있도록 하며, 분야별 생활정보 파일을 구축하여 생활정보창구를 개설함으로써 시민들에게 어느 정도 one-stop 서비스를 제공할 수 있을 것이다. 이러한 다양한 정보서비스는 문헌정보학의 정보서비스론 교과서에서도 "정보안내서비스(Information & Referral service)"로 다루어지고 있다.[14]

---

14) 박준식. 2009. 『정보서비스론』. 대구 : 계명대학교출판부. 265~288쪽.

35

가상서고를 구축하라

가상서고란 인터넷 시대에 등장한 도서관의 또 다른 서고개념이다. 이는 도서관에 물리적으로 설치된 서고의 개념에 대하여 책이 아닌 인터넷 사이트들을 검토하고 평가하여 그 사이트를 쉽게 접근해 들어갈 수 있는 창구를 개설하는 그야말로 온라인 가상 서가이다. 현대는 디지털, 인터넷 시대로서 우리들은 날마다 인터넷에 접속하지 않고는 살아갈 수 없게 되었다. 고객들은 도서관 소장 자료나 도서관이 데이터베이스 기관과 계약하여 운영하고 있는 데이터베이스에서만 정보를 찾는 것이 아니라 다양한 분야의 인터넷 사이트를 통해서 정보를 검색, 활용하고 있다. 오히려 요즘 사람들은 자료를 찾을 때 우선 인터넷부터 검색해보고 다음 단계로 도서관을 찾는 경우가 허다하다. 도서관에 있는 정보라도 인터넷에서 먼저 소장 여부를 검색, 확인한 다음 이용한다.

가상서고는 OPAC(online public access catalog)의 개념과는 다르다. OPAC은 소장 자료의 목록을 원거리에서도 검색 확인할 수 있는 기능인데 비하여 가상서고는 쓸 만한 인터넷 사이트를 주제 분야별로 분류하여 도서관의 홈페이지에 배열하고 링크를 걸어 놓음으로써 고객들이 도서관 홈페이지를 통해서 적절한 사이트로 찾아갈 수 있게 하는 일종의 인터넷 검색용 플랫폼이라 할 수 있다. 이는 '인터넷공공도서관(IPL : internet public library)'과 동일한 개념으로서 이제는 대학도서관, 공공도서관, 전문도서관, 학교도서관 등 모든 종류의 도서관에서 고객들을 위해 제공할 수 있는 신종 도서관 서비스로 등장하였다. 그러나 국내에서는 몇몇 대학도서관을 제외하고는 대부분의 도서관들이 이러한 서비스를 개설하지 않고 있다. 그러나 앞으로 모든 도서관에서 그들의 특성에 알맞은 가상서고를 구축하고 시의 적절히 갱신하면서 고객들에게 다가가는 인터넷 도서관서비스를 실시할 필요가 있다.

36

예산계획에 브레인스토밍을 활용하라

도서관의 예산은 도서관의 각종 업무에 사용할 예정금액을 미리(豫) 산정(算)하는 연간 사업계획이다. 업무를 수행함에 있어 개인이나 조직이나 돈이 들어가지 않는 일은 거의 없다. 그러나 개인이건 조직이건 돈은 언제나 충분하지 않기 때문에 예산계획은 꼭 필요한 사업 우선순위에 따라 편성되어야 한다. 도서관의 예산은 도서관의 기능과 목적을 달성하기 위한 합리적 경영계획의 바탕위에서 수립되어야 한다.

합리적인 예산 편성을 위한 의사결정은 먼저 도서관 자체에서 이루어진다. 이때 품목별 예산제도 아래서는 전년도 예산비목과 금액을 기준삼아 물가상승률 등을 반영하여 금액을 약간 상향조정 편성하는 것이 일반적인 관례처럼 되어 왔다. 그러나 이와 같은 예산편성 관행은 구성원들의 새로운 아이디어를 반영할 수 있는 기회를 차단하는 전례답습 행정의 전형적 행태라 할 수 있다. 우리는 예산제도를 공부하면서 품목별예산제도 이외에도 계획예산제도, 영기준예산제도, 성과주의예산제도 등 새로운 아이디어를 반영할 수 있는 이상적 예산제도가 있음을 교과서에서 배워왔다. 그리고 이들 예산제도들은 그 발상은 좋지만 현실적으로는 전적으로 채택할 만한 예산제도가 못 된다는 점도 배워왔다.

그러나 필자는 우리가 품목별 예산제도를 채택하고 있다고 하더라도 영기준예산 등 다른 예산제도의 좋은 발상들을 적용할 수 있는 여지는 많이 있다고 본다. 이는 경영계획과 예산을 철저히 연계시키는 방법과 새로운 프로그램의 예산을 새로운 시각으로 구상함으로써 실천할 수 있다고 본다. 도서관장은 매월 1회 정도 전 직원이 참여하는 도서관의 경영계획 및 예산에 관한 난상토론(브레인스토밍)을 개최하고 직원들의 아이디어를 수렴하여 경영계획과 예산을 연계하여 반영하는 것이 최선의 방법이 아닐까 생각한다. 예산을 계획할 때 매년 7월, 8월이 되어서야 상부기관의 요구에 의해 전례답습으로 예산안을 급조하는 것은 무사안일 행정의 전형이라 할 수 있다. 예산금액의 증가나 감소에 관계없이 참신한 사업 아이디어를 반영하는 것은 도서관 발전의 원동력이 된다.

더 알아둘 문제

계획예산

계획예산(PPBS : Planning Programming Budgeting System)은 1960년대에 미 국방성에서 개발한 것으로 장기적인 계획과 단기적인 예산편성을 유기적으로 결합시킴으로써 자원배분에 관한 의사결정을 합리적으로 일관성 있게 행하려는 예산제도로서 과정을 통하여 프로그램의 산출을 측정하기 위한 것이다. 이 예산의 과정은 다음과 같다.[15]

- 광범위한 목적 및 계획을 개발하고 이를 기술한다.
- 단기목표를 개발하고 계량 가능한 방법으로 기술한다.
- 필요한 사실 아이템들을 모은다.
- 우선순위를 설정한다.
- 현행 프로그램의 필요성과 효과를 재검토 평가한다.
- 새로운 대안 프로그램을 검토, 가장 효과적인 안을 선택한다.
- 프로그램을 시행하고 정기적으로 점검한다.
- 프로그램이 목표를 달성하는지 평가한다.

계획예산은 품목예산에 비해 예산에 대한 분석적인 접근방법을 제시해주고 있다. 따라서 전체적인 도서관프로그램에서 부분적으로 활용한다면 계획과 예산집행을 더욱 효과적으로 연결시킬 수 있는 방법이다.

영기준예산(zero base budget)

영기준예산은 전년도 실적을 고려하지 않고 0(zero) 상태에서 새롭게 출발한다. 따라서 조직의 모든 과업을 새롭게 검토하고 그 과업들을 기초로하여 예산을 편성한다. 예산편성 부서는 먼저 업무패키지를 개발하고 업무 활동들을 나열하고 분석한 다음 한 가지 이상의 업무패키지로 분류하여 넣는 것이다. 이 업무패키지는 "일정 수준의 서비스, 활동 및 프로그램을 달성하기 위한 자금 배분 신청의 단위이다.

- 결정된 업무패키지를 서열화한다. 이는 우선순위를 정하는 것이다.
- 자원을 배분한다. 일정한 순위 이하의 업무패키지에는 자원을 배분하지 않는다.

영기준예산의 장점은 각 프로그램을 면밀하게 검토할 수 있다는 것이다. 전년도 예산이 인정되는 것은 아무것도 없다. 전통적인 예산이 전년도 예산수준 이상을 유지하는 데 반하여 영기준예산은 일반적으로 기존 예산보다 낮게 책정된다. 영기준예산을 적용하려면 예산준비에 많은 시간이소요된다. 그러나 그 과정에서 도서관 업무에 대한 통찰력이 생긴다. 영기준예산은 프로그램을 검토하는 방법으로서 매우 좋은 개념이다. 이것은 사서들이 도서관에서 필요로 하는 것이 무엇인지에 대한 고정관념을 탈피하는데 도움을 준다.

---

15) Adele M. Fasick. 이종권 · 노동조 역. 2010. 『어린이도서관서비스경영』. 216~220쪽.

37

예산 산출근거를 치밀하게 준비하라

예산을 편성할 때 모든 직원들은 자신의 업무분야에 대한 예산 금액의 산출 근거를 객관적으로 명확하게 제시해야 한다. 건축예산에는 건축설계비, 자재비, 공임 등에 대한 표준 가격을 적용하고, 물품 구입 예산은 최근의 물가정보와 시장조사에 기초하여 누가 보더라도 합당한 예산금액을 산출해야 한다. 예산은 미리 예측하여 계산하는 것이므로 대략 주먹구구식으로 산정해도 된다는 생각은 절대 금물이다. 예산 편성은 모든 직원들이 참여하는 작업이기 때문에 전 직원들에게 예산 편성에 대한 철저한 교육을 통해서 해당 분야에서 최선의 합리적 예산산출 근거를 제시할 수 있도록 유도하여야 한다.

직원들이 작성한 예산 산출 근거는 직원회의에서 브리핑하여 객관적으로 검토하는 절차를 거쳐야 한다. 직원회의나 브레인스토밍을 통해서 예산안을 검토하는 것이 바람직하다. 경영계획상 불필요한 사항이 전례에 따라 편성된다든지 중요한 계획사업들이 담당자의 교체 등으로 누락되는 경우가 발생할 수 있기 때문에 예산의 치밀한 검토를 위해서는 집단적 토의와 의사결정과정을 필수적으로 거쳐야 한다.

38

전 직원에게 예산개념을 심어주라

모든 조직의 구성원은 누구나 예산을 사용한다. 그러면서도 예산의 개념이 별로 없는 직원들이 많이 있다. 공공기관의 예산은 일단 자기 돈이 아니라고 생각해서일까? 예산을 검토해 보지도 않고 출장을 가겠다고 신청한다든지, 우선 급한 대로 물품을 가져다가 쓰고 보니 나중에 예산이 부족하여 편법을 동원하는 일은 현장에서 흔히 볼 수 있는 일이다. 도서관 직원들은 다른 공공조직의 직원들에 비하여 예산에 대한 개념이 별로 없는 것 같다.

사서들은 예산 집행에 따른 행정이나 회계처리업무를 어려워한다. 서류처리에 앞뒤가 맞지 않아 회계담당자로부터 지적을 받고도 동일한 실수를 반복한다. 사서들은 경영학에서 말하는 재무관리와 예산회계에 관한 기초가 형성되어 있지 못하다. 부기에서의 자산, 부채, 자본 그리고 차변과 대변 같은 기본 용어도 잘 이해하지 못하는 경우가 많으며 알려고 하지도 않는다. 사서는 도서관 전문직이기 때문에 행정이나 회계는 그들의 영역이 아니며, 회계담당자가 알아서 할 일이라고 치부하여 버리는 것이 우리 도서관의 현실인식인 것 같다.

그러나 사서들이 도서관 행정과 회계를 모른다면, 그래서 도서관 행정과 회계를 잘 파악할 능력이 없다면 그러한 사서는 도서관 경영자가 되기 어렵다. 또 그러한 사서가 도서관장이 된다고 해도 예산개념이나 재무행정에 대하여 밝지 못하다면 전체적인 시각에서 도서관의 경영을 제대로 돌파해 나가기 어려울 것이다. 경영은 어떤 의미에서는 자금을 조달하고 관리하는 능력이다. 기업이건 대학이건 경영에 성공한 경영자로 거론되는 사람들은 예산과 자금의 조달능력이 출중한 사람들이다.[16) 이러한 의미에서 사서들은 재무회계의 기본과 행정업무를 알아야 한다.

---

16) 송자. 1996. 『21세기 대학경영』. 중앙일보사.

도서관 서비스

1. 개관

도서관이 지식정보자료를 생산, 판매하지 않는 이상 도서관의 전체 업무는 모두 서비스업무라고 해야 할 것이다. 도서관이 생산하는 것은 제품이 아니라 정보서비스이기 때문이다. 자료를 수집, 분류, 정리, 보존하는 모든 일은 결국 고객에게 정보를 제때에 제대로 제공하기 위한 준비 작업이다. 따라서 모든 자료의 수집과 정리 작업은 고객의 눈에 보이지 않는 곳에서 이루어지는 간접서비스이다.

그러나 보다 직접적으로 고객을 맞이하여 그들에게 대화와 상담을 통해서 원하는 정보자료를 직접 찾아 제공하거나 접근할 수 있는 길을 열어주는 활동은 직접서비스이다. 이러한 인간적 접촉을 통한 직접서비스를 도서관에서는 '참고봉사'라고 불러왔다. '참고봉사'는 문자 그대로 고객들에게 참고가 되어 그들이 유용한 자료를 얻도록 도와주는 활동이다. 따라서 이러한 일을 '참고업무', 이러한 일을 담당하는 사서를 '참고사서'라고 부르고 있다. 교과목의 명칭은 처음에는 '참고(參考)봉사론'으로 통용되어 왔으나 정보사회의 전개에 따라, '정보봉사론', '정보서비스론' 등으로 변화되어 왔다. 현재 이들 교과목 명칭들은 여러 대학에 공존하고 있으며 가장 흔히 쓰이는 것은 '정보서비스론'과 '정보봉사론'이다.[17] 이는 학자에 따

---

17) 한상완. 2000. 『정보조사제공학』. 8쪽, <표1-2>. 학문명의 역사적 발전과정에 대해서는 같은 책, 1~11쪽 참조

라서 정보사회의 변화를 반영, '정보'라는 단어를 추가한 것으로 학교마다 명칭은 달라도 다루어지는 내용은 대동소이하다. 그러나 정보사회의 전개에 따라 도서관의 직접서비스는 과거의 '참고봉사'시절에 비교할 수 없을 만큼 복잡하고 세부적인 것까지 요구하는 경향이 늘어나서 오늘날의 정보봉사는 그 포괄범위가 매우 넓다. 이제는 참고실의 사전류, 연감, 통계만이 참고자료가 아니라 도서관 전체의 장서가 참고자료이며, 전체의 웹정보가 모두 참고자료가 되어 문자 그대로 정보서비스는 정보 그 자체를 서비스하는 것으로 여겨지게 되었다. 따라서 정보사서는 더 넓고, 더 깊은 주제 배경지식과 검색기술을 갖추지 않으면 안 되게 되었다.

2. 이용자와 고객

과거의 도서관 이용자는 문자 그대로 이용자(user)라 불렀다. 이 용어는 이용자를 지칭하는 정확한 용어임에 틀림없다. 그러나 사회 전체적으로, 영리단체든 비영리단체이든 경쟁체제에 들어섬에 따라 그들의 존재 이유인 이용자를 좀 더 높여서 '고객(customer)'이라고 부르게 되었다. 사기업들은 '고객은 왕' 또는 '고객은 모두 옳다.' 라는 생각을 전 직원들에게 교육시켜 고객만족을 통한 회사의 이익 창출에 주력하고 있다.[18] 고객이 원하는 상품을 고객이 원하는 방법으로 공급함으로서 기업경쟁력을 확보할 수 있는 것이다. 고객들이 상품을 외면하면 그 회사는 얼마 못가 몰락하게 되

---

18) 고객만족의 단계로서 '고객만족', '고객감동', '고객졸도'라는 용어가 생겨났다. 그러나 '고객졸도'는 좀 심한 표현인 것 같다. 복권 1등 당첨이 아닌 이상 고객이 졸도하는 일은 없을 것이다.

어 있다. 그래서 '고객은 왕'이다.

비영리단체들은 고객이라는 용어를 사기업보다 뒤늦게 사용하였다. 영리를 목적으로 하지 않는 기관들은 대개 문화 예술, 사회복지 등 대민서비스기관들로서 예산을 정부기관이나 재단 등으로부터 지원 받고 있기 때문에 고객에 대한 관념의 형성이 늦을 수밖에 없었다. 다시 말하면 그들은 고객으로부터 경영자금을 획득하는 것이 아니라 모기관이라는 든든한 백그라운드를 가지고 있어서 시민에 대하여 수혜를 베푸는 입장이라는 안이한 생각에 빠져 있었던 것이다. 따라서 '고객이 왕'이라는 생각은 비영리단체에서는 통하지 않았다. 그러나 점차 사회의 모든 부문에서 서비스가 강조되면서 비영리단체도 이러한 시대 조류를 외면할 수 없으므로 고객이라는 용어를 마지못해 사용하게 되었다.

따라서 아직까지도 대부분의 비영리기관들은 사기업만큼 고객을 '왕'으로 모시지는 못하는 것 같다. 도서관도 예외는 아니다. 아직 대부분의 도서관에서는 이용자를 '고객님'이라고 부르지 않고 있으며 고객을 대하는 사서들의 태도는 이용자보다 '우월적 지위'에서 자기 할 일에 급급하는 모습을 보이고 있다. 심지어 고객보다는 윗사람 모시기에 더 신경을 쓰는 경우가 눈에 들어와 이용자의 눈살을 찌푸리게 하는 경우도 있다. "고객은 사장님보다도 높다. 아직까지도 상사만 잘 모시면 출세한다고 생각하는 사람이 있다면 사고의 대 전환이 필요하다. 받들어 모셔야 할 대상은 바로 고객이다."[19]

---

19) 김상훈 외. 2009. 『앞으로 3년, 세계트렌드』. 서울: 한스미디어. 110~113쪽.

3. 내부고객과 외부고객

고객은 어느 단체에서건 내부고객과 외부고객으로 구분된다. 우리나라
에서 이러한 개념 구분이 되기 시작한 것은 약 10여 년 전부터 노동조합
의 활성화와 노사갈등에 직면하여 기업들의 내부 직원들에 대한 불만 해
소책으로 내부직원도 고객이라는 생각이 확산되면서 일반화되기 시작하였
다. 따라서 학문적으로 내부고객의 개념이 형성되었다기보다는 실무적으
로 형성된 개념이라고 할 수 있다. 그러나 경영자의 입장에서는 내부직원
이 단순히 경영자에 충성하는 종업원으로서 지휘명령에 따라 열심히 일만
하는 사람들로 보는 전통적 시각에서 벗어나 종업원들을 보다 인간주의적
시각에서 이해하고, 내부 직원들의 만족을 통해서 외부고객의 만족으로
이어지는 중요한 통로를 마련하였다는 점에서 그 의의가 있다고 하겠다.
내부직원이 고객인 것은 여러 가지 면에서 입증된다. 우선 내부직원은
자사의 제품을 구매할 수 있다. 그러나 타사의 제품과 비교하여 자사의 제
품이 품질이 좋지 않으면 자사의 제품을 쓰지 않을 것이며 이를 입소문으
로 퍼뜨릴 수 있다. 이는 기업 홍보에 있어서 대단히 큰 손실이다. 적절한
표현인지는 모르나 "안에서 새는 바가지 밖에서도 새는 법"이다. 안에서부
터 안 새도록 바가지를 단단히 만들어야 소문이 나지 않는다. 한편 실제로
자사의 제품이 우수하고, 내부 직원들에 대해서 처우를 좋게 하면 직원들
은 홍보하지 말라고 해도 자사를 홍보할 것이다.
이는 도서관을 비롯한 비영리기관도 마찬가지다. 자기가 근무하는 도서
관이 보잘 것 없으면 밖에 나가서도 자기 도서관을 홍보할 수 없다. 그리
고 자부심을 느낄 수도 없을 것이다. 그러나 자기가 근무하는 도서관이 자
료와 서비스가 훌륭하다고 느끼면 자기 도서관을 자랑하고, 고객에 대한

홍보는 물론 정보서비스 제공에도 적극적일 수 있다. 이처럼 내부직원의 역할은 기관의 경영에 대단히 큰 영향을 미치기 때문에 내부고객 만족을 위해서 경영자는 모든 노력을 아끼지 말아야 할 것이다. 직원 한사람 한 사람이 모두 직원이자 고객으로서 실제적인 마케팅 담당자임을 생각할 때 직원을 고객으로 모시는 일은 조직 경영에 있어 매우 중요한 포인트이다. 이는 경영자와 직원의 사이만이 아니라 직원들 상호간, 상사와 부하 간, 모든 내부 직원들이 서로 고객을 대하듯 정성을 다하는 분위기를 조성하는 것을 의미한다. 내부고객은 외부고객의 거울이고 창문인 것이다.

외부고객은 종업원들을 제외한 이용자들을 의미한다. 이들은 진정한 고객으로 굳이 '외부'를 붙일 필요가 없다. 진정한 의미에서의 '고객'이기 때문이다. 기업이건 비영리단체이건 그들의 존재 이유는 고객으로부터 나온다. 그들을 이용하는 고객이 없으면 기업이건 비영리단체이건 존재이유가 사라진다. 특히 기업은 그들의 생존 자금이 고객들의 구매로부터 나오기 때문에 고객을 '왕'으로 모셔야 한다. 비영리기관도 서비스 대상 고객이 없으면 존재할 필요가 없다.

도서관은 이용자인 고객이 없으면 존재의 필요성이 없어진다. 무인도나 평야에 도서관이 없는 것은 이 때문이다. 도서관은 운영자금이 고객들로부터 직접 나오는 것이 아니라 모기관의 예산에서 배정된다. 따라서 이용자를 중요한 고객이라고 보지 않을 수도 있다. 그러나 모기관의 예산은 국민의 세금이므로 근원을 따지면 도서관의 예산도 고객으로부터 나오는 것이다. 따라서 비영리단체들은 고객에 대한 지금까지의 태도를 버리고 최대의 만족을 줄 수 있는 서비스를 해야 할 것이다. 특히 도서관은 시민을 고객으로 모셔야 하므로 시민에 대한 최대 봉사를 할 수 있도록 정치적, 경제적, 사회적 메커니즘(mechanism)을 굳건하게 형성해야 한다.

39

고객 환경을 최적화하라

도서관은 고객이 들어와서 책과 정보를 이용하는 장소이다. 도서관은 아무리 디지털도서관이라 하더라도 고객들이 이용하는 물리적 공간이 필요하다. 고객은 살아 있는 생명체이기 때문에 어딜 가든 먹고, 쉬고, 배설하는 공간을 필요로 한다. 식수, 간식, 끼니를 해결해야 하고, 화장실과 휴게실도 자주 사용해야 한다. 자료를 이용하는 공간은 적절한 조명이 유지되어야 하며 책상과 의자 등은 장시간 앉아 이용하기에 불편함이 적어야 한다. 여러 사람이 이용하는 자료실과 열람실은 여성들의 하이힐 소리를 방지하는 바닥시설이 필요하다.

그러나 문제는 많은 도서관에서 이러한 고객 환경이 그다지 편리하지 않고 쾌적하지 못하여 고객들에게 불편을 준다는 사실이다. 필자의 경험에 의하면 어떤 도서관의 경우 식수대에는 종이컵의 보충이 늦고, 식수대 주변은 잘 관리되지 않아 너저분했다. 간식이나 점심을 먹을 수 있는 휴게실이 부족하며, 있어도 어둡고, 춥고, 덥고, 냄새나고, 시끄러웠다. 식당은 없는 곳이 많고, 있어도 음식 값이 비싸며, 음식 냄새는 멀리까지 퍼져 나갔다. 매점에는 라면이나 과자, 음료수 종류는 있어도 학용품이 없는 곳이 많이 있었다. 현관은 어두침침하고 고객 출입구에는 서비스개념이 부족한 경비원이 안내 및 회원증 발급업무를 하고 있었지만 수시로 자리를 비웠다. 자료실에서는 여성들의 구두소리가 똑똑 가끔 귀에 거슬렸으며 도서관 간부직원은 고객이 이용하는 장소에서 큰 소리로 업무지시를 하고 있었다.

도서관을 오성호텔처럼 관리할 수는 없을 것이다. 그러나 도서관이 이용자를 고객으로 생각한다면 직원들의 환경보다 고객들의 환경을 더 배려해야 마땅하다. 대부분의 도서관은 관장실과 사무실 환경이 고객 환경보다 편리하고 쾌적하게 되어 있다. 그러나 사무실 밖 고객 환경은 훨씬 불편하고 열악하다. 도서관이 고객의 사랑을 받으려면 건물의 입구에서부터 안쪽의 구석구석에 이르기까지 고객을 배려하는 쾌적한 환경을 조성해야 한다.

40

고객 규제를 최소화하라

도서관에는 아직도 관공서 분위기가 존재한다. 공식조직이므로 상하 간 위계질서 유지를 위해 어느 정도의 공식적 분위기는 필수적이지만 이는 내부직원에게만 해당되는 이야기다. 외부 고객에게는 공식적이고 딱딱한 지시적 분위기 대신 인간적이고 협조적인 분위기를 느끼게 해야 한다.

회원자격제한, 불필요한 서류 제출, 이용시간과 절차에 대한 규제는 최소화해야 한다. 회원 자격은 그 지역사회의 행정단위에 거주하는 주민, 대학의 경우에는 해당 대학의 구성원에 국한하는 경우가 대부분이다. 그러나 최대의 고객서비스를 위해서는 고객의 회원자격에 지역제한을 두지 않는 것이 좋다. 회원증을 발급할 때 주민등록등본 제출을 요구하는 도서관이 있는데 이 경우 서류를 징구하기보다는 확인될만한 신분증으로 갈음하는 것이 고객의 불편을 덜어주는 방법이다.

대부분의 도서관은 대출 시 반납기간이 짧고, 1회 대출 책 수도 너무 적다. 대출기간은 1주에서 2주, 대출 책 수는 1인당 3권 정도가 보통인데 이는 고객의 이용시간을 통제하여 기간 내 읽도록 독촉하는 효과는 있을 수 있지만 독자로서는 '어' 하다보면 1주일, 2주일은 금방 지나간다. 따라서 다 읽지도 못하고 반납하는 경우가 허다하며, 며칠이라도 연체되는 경우에는 반납하고 바로 대출받을 수도 없어 불편하다. 지연 반납에 대한 벌칙도 지나친 경우가 많아 고객의 기분을 언짢게 한다.

고객의 입장에서 보면 아직 도서관은 너무 인색하다. 도서관은 정보서비스가 목적이지 고객 규제가 목적은 아니다. 도서관은 공중 질서 유지에 필요한 최소한의 규제만 하는 것이 바람직하다. 보안 유지를 위해서는 24시간 무인 CCTV를 설치하여 두는 것이 바람직하고 이 경우 CCTV 설치 사실을 공개해야 한다. 도서관은 다른 고객에게 방해가 되지 않는 한 고객을 제제하지 말아야 한다.

41

서비스 접점 '점심시간' 표지를 없애라

안내데스크는 도서관의 얼굴이다. 안내데스크는 고객을 맞이하는 '진실의 순간(moment of truth)'이 실천되는 현장이다. 고객들은 점심시간을 이용하여 도서관에 오기도 한다. 그런데 데스크에 사서가 없고 '점심시간' 표지만 덜렁 내걸려 있으면 고객은 실망한다. 고객들은 도서관엔 언제나 사서가 있기를 기대하고, 책임 있는 사서로부터 안내받기를 원한다. 그런데 그 자리에 아무도 없다면 도서관에 대하여 어떻게 생각하겠는가?

그래서 사서들은 도서관 근무시간 중에는 절대로 안내데스크를 비워서는 안 된다. 사서도 사람인 이상 개인적인 볼일로 자리를 비워야 할 사정이 있을 수 있다. 그럴 경우에는 동료 사서에게 부탁하고 자리를 떠야 한다. 안내데스크에는 언제나 사서가 1명 이상 있어야 한다. 교대근무는 사서들 간에만 하고 다른 임시인력과 교대근무를 해서는 곤란하다. 어떤 경우라도 안내데스크에는 책임 있는 사서가 1명은 있어야 한다. 안내데스크에 자원봉사자나 아르바이트생 등 임시인력만 홀로 남겨두어서는 곤란하다. 고객들은 그들이 사서인줄 알고 사서가 전문성이 없다고 생각한다. 잠시라도 도서관에 서비스 공백이 있어서는 안 된다.

42

먼저 인사하라

우리 한국인들은 대체로 낯선 사람들과의 인사에 매우 인색하다. 늙으나 젊으나 낯선 사람들에게는 말 붙이기를 꺼려한다. 낯선 사람이 다가와서 말을 붙이는 것은 어색하고 두렵기까지 하다. 같은 아파트 엘리베이터에서도 잘 모르는 사람을 만나면 외면하고 침묵하는 게 보통이다. 말을 붙이는 것이 실례되는 것처럼 느껴지기도 한다.

그러나 인간관계란 문자 그대로 사람들 사이의 의존 관계이기에 사람을 피하면 인간관계가 성립되지 않는다. 사람은 사람을 대할 때 '인간(人間)'이 된다. 사람들을 도와주고 사람들로부터 도움을 받으며 살아가는 사회가 인간사회다. 도서관 역시 인간사회이기는 마찬가지다. 도서관에서의 인간관계는 직원들 간의 인간관계와 직원들과 고객들, 고객들과 고객들과의 인간관계가 있다. 어떤 인간관계든 인사는 필수적이다. 인사를 기점으로 인간관계가 시작되기 때문이다.

직원들은 아침 출근 때부터 먼저 보는 사람이 반가운 인사를 건네야 한다. "관장님 안녕하세요?", "000 씨, 좋은 아침." 등으로 한마디 미소 띤 인사를 나누는 것은 그 직원과 그날의 상쾌한 출발을 약속하는 것이다. 직원이나 관장이나 거리가 멀다는 핑계로 못 본 척하고 슬쩍 자리에 앉아 바쁜 척하며 컴퓨터부터 켠다면 그날의 기분은 한참동안 어색할 것이다.

도서관에 오는 고객들에게는 직원들이 먼저 다가가 반갑게 인사해야 한다. 직원들이 고객보다 높은 자리에 있다고 생각하고 먼저 인사를 받으려하면 오산이다. 직원들은 공복(civil service)이고 고객들은 손님(customer)이다. 직원들이 주인이 아니라 고객들이 주인이다. 직원들은 고객이 있기 때문에 도서관이라는 직장이 있다. 따라서 고객을 은인으로 대해야 한다. 직원들은 고객의 연령에 관계없이 먼저 적절한 인사를 건네야 한다. 어린이에게든 노인에게든 진심에서 우러나는 친절을 먼저 표현해야 한다.

43

책을 많이 읽고 북토크를 실행하라

　사서들은 일반적으로 독서를 잘 하지 않는 것으로 알려져 있다. 책은 많이 만지면서 책을 읽지는 않는다는 이야기다. 이는 자료정리 및 열람제공 등 도서관 업무를 하느라 시간이 없어 그렇다고 생각되지만, 그러나 무슨 일에 종사하든 시간이 없어 책을 읽지 못한다는 것은 하나의 변명에 불과하다. 더구나 도서관은 책을 항상 가까이 할 수 있는 공간이기 때문에 마음만 먹으면 책을 읽을 수 있는 기회는 상대적으로 많이 있다.

　사서들이 독서를 해야 하는 가장 중요한 이유는 고객들에게 책을 안내해야 하기 때문이다. 특히 주제전문사서의 필요성이 강조되고 있는 오늘날 사서가 고객들에게 관심분야의 책하나 변변히 소개하지 못한다는 것은 어불성설이다. 문헌정보학 이외의 분야에서 적어도 한 가지 주제 분야에 대해서는 지속적인 관심을 가지고 자료들을 살펴보고, 읽어보고, 서평을 써보고 해서 적절한 계층의 독자들에게 북토크를 해 주는 것이 사서의 위상과 도서관의 위상을 높이는 길이다. 책을 수없이 만지기만 하면 무엇 하겠는가. 책을 많이 만지되 관심이 가는 책을 읽어보고 고객들에게 소상하게 알려주는 일은 사서들의 중요한 의무이다. 어떤 이는 "책을 하도 많이 만져서 책이 지긋지긋하다."고 말한다. 혹시 정말 그러한 생각을 하는 사서가 있다면 그런 사람은 도서관 직원으로서 적성이 맞지 않는 사람이라고 보아야 할 것이다. 사서(司書)는 문자 그대로 책(書)을 판단하는(司) 사람이다. 책을 잘 판단하려면 책을 읽지 않으면 안 된다.

- **독서의 목적은 인간경영**

우리는 왜 독서를 하는가? 우리들 주위에서는 흔히 '독서'라고 하면 취미로, 무료한 시간을 달래기 등으로 가볍게 여기는 경우를 자주 본다. 물론 그러한 독서도 우리의 삶에 도움이 안 되는 것은 아닐 것이다. 그러나 우리는 독서의 목적을 올바로 정립할 필요가 있다.

독서의 궁극적 목적은 인간경영, 즉 자기 경영을 잘하기 위해서이다. 예로부터 훌륭한 생을 살다간 선인들은 문인이든 무인이든 독서광이었다고 한다. 공자, 맹자, 세종대왕, 정조, 정약용, 이순신, 안중근 그리고 서양의 아리스토텔레스, 알렉산더, 나폴레옹, 플랭클린 모두 책을 읽고 글을 쓰는 달인이었다.

지금도 학자와 경영자들은 늘 책을 읽고, 생각하고, 기획을 한다. 정부나 회사나 경영자들은 독서를 게을리 하지 않는 것 같다. 요즘은 인터넷이 있어서 독서를 덜 하는 것 같지만 인터넷이 전부는 아니다. 전국에 도서관도 급격히 늘어나고 있다. 정부는 국민의 평생교육을 위해 친 독서환경을 지속적으로 구축해 나가고 있다. 인터넷이 만능은 아니다. 인터넷은 인터넷대로, 책은 책대로 좋은 점을 취하여 신속하게 정보를 습득하고 아이디어를 모아 적절한 의사결정을 해야 한다. 경영자들은 먼저 인간경영을 하고, 이를 바탕으로, 또는 동시에 조직경영을 한다. 경영의 밑바탕에는 언제나 독서를 통한 아이디어의 창출이 있다.

- **리더(reader)가 리더(leader)**

책 읽는 어린이, 책 읽는 엄마 아빠, 바라만 보아도 참 든든하고 보기 좋은 모습입니다. 그들은 무언가 길을 찾고 있기 때문입니다. "책 속에 길이 있다."는 말처럼 책은 독자에게 길을 안내해 줍니다. 책 읽는 사람은 좋은 길을 잘 찾아가는 사람입니다. 그런데 집에, 도서관에 책이 아무리 많아도 읽지 않으면 길을 찾을 수 없지요. 책은 정성스럽게 잘 읽는 사람에게만 길을 가르쳐 준답니다.

세상에 길은 참 많아요. 지도에 그릴 수 있는 여러 길, 고속도로, 시내도로, 뱃길

(航路), 비행기 길(航空路) 등 말이에요. 학교에 갈 때도 도서관에 올 때도 아스 팔트길, 오솔길, 산책길 등 여러 길이 있어요. 그런데 놀라운 것은 우리의 마음에도 길이 있다는 것입니다. 무슨 길이냐고요. 우리의 앞날을 조정하는 정말 중요한 길이랍니다.

우리 마음에는 큰 길, 작은 길 모두 있습니다. 확 트인 마음의 큰 길을 옛날 사람들은 도덕(道德 : 길 도, 큰 덕)이라고 불렀어요. 도덕을 갖춘 사람은 큰 사람으로서 지도자가 되었습니다. 도덕을 갖추지 못한 사람은 아무리 꾀를 내어도 지도자가 되지 못했습니다. 지도자는 반드시 넓고 큰 마음의 길, 즉 도덕을 갖춰야 함을 우리는 역사를 통해 알 수 있습니다.

그런데 그 마음의 큰 길은 무엇을 통해 찾을 수 있을까요? 바로 책을 통해 찾을 수 있습니다. 책에는 온갖 마음의 길이 있답니다. 작은 길을 안내하는 책도 무수히 많이 있고, 큰 길을 안내하는 책도 무수히 많이 있습니다. 작은 길을 안내하는 책을 읽으면 작은 길을 잘 갈 수 있습니다. 큰 길을 안내하는 책을 읽으면 큰 길을 잘 갈 수 있습니다.

책을 안 읽는 사람은 좋은 길을 갈 수 없습니다. 좋은 길을 갈 수 없는 사람은 지도자가 될 수 없습니다. 자기만의 좁은 테두리에 갇혀 맴돌다가 시간을 허비하고 초라하게 살수밖에 없습니다. 예를 들어볼까요. 거리에 나와 앉아 구걸하는 노숙자들을 보세요. 그들은 대부분 책을 읽지 않습니다. 글자만 어느 정도 알뿐 책을 읽지 않아서 마음의 길을 닦지 못했지요. 그들은 길을 잃어버렸지요. 왜 사는지, 무엇을 해야 하는지, 어디로 가야하는지 갈피를 잡지 못합니다. 따라서 노숙자는 지도자가 될 수 없습니다.

책을 많이 읽는 사람은 큰 길을 갈 수 있습니다. 큰 길을 갈 수 있는 사람은 지도자가 될 수 있습니다. 틈만 나면 책을 읽어 마음의 길을 닦습니다. 방 안에 앉아 있어도 갇히지 않고 넓은 세계를 봅니다. 북극, 남극, 아시아, 유럽, 아메리카, 아프리카, 오세아니아를 다 봅니다. 수천 년의 역사와 앞으로 다가올 먼 미래를 내다보며 희망의 길을 열어갑니다. 세상의 지도자들을 잘 살펴보세요. 지도자는 누구나 책을 많이 읽은 사람이라는 걸 알 수 있습니다. 알렉산더대왕, 나폴레옹, 링컨, 케네디, 오바마, 세종대왕, 안중근…… 그리고 여러분? 마음의 큰 길은 결코 허황된 길이 아닙니다. 사람답게 사는 길, 생명을 존중하는 길, 세계평화를 보장하는 길입니다. 다른 사람, 다른 생명을 보살피고 사랑하는 길입니다. 스스로 생명의 가치를 충분히 발휘하는 행복한 길입니다. 이러한 길은 놀랍게도 책속에 다 들어 있답니다. 도서관이 가지고 있는 책속에는 세상의 거의 모든 길이 들어 있답니다. 개미의 길, 꿀벌의 길, 학자의 길, 교수의 길, 대통령의 길, 성인(聖人)의 길이 다 들어 있습니다.

나, 언니, 누나, 엄마, 아빠, 할머니, 할아버지 모두모두 좋은 길을 잘 찾아야 되겠어요. 누구든 길을 잘 못 찾으면 길을 잃고 허둥대지요. 어디로 가야할지, 무엇을 해야 할지 갈피를 잡지 못하지요. 그러나 어린이든 어른이든 책을 읽는 사람은 허둥대지 않습니다. 자신에게 알맞은 길을 찾아 열심히 그 길을 갑니다. 책을 많이 읽는 사람(reader)은 틀림없이 자신과 남을 잘 다스리는 지도자(leader)가 된답니다.

〈이종권, 제천기적의도서관 소식지 『책도깨비』 2009년 6월〉

• 책 읽으라면서

책 읽기를 권장하는 사람들이 많다. 부모들은 물론, 초·중·고등학교 선생님, 대학교수, 도서관 사서 등 교육문화 활동에 종사하는 모든 분들이 책읽기를 권장하고 있다. 어려서부터 책을 읽으면 그 습관이 어른이 되어서도 이어진다고들 이구동성으로 말한다. 필자 역시 책읽기를 장려하는 그룹에 속해있다. 부모이기도 하고, 교수이기도 하고, 사서이기도하다. 그런데 어느 날인가 불현듯 부끄러움이 나의 내면의 한 구석에서 몰려왔다. "나는 과연 책읽기를 생활화하고 있는가?" "이달에는 무슨 책을 읽었는가?" "1년에 좋은 책을 몇 권이나 읽었나?" 가슴에 손을 얹고 생각해보았다. 위의 자문(自問)에 자신 있게 답할 수 있는 것은 별로 없었다. 읽는다고 해야 연구와 강의에 필요한 논문과 자료들, 이 책, 저 책에서 부분적으로 참고하는 단편적인 기사들, 인터넷에 수시로 뜨는 뉴스 기사들이 고작이고 무엇 하나 완벽하게 독파하는 책이 없었다. 반면에 직업이 사서이다보니 책을 만지기는 수없이 만지고 있었다. 도서관의 장서 점검을 할 때, 대출 반납을 할 때, 나의 서재를 정리 정돈 할 때 등 하루도 빠짐없이 책을 어루만지고 있었다.

그렇다면 내가 자녀들에게, 학생들에게, 시민들에게 독서하라고 권장할 수 있는 자격이 있는가? 이 물음에는 더욱 대답하기 힘들 것 같았다. 교사의 자격이 있다고, 대학의 교수라고, 도서관의 사서라고 스스로는 책을 잘 읽지 않으면서 자녀들에게는, 학생들에게는, 시민들에게는 책을 읽는 것이 문화인의 기본이라고 선전한다면 그야말로 어불성설인 것이다. 그리고 이러한 현상이 필자만의 현상인가, 아니면 지식인이라고 자처하는 다른 많은 분들도 비슷한 현상을 '실천'하고 있지는 않는가를 생각해보았다. 역시 대다수의 지식인들도 스스로는 책을 잘 읽지 않고 있다는 생각이 들었다. 이는 어느 분야의 전문가라고 자처하는 분들은 다른 필자가 써 놓은 글들은 잘 읽어보지도 않고 폄하하는 경우를 종종 보아왔기 때문이다. 선생님들은 수업시간이 지나면 다른 할 일이 많다는 이유로 책 읽을 시간이 없다고들 한다. 사서들도 서류처리나 책을 분류 정리할 일이 많아 책 읽을 시간이 없다고들 한다. 그리고 퇴근 후에는 피곤하여 독서할 겨를이 없다고 한다.

이래저래 똑같이 겪고 있고, 일부 어쩔 수 없는 현상이기도 하지만, 교육문화에 종사하는 사람들이 이런 저런 이유로 독서를 소홀히 하고, 그러면서 다른 사람들에게는 독서를 권장하는 것은 아무래도 부끄럽고 모순된 일인 것 같다. 그래서 필자는 깊이 반성하고 관심 있는 주제인 역사와 사회분야의 책을 선택해서 1달에 2권 정도를 읽어야겠다는 뒤늦은 다짐을 한다. 그렇게 하면 스스로의 지식의 지평을 넓힐 수 있을 뿐 아니라 학생들에게도 "이런 책을 읽으니 어떠하더라."고 말하면서 독서를 권장해도 마음이 떳떳함을 느낄 수 있을 것이다. 이 일이 근무시간 중에 어렵다면 퇴근 후 한 두 시간 짬을 내어 독서에 몰두하는 의지가 필요하다. 책 읽기를 권하는 사람은 누구나 스스로 먼저 책을 읽어야 한다고 생각한다. 전문가가 전문성을 유지하는 길도, 경영자, 성직자가 되는 길도 책 읽기를 실천해야만 열릴 수 있다.

참고자료

이지성. 2010.12. 『리딩으로 리드하라』. 파주 : (주)문학동네.

44

프로그램을 계층 및 주제별로 안배하라

　도서관의 교육프로그램 서비스는 분야별 대상별로 체계화되어야 한다. 그러나 우리의 도서관들의 평생교육프로그램은 주제 및 계층별로 안배되지 못하고 1회성 특강형식으로 운영되는 경우가 많은 것 같다. 평생교육법 제2조(정의)는 평생교육을 학력보완교육, 성인기초·문자해득교육, 직업능력 향상교육, 인문교양교육, 문화예술교육, 시민참여교육 등 6개 분야로 정의하고 있다. 이에 따라 평생교육진흥원은 평생교육 프로그램 분류체계를 다음과 같이 6개 대분류, 18개 중분류, 78개 소분류로 체계화하여 제시하였다.[20]

평생교육 프로그램 분류체계

대분류	중분류	프로그램(예시)
01 기초 문해 교육	11 문자해독 프로그램	한글교실(초급) 한글교실(중급) 미 인정 한글강좌
	12 기초 생활기술 프로그램	다문화 교육 가족 문해 교실 한글교실(고급) 한글 응용 교육
	13 문해 학습계좌프로그램	초등학교 학력 인정과정 학습계좌 신청 문해강좌 귀화인 한국어 교육

---

20) 김진화 외. 2009. 『평생교육 프로그램 분류체계 연구』. 평생교육진흥원.

02 학력보완 프로그램	21 초등학력 보완 프로그램	중입 검정고시 강좌 초등학력 인증 강좌 초등교과 연계 강좌 과학교실
	22 중등학력 보완 프로그램	고입 검정고시 강좌 대입 검정고시 강좌 중고생 교과 연계 강좌 진로강좌
	23 고등학력 보완 프로그램	독학사 강좌 학점은행제 강좌 시간제 등록 강좌 대학 비학점 강좌
03 직업능력 교육	31 직업준비 프로그램	인력양성과정 창업관련 과정 취업준비과정 재취업 정보교육
	32 자격인증 프로그램	외국어 자격인증 지도사 양성과정 자격증 취득과정 자격인증과정 토익, 토플강좌
	33 현직 직무역량 프로그램	공통 직무연수 전문 직무연수 평생교육사 연수
04 문화예술교육	41 레저생활스포츠프로그램	레저활동 강좌 생활스포츠 강좌 스포츠예술활동 수영 골프강좌 벨리댄스교실 활쏘기
	42 생활 문화예술 프로그램	풍선아트 강좌 사진예술 강좌 천연염색 강좌 생활공예 강좌 노래교실
	43 문화예술 향상프로그램	음악 무용 미술 서예지도 문화예술 관람 도자기 공예 연극 영화
05 인문교양교육	51 건강 심성 프로그램	상담 치료 종교교육 식생활 교육 생활의료 교육 보건교육

	52 기능적 소양 프로그램	역할수행 교육 예절교육 정보 인터넷 활용 생활외국어, 생활한자 가정생활
	53 인문학적 교양 프로그램	일반 문학 강좌 과학 일반 강좌 역사 전통 강좌 철학 행복학 강좌 독서 강좌
06 시민참여 교육	61 시민 책무성 프로그램	인권교육 양성평등 교육 다문화 이해 환경 생태 체험형 강좌 주민자치교육
	62 시민리더 역량 프로그램	지역 리더 양성 평생학습리더 양성 NPO지도자 과정 지역문화 해설사
	63 시민참여 활동 프로그램	학습동아리 교육 평생교육 자원봉사 환경 실천교육 평생학습네트워크
6개 대분류	18개 중분류	78개 소분류

위의 분류는 연구자들에 의하여 6진 분류로 명명되었지만 사실은 6진 분류라고 보기 어렵다. 왜냐하면 큰 카테고리만 6가지로 분류되었을 뿐이며 중분류는 3가지, 그리고 소분류는 4~5가지씩으로 구분되어 일관성이 없기 때문이다. 또한 대분류가 평생교육법에서 규정하는 6개 분야이며 이는 교육의 목적별 분류라고 할 수 있고 주제별 분류는 명확하지 않다.

그러나 평생교육은 주제별 및 대상별로도 분류, 전 주제에 걸쳐 프로그램을 체계적으로 개발하고 시행하는 것이 바람직하다. 인류의 지식은 베이컨의 지식의 분류 이래 주제별로 구분되어 왔으며, 모든 학교의 교과과정이나 대학의 학과 역시 주제별로 구분되어 있으므로 평생교육기관의 프로그램도 주제별로 개설함으로써 전 주제에 걸쳐 균형을 유지하는 것이 바람직하다고 본다.

필자의 생각으로는 평생교육프로그램에 대한 주제별 분류는 한국십진분류법(KDC)의 대 분류표를 기초로 하되 편의상 10진 분류를 그대로 사용하지 않고 유사성이 있는 인접분야를 묶어서 다음과 같이 7가지 주제로 설정하는 것이 실무에 유용할 것으로 보인다.

총류	철학·종교	사회과학	순수과학·기술과학	예술	언어·문학	역사

위와 같은 평생교육의 목적별, 주제별 분류에 더하여 대상별 균형도 생각해야 할 문제이다. 프로그램의 대상별 분류는 인간 발달단계를 고려하여 다음과 같이 도서관에서 프로그램 대상을 정할 때 일반적으로 사용하고 있는 대상별 구분 기준을 활용할 수 있을 것이다.

어린이	청소년	성인	노인	다문화

모든 평생교육기관이 위의 평생교육법에 따른 목적별 프로그램 분류체계, 주제별 구분에 따른 주제별 프로그램분류체계, 교육 대상별 분류체계를 적용하여 전체적으로 균형 있는 프로그램을 개발, 제공함으로써 각계각층의 학습자들에게 실질적인 도움을 줄 수 있을 것이다.

45

프로그램에 전문가를 활용하라

도서관은 독서활동을 기반으로 평생교육이 원활하게 이루어질 수 있도록 지원하는 사회적 기반시설이다. 따라서 도서관들은 다양한 프로그램들을 기획하여 고객에게 제공할 의무가 있다. 공공도서관, 대학도서관, 학교도서관, 전문도서관 등 모든 종류의 도서관들은 책의 대출 반납 이외에도 그들의 목적에 알맞은 프로그램을 개발하여 운영해야 한다.

그러나 우리나라 도서관 현실은 도서관의 종류에 따라 프로그램 서비스가 천차만별이다. 대학도서관은 대학의 부속기관이라 그런지 고객을 위한 프로그램이 매우 적은 편이다. 대학도서관에서 기획하는 교육프로그램은 매우 희귀하다. 대학은 또 부설기관으로 평생교육원을 두는 곳이 많은데, 이 역시 도서관과는 별개로 운영된다. 필자는 대학에서 시행하는 평생교육은 대학도서관이 중심이 되어야 한다고 생각한다. 대학도서관은 각 학과에서 시행하는 교육과정을 지원할 뿐 아니라 학과 이외에서 이루어지는 각종 특강이나 평생교육은 평생교육원과 통합하여 도서관을 중심으로 시행하는 것이 바람직하다고 본다.

학교도서관도 학교에 속해있어 프로그램은 그다지 많은 것 같지 않다. 전문도서관 역시 교육프로그램 서비스는 흔하지 않다. 그러나 이들 도서관도 그 고유한 특성을 살리려면 학부형이나 시민대상의 평생교육 프로그램을 시행하는 것이 바람직하다고 생각된다.

프로그램을 가장 많이 하는 도서관은 공공도서관이다. 그러나 공공도서관은 선생이 학생을 가르치는 교육기관이라기보다는 고객이 자발적으로 학습하는 것을 도와주는 평생교육기관이므로 다양한 프로그램을 기획하여 운영한다. 특히 어린이도서관은 도서관에 따라 수많은 프로그램들을 시행하는 것을 볼 수 있다. 바람직한 현상이라 생각된다.

그런데 도서관의 모든 프로그램은 해당 주제에 해박한 지식을 가진 전문가를 활용해야 한다. 역사프로그램이라면 역사전공자, 음악프로그램이면 음악전공자, 어문학프로그램에는 문학 작가 또는 어문학전공자를 초빙하여 운영해야만 프로그램 효과를 극대화할 수 있다. 예산부족이나 강사 수급 사정 등을 이유로 도서관 직원이나 자원봉사자에게 프로그램 운영을 맡기는 것은 프로그램의 질적 수준을 보장하기 어렵다. 물론 자원봉사자나 사서 가운데서도 어떤 분야의 전문가가 있을 수 있다. 교수경력이 있는 사람, 저서 및 연구 실적이 있는 사람, 박사학위가 있는 사람이라면 역시 전문가들이므로 도서관프로그램에 적극 활용할 수 있다.

46

도서관을 적극적으로 마케팅하라

　도서관은 조용한 곳이다. 도서관 직원들은 조용한 사람들이다. 도서관은 정치와는 별 상관이 없는 것 같다. 도서관은 기업이나 상업과는 더욱 거리가 멀다. 따라서 도서관은 선전이나 홍보, 마케팅이 필요가 없을 것처럼 느껴진다. 그러나 이는 큰 착각이다. 조용한 곳일수록 선전과 홍보와 마케팅이 필요하다. 세상에는 의외로 도서관을 모르는 사람들이 많다. 도서관을 단순한 독서실로 여기는 시민들이 아직도 부지기수다. 어떤 분들은 도서관을 지척에 두고도 도서관을 이용할 줄 모른다. 잠재고객은 도서관을 잘 모르기 때문에 도서관이 마케팅에 나서지 않는다면 아마 그런 분들은 평생 도서관의 잠재고객으로 남을지도 모른다.

　도서관의 마케팅 가운데서 가장 핵심적인 것은 서비스 마케팅이다. 따라서 마케팅에 나서기 전에 시민을 위한 실질적이고 참신한 서비스를 개발해야 한다. 도서관에서 민원서류를 발급하는 시스템을 도입한다면, 도서관에서 은행 자동화기기를 사용할 수 있다면, 도서관에서 기획안이나 보고서를 작성할 수 있는 사무실 환경을 제공한다면, 도서관에서 작품을 쓸 수 있는 환경을 제공한다면 시민들은 도서관에 오지 말라고 해도 오게 될 것이다. 도서관을 마케팅하려면 도서관은 새롭고도 과감한 서비스 아이템을 계속 개발하고 시민들의 희망과 요구를 반영하여 지속적으로 개선해 나가야 한다. 그런 다음 도서관이 학생들의 공부방 역할과 자료의 대출반납 이외에 무슨 프로그램을 어떻게 서비스하는지 신문, 방송, 인터

넷, 블로그, 홍보자료 등 여러 마케팅 채널을 통하여 생생하게 보여주어
야 한다.

제4부

평가 SEEING

평가 SEEING

47

경영평가를 실시하라

경영은 계획, 실행, 평가의 선순환 사이클로 구성되므로 평가는 경영 사이클의 마지막 단계이다. 따라서 평가 결과의 피드백을 통해 다시 새로운 경영 사이클이 시작되기 때문에 평가는 경영개선을 위해 가장 필요하고도 중요한 준비과정이라 하겠다. "평가 없이 진전 없다(without measure, no progress)"라는 말이 있듯이 개인이건 조직이건 평가의 과정이 없으면 발전의 포인트를 발견하지 못한다. 평가는 제품과 서비스를 지속적으로 개선하는 보다 나은 경영을 위한 실천 수단이라 할 수 있다. 도서관 경영평가 역시 도서관의 서비스를 지속적으로 개선함으로서 지역사회에서 도서관의 사명과 목적을 달성하기 위한 중요한 실천 수단인 것이다.

경영평가는 자체평가와 외부평가로 구분할 수 있다. 자체평가는 개별 도서관 자체적으로 경영계획을 수립, 실행하고 그 결과를 평가함으로서 여러 가지 경영요소 중에서 우선 개선의 요인을 찾아내어 신속히 개선하려는 데 목적을 둔다. 경영평가는 자체평가가 매우 중요하다. 자체평가는 도서관의 업무를 자발적, 실질적으로 개선하기 위하여 자체적으로 평가 기준을 마련하고 평가를 수행하기 때문에 업무개선과 고객만족에 실질적인 도움을 줄 수 있다. 자체평가에서 주의할 점은 체계적인 도서관 경영과 내부·외부 고객의 만족을 목표로 치밀하고 과학적인 평가를 실시해야 한다는 것이다. 자체평가의 분야로는 리더십, 정책 전략, 고객관리, 직원 관리, 자원관리, 경영과정, 고객만족, 직원 만족, 사회적 영향, 전체성과 등이 있다.

　외부평가는 정부나 지방자치단체, 모기관 등이 여러 대상 도서관에 대하여 평가기준을 미리 제시해 놓고 일정 기간마다 평가를 실시하여 평가결과를 발표하고 우수한 평가를 받은 도서관을 시상함으로써 도서관간의 경쟁력을 높여주고 국가 전체 도서관들의 수준을 향상시키는 데 목적을 두고 있다. 도서관은 자체평가를 솔선해서 실시함으로써 실질적인 경영개선을 도모하고, 외부평가에도 적극 대비하고 참여함으로써 도서관의 대외적 신인도를 높일 필요가 있다.

48

고객만족도를 평가하고 우선 개선 순위를 파악, 개선하라

　도서관에 대한 고객만족의 정도는 도서관의 효과성과 직결된다. 도서관을 경영하는 궁극적 목적은 고객의 요구를 충족시키는 데 있다. 아무리 건물과 설비가 출중하고 장서와 프로그램이 많다고 하더라도 고객들이 도서관에 대하여 만족하지 못한다면 그 도서관의 효과성은 높다고 말하기 어렵다. 물론 도서관의 효과성이 고객만족도에만 달려 있다고 단정할 수는 없을 것이다. 그러나 도서관에 대한 수량적 평가지표들은 도서관의 우수성에 대한 기본적 척도는 될 수 있어도 그것이 곧 도서관의 사회적 효과를 나타내는 직접적인 가늠자라고 볼 수는 없다. 도서관 경영은 인, 물, 금의 자원들을 체계적으로 구축하고 그러한 자원들을 고객들에게 효율적으로 연결시키는 활동을 전개하는 것이며, 도서관의 효과는 곧 도서관 활동에 대하여 고객들이 느끼는 만족의 정도라고 볼 수 있는 것이다.

　고객만족도의 평가를 위해서는 객관적인 만족도 측정 도구를 개발하여 활용해야 한다. 고객만족도의 파악은 경영학의 마케팅 분야에서 서비스의 질 측정을 위해 개발된 서비스품질 측정도구인 SERVQUAL(Service Quality) 척도가 있다. 이 척도는 고객의 기대와 실제 만족간의 격차를 서비스 질로 정의하고 고객의 기대와 고객의 실제 만족(느낌)간의 격차가 큰 서비스 요소들을 찾아내어 우선적으로 개선해 나감으로서 고객만족을 달성할 수 있는 방법론을 제시하고 있다. 도서관에서 이 방법을 적용하기 위해서는 개별도서관에서 그 도서관의 속성을 반영한 도서관서비스품질척도(LIBQUAL : Library Quality)를 개발하여 활용하는 것이 바람직하다. 도서관은 LIBQUAL 측정을 위한 설문지를 고객들이 드나드는 도서관 출입구 및 자료실에 비치하여 두고 분기 1회 정도 설문지를 종합하여 고객만족도를 평가하여 업무개선에 반영함으로써 지속적으로 도서관서비스의 요소요소를 개선해 나갈 수 있다. 다음 사례는 필자가 생각해본 LIBQUAL 척도 문항이다. 설문지를 만들 때는 이 문항들에 대하여 고객이 생각하는 기대정도(중요도)와 고객이 실제 느끼는 만족도를 각각 5점 척도로 표시하도록 구성하면 된다.

[사례] LIBQUAL 척도 문항

안내홍보

	중요도					만족도				
	아주 낮음	낮음	보통	높음	아주 높음	아주 낮음	낮음	보통	높음	아주 높음
1. 도서관 홈페이지 내용 충실성										
2. 외부 길거리 안내표지의 충분성										
3. 도서관 안내데스크의 친절성										
4. 도서관 내부 안내 표지의 정확성										
5. 도서관 홍보자료의 다양성										
6. 대중교통의 편리성										

건물 시설

	중요도					만족도				
	아주 낮음	낮음	보통	높음	아주 높음	아주 낮음	낮음	보통	높음	아주 높음
1. 주차공간의 충분성										
2. 도서관의 건물 규모의 적절성										
3. 도서관 내부 환경의 쾌적성										
4. 도서관 내부 냉·난방의 적정성										
5. 도서관 내부시설 배치의 편리성										
6. 도서관의 비품의 충분성										
7. 도서관의 식수대 배치의 충분성										
8. 도서관의 구내식당의 청결성										
9. 도서관의 휴게실의 청결성										
10. 도서관의 화장실의 청결성										

장서관리

	중요도					만족도				
	아주 낮음	낮음	보통	높음	아주 높음	아주 낮음	낮음	보통	높음	아주 높음
1. 자료의 구성의 다양성										
2. 장서수의 충분성										
3. 연속간행물의 다양성										
4. 장서의 최신성										
5. 희망자료 신청처리의 신속성										
6. 소장자료의 상태의 완전성										

7. 전자자료, 비도서자료의 다양성
8. 자료 보존상태의 완전성

장비

	중요도					만족도				
	아주낮음	낮음	보통	높음	아주높음	아주낮음	낮음	보통	높음	아주높음
1. 복사기의 편리성										
2. 비디오 플레이어의 편리성										
3. 컴퓨터 프린터의 편리성										

온라인 목록

	중요도					만족도				
	아주낮음	낮음	보통	높음	아주높음	아주낮음	낮음	보통	높음	아주높음
1. 인터넷 컴퓨터 수의 충분성										
2. 인터넷 컴퓨터의 최신성										
3. 목록검색용 검퓨터의 충분성										
4. 목록검색 처리속도의 신속성										
5. 목록내용 구성의 충실성										
6. 목록기능(대출,예약등)의 다양성										

직원

	중요도					만족도				
	아주낮음	낮음	보통	높음	아주높음	아주낮음	낮음	보통	높음	아주높음
1. 직원배치의 적정성										
2. 직원의 예의바름										
3. 직원의 능력의 전문성										
4. 직원의 활동의 적극성										
5. 직원의 고객태도 친절성										

대기시간

	중요도					만족도				
	아주낮음	낮음	보통	높음	아주높음	아주낮음	낮음	보통	높음	아주높음
1. 개관시간의 충분성										
2. 대출 대기시간의 신속성										
3. 복사 대기시간의 신속성										

불만처리

	중요도					만족도				
	아주낮음	낮음	보통	높음	아주높음	아주낮음	낮음	보통	높음	아주높음
1. 건의 및 불만제기의 용이성										
2. 건의 및 불만처리 신속성										

평생교육	중요도					만족도				
	아주 낮음	낮음	보통	높음	아주 높음	아주 낮음	낮음	보통	높음	아주 높음
1. 평생교육프로그램의 다양성										
2. 평생교육 프로그램의 내용 충실성										

49

경영분석보고서(Annual report)를 작성하고 공개하라

경영분석보고서는 도서관 경영에 대한 대 내외적 공식기록이다. 도서관에서 발생했던 일들을 연도별로 정확하게 파악하고 개선해 나가기 위해서는 경영분석보고서를 세심하게 작성해야 한다. 경영분석보고서는 경영관리의 중요한 도구이기 때문에 도서관장은 보고서 작성책임을 각 부서에 분담시켜 충분한 실제 데이터에 근거하여 논리적인 보고서를 작성하도록 해야 한다.

보고서의 준비는 연중 지속되는 업무이다. 수서, 대출, 평생교육 프로그램 및 이용자 통계는 매일, 주간, 월간으로 계속 수집해 놓아야 한다. 이렇게 수집한 자료들은 각 부서에서 보존하고 관리책임자에게도 파일을 제출하여 보고서를 작성할 때 누락되지 않도록 해야 한다. 모든 직원들은 자신이 생산한 모든 공식자료 파일을 유지해야 한다. 업무 수첩도 좋은 기록자료가 될 수 있다. 그러한 파일들은 역사자료가 되고, 미래 프로그램 개발을 위한 아이디어의 원천이 되며, 보고서 작성에 유용한 자료가 된다. 공식적으로 발행된 자료와 함께 특수 사례 및 프로그램 시행에 관한 간략한 보고서도 유용하다. 도서관 활동에 대한 보도 자료와 신문기사, 사진자료는 특히 중요하다. 사진은 글로 기록할 수 없는 참석자들의 이모저모, 무대장치, 프로그램의 세부 장면 등을 담고 있는 중요한 자료이다.

연중 계속하여 많은 자료를 수집한다하더라도 보고서 작성 시기가 되면 추가 정보를 수집하여야 한다. 퇴직, 사직, 신입직원 채용과 같은 인력자원의 변화, 시설의 확장이나 리모델링, 공간 배치 변동, 자료의 증감, 프로그램의 증감, 고객만족도 조사 평가에 관한 기록 등을 다시 점검하고 수집해야 한다.

보고서는 팀을 구성하여 작성하는 것이 바람직하다. 보고서의 여러 부문을 각기 다른 직원들이 분담 작성하고, 초안을 윤독, 가감한 다음 최종 보고서를 확정하는 것이 좋다. 각 부서의 연간 실적을 여러 직원들이 참여하여 작성함으로써 한사람이 단독으로 작성하는 것보다 더 충실하고 균형 있는 보고서를 만들 수 있다. 보고서의 골격은 대체로 통계와 사실자료로 구성되며, 도서관의 성과를 충분히 나타낼 수 있는 구체적인 정보를 담아야 한다. 작성자는 구성원 누구든지 추가 정보에 대한 제안을 할 수 있게 하고 그들의 제안을 가급적 반영하는 것이 좋다. 모든 직원들에게 보고서에 대한 수정 및 개선의견을 구하는 것이 좋다. 직원들이 참여하여 만든 보고서는 단순 지엽적으로 만든 보고서와는 현저한 차이가 날 것이다.

경영실적보고서는 도서관의 역사이다. 따라서 실적 자료들을 의미 있게 배치하고 활용해야 한다. 사실과 수치들을 수집, 분석하고 정보의 의미를 규정하며 사실데이터를 적절하게 조직함으로써 읽는 이가 내용을 쉽게 이해할 수 있도록 해야 한다. 통계자료와 함께 비공식 정보, 서비스를 돋보이게 하는 사례와 통계의 의미를 분명하게 하는 일화들을 포함하면 사람들의 공감을 얻는데 유리하다. 사례는 간결하면서도 초점이 분명하게 드러날 수 있도록 표현해야 한다. 좋은 사례들은 예산배정기관에 긍정적 인상을 심어줄 수 있다.

도서관의 경영실적보고서는 도서관 내부는 물론 지역사회의 해당기관 단체와 이용자에게 공개해야 한다. 도서관의 성과를 유관기관 및 단체는 물론 일반 시민들이 파악할 수 있게 하는 것은 도서관의 사회적 역할과 위상을 높이는 지름길이라고 생각한다. 도서관장 및 홍보담당 직원은 보도자료를 작성하여 도서관의 경영실적보고서를 도서관과 유대가 있는 언론사 및 기관단체와 일반시민에게 널리 배포해야 한다. 지역의 작은 단체로부터 공공기관, 유치원, 초·중·고등학교와 대학, 종교단체, 학부모단체들에게 도서관의 경영실적분석보고서를 제공함으로써 그들을 도서관의 고객으로 끌어들일 수 있는 계기를 마련할 수 있다. 도서관의 경영분석보고서는 도서관 서비스의 홍보뿐 아니라 서비스의 개선 발전을 위한 지역사회의 지원과 협조를 확보하는 수단으로 활용할 수 있는 것이다.

참고자료

삼성경제연구소. 2009. 『SERI style book』. 서울 : 삼성경제연구소

50

평가 결과는 다음 계획에 반드시 반영하라

모든 기관 단체는 해마다 다음 년도 업무계획을 수립한다. 종합적인 연간 업무계획 및 중장기 경영계획의 바탕위에서 당해 연도 예산과 자금계획이 수립된다. 모든 도서관은 계획을 수립함에 있어 전년도 및 그 이전의 경영평가 결과를 반드시 반영해야 한다. 이는 경영 사이클을 선순환(善循環)의 사이클로 만드는 유일하고도 중요한 과정이다. 이러한 피드백과정은 경영을 경영이라고 부를 수 있게 하는 연결 고리이다. 모든 업무부문에 대한 잘한 점, 못한 점을 전부 다 경영 사이클이라는 도마 위에 올려놓고 다듬어서 다음 해의 도서관 서비스의 질적 향상을 도모해야 한다. 모든 도서관은 인(人)·물(物)·금(金)이라는 경영자원을 최적화하고 고객이 만족할 수 있는 도서관으로 그 사회적 역할과 책임을 다할 수 있도록 날마다, 달마다, 해마다 거듭 태어나야 한다.

우리나라 도서관 경영의 미래상은?

지금까지 도서관 경영에 필요한 이론과 실제의 문제들을 필자의 경험을 곁들여 논의하였다. 여기에는 극히 상식적이고 당연한 것들이 포함되어 있지만 우리나라 도서관에서는 실행되지 못하고 있는 문제들이 대부분이다. "아는 것과 행하는 것 사이에는 차이(knowing-doing gap)"가 나게 마련이다. 그러나 아는 것을 충실히 실천하는 것이야 말로 성공적 경영의 지름 길이라라고 생각된다. 나아가 고객들에게 신선하게 다가갈 수 있는 창의적인 프로그램들을 지속적으로 개발하고 실현해 나가는 것은 도서관이 사회적 역할을 다하는 키포인트라 할 수 있다.

얼마 전 국내 한 대학도서관에서 '사람 책'을 대출하는 이색적인 이벤트가 열려 화제를 모았다. 사람이 책이라는 것은 "사람은 책을 만들고 책은 사람을 만든다"는 멋진 격언에서도 증명된다. 책을 만드는 사람과 책을 읽는 사람은 모두 다 문명인이라 할 수 있다. 책을 만들어 내는 선진적 지식인들을 직접 만나 대화를 나누는 일은 인쇄된 책을 읽는 것보다 더욱 생생하고 멋진 '독서'일 것이다. 이러한 '사람 책 대출'에 대한 아이디어는 일찍이 영국에서 시작되었지만 우리나라에서도 이러한 시도를 했다는 사실은 매우 의미 있는 도서관 서비스의 실천이라 하겠다. 그러나 이러한 서비스가 어느 한 도서관이나 일시적인 이벤트로 끝날 것이 아니라 장기적이고 일상적인 도서관 프로그램으로 지속된다면 도서관의 역할과 위상을 높일 수 있다고 생각한다.

• 성균관대 축제 '리빙 라이브러리' 행사 가보니

『한국대학신문』, 2011.5.17

'사람책' 김준영 성대 총장… "내 유학시절은…."

"인생에서 가장 힘든 시기는 유학시절이었어요. 1970년대였는데, 미국의 낯선 생활환경과 언어가 통하지 않아 막막했던 기억이 납니다. 그렇지만 어려웠던 순간을 이겨냈을 때 보람과 성취감을 느낄 수 있었죠. 학생들도 힘들고 어려운 시기가 있더라도 그것을 참고 이겨내야 합니다."

17일 오후 2시 성균관대 자연과학캠퍼스 삼성학술정보관에서 열린 '리빙 라이브러리' 행사. 김준영 성균관대 총장은 작은 테이블에 앉아 학생들에게 "어렵더라도 이겨내라"고 거듭 강조했다. 그리고 "자랑스러운 성균관인으로 성장해 달라"며 "사람들을 배려하는 마음가짐이 중요하다. 반드시 그 마음가짐을 가졌으면 좋겠다."고 당부했다.

이날 열린 리빙 라이브러리는 성균관대 삼성학술정보관이 마련한 행사다. 도서관에서 '책'을 빌리는 것이 아니라 '사람'을 빌리는 형식으로 진행됐다. 신청자는 자신이 원하는 사람과 1대 1로 대화하고 조언을 받았다.
자신의 유학생활을 소개하고 소통의 마인드를 강조했던 김 총장을 비롯해, 다양한 인사들이 자신의 마음가짐과 의견 그리고 생각을 학생들에게 전했다. 서경덕 성신여대 객원교수, 김태웅 동양북스 대표, 박수왕 소셜네트워크 대표 등 26명이 자원해 학생들과 얼굴을 맞댔다.

학생 창업가 박수왕 소셜네트워크 대표는 이날 학생들에게 "창업지원제도가 없었다면 창업을 하기 힘들었을 것"이라며 "금전적인 면 보다는 열정으로 도전하는 것이 무엇보다 중요하다"고 말했다. 최영록 성균관대 홍보전문위원도 학생들에게 "스펙 쌓기보다 자신의 스토리텔링을 통해 내공을 쌓아야 한다"고 말했다.

멀게만 느껴지던 총장님과 같은 테이블에 앉아 대화의 시간을 가졌던 지철호(유전공학과 3)씨는 "평소 총장님과 만날 기회가 없어 이번 시간이 뜻깊었다"며 "총장님의 유학생활을 듣고 공부를 열심히 해야겠다는 다짐이 들었다"고 말했다. 배주환(유전공학과 4)씨도 "총장님이 세종대왕을 예로 들면서, 소통을 중시하는 '낮은 리더십'을 말씀하신 게 가장 기억에 남는다"고 밝혔다.

행사를 주최했던 학술정보관은 이번 행사에 대해 만족스런 분위기다. 관계자는 "축제 기간에 다양한 경험과 지식을 공유하는 의미로 이 행사를 준비했다"며 "학생들의 호응도가 높아 앞으로도 계속 시행할 예정"이라고 덧붙였다.

오늘(2011.5.25) 인터넷에서 공공도서관 검색을 하다가 뉴욕공공도서관에 관한 때 지난 기사를 발견했다. 2004년도의 기사라서 세월이 좀 흘렀지만 그 내용은 우리에게는 아직도 '먼 나라'의 이야기였다. 그러나 그 기사는 우리 도서관의 미래상을 구체적으로 제시하는 것처럼 다가왔다. 이는 지금까지 필자가 논의하고 생각해온 도서관 경영의 법칙들을 더욱 확대 실현하고 있는 현장처럼 느껴졌다. 그 기사는 다음과 같다.

- 세계일류에 배운다

뉴욕 공공도서관 희귀사진·지도 50만 장 디지털화 무료서비스

『서울신문』, 입력 2004.09.21 12:27

"도대체 책들은 다 어디에 있는 거야?"

미국 뉴욕시 맨해튼 42번가에 자리한 뉴욕공공도서관 본관을 처음 찾는 이용객이나 관광객들은 누구나 한번쯤 갖게 되는 의문이다. 영화 '스파이더맨'이나 '투모로우' 등을 통해 잘 알려진 그리스·로마 양식의 웅장하고 화려한 석조 건물. 그 안으로 들어서면 반짝이는 대리석과 원목으로 장식된 넓은 로비가 나온다. 도서관이라기보다는 궁전이나 박물관 같은 분위기다. 뉴욕공공도서관의 건립자들은 도서관이 그저 책을 읽고 빌리는 장소가 아니라 '당대의 지식을 교류하는 전당'이라는 철학을 갖고 건물을 설계한 것이다. 그같은 철학은 현재 도서관의 운영 시스템에도 고스란히 반영돼 있다. 뉴욕공공도서관은 시대와 이용객, 현실과의 끊임없는 교감을 통해 세계적인 도서관으로서의 위치를 유지하고 있다. 도서관 관계자들이 밝히는 경쟁력의 요인들은 다음과 같다.

■ "시대 요구를 충족시켜라"

뉴욕공공도서관은 2000년부터 무료 인터넷 접속 서비스를 시작했다. 현재 89개의 본관 및 분관 가운데 70%가 무선(Wi-Fi)서비스를 제공한다. 누구나 노트북만 가져오면 인터넷을 무료로 사용할 수 있는 것이다. 도서관측은 역사적인 희귀 사진, 지도 등 50만장을 디지털화해 웹사이트에 올려놨다. 누구나 이 사진을 무료로 다운로드할 수 있다.

■ 고객과의 끊임없는 커뮤니케이션

뉴욕공공도서관 본관에서는 매일 오전 11시와 오후 2시에 '도서관 투어'가 시작된다. 외국 관광객은 물론 도서관을 처음 찾는 시민·학생들에게 도서관 구석구석을 안내하며 역사와 기능을 설명한다. 도서관은 또 중·장년층 이용객을 대상으로 컴퓨터 및 인터넷 교육을 정기적 실시하고 있다. 물론 무료다. 이용객들은 찾고 싶은 책은 물론 연구하고 싶은 주제가 생기면 언제든지 웹사이트를 통해 사서에게 도움을 요청할 수도 있다. 이와 함께 대학들처럼 외국의 학자들을 초빙해 연수시키는 프로그램이 마련돼 있고, 대학원생들을 위해서는 별도의 공부방도

제공하고 있다. 이들은 모두 도서관의 잠재적인 후원자가 된다. 연간 개인 기부자 4만여 명 중 60%가 100달러 미만의 소액 기부자라는 사실이 이를 입증한다.

■ 비즈니스 마인드로 무장

미국의 국부인 조지 워싱턴이나 토머스 제퍼슨의 친필 문서를 볼 수 있는 전시실 앞에는 모금함이 놓여 있다. 중요 자료이니만큼 이용객들이 원하면 기부할 수 있도록 설치한 것이다. 또 도서관측이 웹사이트에 올려 놓은 50만 장의 사진은 무료이지만, 이를 보다 선명하게 받아 보려는 이용객에게는 20~50달러의 수수료를 받는다. 특히 휴관하는 월요일에는 패션쇼나 정치적 만찬 등에 장소를 빌려준다. 도서관 홀의 하루 대관료는 7000달러 정도. 지난달 공화당 전당대회를 전후해 조지 W 부시 대통령 일행도 도서관 내 홀을 빌려 만찬을 한 것으로 알려졌다.

■ 자료와 인재에 아낌없이 투자

뉴욕공공도서관은 1920년 러시아가 혼란을 겪으면서 중요한 역사적 자료들이 훼손되거나 유출되자 모스크바와 레닌그라드 등의 도서관에서 흘러나오는 자료들을 아낌없이 사 들였다. 현재 도서관이 보유한 장서는 맨해튼의 42번가에서 43번가까지 이어질 정도다. 뉴욕공공도서관의 유일한 한국인으로 슬라브 및 발트 지역 전문가인 유희권(38)씨는 "5년 근무하는 동안 두 차례나 러시아 도서관 연수를 다녀왔다."며 "도서관측이 인적 자원을 소중히 여기기 때문에 가능했던 일"이라고 말했다. 뉴욕공공도서관은 미 의회도서관, 영국, 프랑스, 러시아의 국립도서관들과 함께 세계 5대 도서관중 하나다. 본관 역할을 하는 인문사회과학도서관과 버그 흑인문화연구센터, 행위예술도서관(링컨센터), 과학·산업·비즈니스도서관 등 4개의 연구도서관과 맨해튼·브롱크스·스테이튼아일랜드 지역에 분산된 85개의 분관으로 이뤄져 있다. 1886년 당시 뉴욕 주지사였던 새뮤얼 틸든이 은퇴하면서 출연한 240만 달러로 첫 삽을 뜬 뒤 1901년 '철강왕' 카네기가 510만 달러를 기부하면서 성장의 발판을 마련했다. 개인 재산으로 설립돼 뉴욕시가 위탁 운영하는 독특한 소유 및 경영구조를 가지고 있다.

(뉴욕 이도운특파원 dawn@seoul.co.kr)

필자는 오래전부터 우리의 도서관도 기업처럼 비즈니스 개념을 도입하여 경영을 해야 한다고 생각해왔다. 이는 도서관의 공공성은 기업가적 정신을 가미할 때 더욱 살아날 수 있다는 생각에 바탕을 둔 것이다. 도서관이 공공기관으로 시민의 위에 서서 관료적 차원의 운영을 지속한다면 도서관은 그만큼 제 기능과 역할을 다할 수 없다는 것이다. 도서관이 이윤을 추구하는 곳은 아니지만 경영의 정신만큼은 기업을 본받아야 한다는 것이다.

뉴욕공공도서관에는 뉴욕시 공무원들이 근무하지만 비즈니스 정신에 입각하여 '경영'되고 있음을 느낄 수 있다. 자원의 조달과 투자, 시대적 트렌드를 읽고, 고객과 끊임없는 커뮤니케이션을 통하여 서비스를 개선해나가는 경영의 모습은 일류기업과 비교해도 손색이 없다. 우리나라는 공공기관이 도서관을 민간에 위탁하는 데 반하여 뉴욕공공도서관은 개인이 투자해서 뉴욕시에 위탁하여 경영하는 체제라는 점도 우리나라의 사정과는 사뭇 다르다. 미국의 공무원들은 '시민 서비스(civil service)' 정신을 완벽하게 실천하는 모양이다.

우리는 이러한 선진적 도서관의 모습을 우리나라의 실정에 알맞게 응용하여 도서관이 진정으로 시민의 도서관으로 거듭 날 수 있도록 도서관 경영의 기반을 조성해야 한다. 지금 우리 도서관은 정책부서 사이의 헤게모니나 민간위탁의 문제로 논쟁하고 있을 때가 아니다. 무엇이 우리의 도서관을 도서관답게 만들 수 있는지 정책부서, 민간단체, 사서직, 행정직 등 관련자 모두가 대승적 차원에서 양보와 협력을 이루어 모든 종류의 도서관들이 정상적 경영궤도에 진입할 수 있도록 그 기반을 조성하는 작업이 우리 도서관 정책이 당면한 최우선의 경영과제라 하겠다.

LIBRARY library

부록

도서관법

[시행 2011.7.6] [법률 제10558호, 2011.4.5, 일부 개정]

제1장 총칙

제1조 (목적) 이 법은 국민의 정보 접근권과 알 권리를 보장하는 도서관의 사회적 책임과 그 역할 수행에 필요한 사항을 규정하여, 도서관의 육성과 서비스를 활성화함으로써 사회 전반에 대한 자료의 효율적인 제공과 유통, 정보접근 및 이용의 격차해소, 평생교육의 증진 등 국가 및 사회의 문화발전에 이바지함을 목적으로 한다.

제2조 (정의) 이 법에서 사용하는 용어의 정의는 다음과 같다. 〈개정 2009. 3.25〉

1. "도서관"이라 함은 도서관자료를 수집·정리·분석·보존하여 공중에게 제공함으로써 정보이용·조사·연구·학습·교양·평생교육 등에 이바지하는 시설을 말한다.

2. "도서관자료"란 인쇄자료, 필사자료, 시청각자료, 마이크로형태자료, 전자자료, 그 밖에 장애인을 위한 특수자료 등 지식정보자원 전달을 목적으로 정보가 축적된 모든 자료(온라인 자료를 포함한다)로서 도서관이 수집·정리·보존하는 자료를 말한다.

3. "도서관서비스"라 함은 도서관이 도서관자료와 시설을 활용하여 공중에게 제공하거나 지원하는 대출·열람·참고서비스, 각종 시설과 정보기기의 이용서비스, 도서관자료 입수 및 정보해득력 강화를 위한 이용지도교육, 공중의 독서활동 지원 등 일체의 유·무형의 서비스를 말한다.

4. "공공도서관"이라 함은 공중의 정보이용·문화활동·독서활동 및 평

생교육을 위하여 국가 또는 지방자치단체가 설립·운영하는 도서관
(이하 "공립 공공도서관"이라 한다) 또는 법인(「민법」이나 그 밖의 법률에
따라 설립된 법인을 말한다. 이하 같다), 단체 및 개인이 설립·운영하는
도서관(이하 "사립 공공도서관"이라 한다)을 말한다. 다음 각 목의 시설
은 공공도서관의 범주 안에 포함된다.

　　가. 공중의 생활권역에서 지식정보 및 독서문화 서비스의 제공을 주
　　　　된 목적으로 하는 도서관으로서 제5조에 따른 공립 공공도서관
　　　　의 시설 및 도서관자료기준에 미달하는 작은도서관

　　나. 장애인에게 도서관서비스를 제공하는 것을 주된 목적으로 하는
　　　　장애인도서관

　　다. 의료기관에 입원 중인 사람이나 보호자 등에게 도서관서비스를
　　　　제공하는 것을 주된 목적으로 하는 병원도서관

　　라. 육군, 해군, 공군 등 각급 부대의 병영 내 장병들에게 도서관서
　　　　비스를 제공하는 것을 주된 목적으로 하는 병영도서관

　　마. 교도소에 수용 중인 사람에게 도서관서비스를 제공하는 것을 주
　　　　된 목적으로 하는 교도소도서관

　　바. 어린이에게 도서관서비스를 제공하는 것을 주된 목적으로 하는
　　　　어린이도서관

5. "대학도서관"이라 함은 「고등교육법」 제2조에 따른 대학 및 다른 법
　　률의 규정에 따라 설립된 대학교육과정 이상의 교육기관에서 교수와
　　학생, 직원에게 도서관서비스를 제공하는 것을 주된 목적으로 하는 도
　　서관을 말한다.

6. "학교도서관"이라 함은 「초·중등교육법」 제2조에 따른 고등학교 이
　　하의 각급 학교에서 교사와 학생, 직원에게 도서관서비스를 제공하는
　　것을 주된 목적으로 하는 도서관을 말한다.

7. "전문도서관"이라 함은 그 설립 기관·단체의 소속 직원 또는 공중에
　　게 특정 분야에 관한 전문적인 도서관서비스를 제공하는 것을 주된

목적으로 하는 도서관을 말한다.

8. "납본"이라 함은 도서관자료를 발행하거나 제작한 자가 일정 부수를 법령에서 정한 기관에 의무적으로 제출하는 것을 말한다.

9. "온라인 자료"란 정보통신망(「정보통신망 이용촉진 및 정보보호 등에 관한 법률」 제2조제1항제1호의 정보통신망을 말한다. 이하 같다)을 통하여 공중송신(「저작권법」 제2조제7호의 공중송신을 말한다. 이하 같다)되는 자료를 말한다.

10. "온라인 자료 제공자"란 온라인 자료를 정보통신망을 통하여 공중송신하는 자를 말한다.

11. "기술적 보호조치"란 「저작권법」에 따라 보호되는 저작권 등의 권리에 대한 침해행위를 효과적으로 방지 또는 억제하기 위하여 그 권리자나 권리자의 동의를 얻은 자가 적용하는 기술적 조치를 말한다.

제3조 (적용범위) 이 법은 정보관·정보센터·자료실·자료센터·문화센터 및 이와 유사한 명칭과 기능이 있는 시설 중 대통령령이 정하는 바에 의하여 문화체육관광부장관이 인정하는 시설에 대하여도 적용한다. 〈개정 2009.3.25〉

제4조 (국가 및 지방자치단체의 책무) 국가 및 지방자치단체는 국민이 자유롭고 평등하게 지식정보에 접근하고 이를 이용할 수 있도록 도서관의 발전을 지원하여야 하며 이에 필요한 시책을 강구하여야 한다.

제5조 (도서관의 시설 및 도서관 자료) ① 도서관은 도서관자료의 보존·정리와 이용자의 편의를 위하여 적합한 시설 및 도서관자료를 갖추어야 한다. 〈개정 2009.3.25〉

② 제1항에 따른 도서관의 시설 및 도서관자료의 기준은 대통령령으로 정한다. 〈개정 2009.3.25〉

[제목개정 2009.3.25]

제6조 (사서직원 등) ① 도서관은 대통령령이 정하는 바에 따라 도서관 운영에 필요한 사서직원, 「초·중등교육법」 제21조 제2항에 따른 사서교사

및 실기교사를 두어야 하며, 도서관 운영에 필요한 전산직원 등 전문직원을 둘 수 있다. 〈개정 2009.3.25〉

② 제1항에 따른 사서직원의 구분 및 자격요건과 양성에 관하여 필요한 사항은 대통령령으로 정한다. 〈개정 2009.3.25〉

③ 국가 및 지방자치단체는 도서관직원의 전문적 업무수행 능력향상을 위하여 노력하고 이에 따른 교육기회를 제공하여야 한다.

제7조 (도서관의 이용·제공 등) ① 도서관은 도서관자료의 유통·관리 및 이용 등에 관한 업무의 효율성을 높이고 지식정보의 공동이용을 위하여 다른 도서관과 협력하여야 한다. 〈개정 2009.3.25〉

② 도서관은 주민에게 다양한 서비스를 제공하기 위하여 박물관·미술관·문화원·문화의 집 등 각종 문화시설과 교육시설, 행정기관, 관련 단체 및 지역사회와 협력하여야 한다.

③ 대학도서관·학교도서관·전문도서관 등은 그 설립 목적의 수행에 지장이 없는 범위 안에서 공중이 이용할 수 있도록 시설 및 도서관자료를 제공할 수 있다. 〈개정 2009.3.25〉

제8조 (이용자의 개인정보보호) 도서관은 도서관이용자의 개인정보 보호를 위하여 다음 각 호의 시책을 강구하여야 한다.

1. 이용자의 정보수집과 관리, 공개 등에 관한 규정의 제정에 관한 사항
2. 도서관직원에 대한 관련 교육의 실시에 관한 사항
3. 그 밖에 이용자의 개인정보보호와 관련하여 도서관장이 필요하다고 판단한 사항

제9조 (금전 등의 기부) ① 누구든지 도서관의 설립·시설·도서관자료 및 운영을 지원하기 위하여 금전 그 밖의 재산을 도서관에 기부할 수 있다. 〈개정 2009.3.25, 2011.4.5〉

② 국가 또는 지방자치단체가 설립한 도서관은 제1항에 따른 기부가 있을 때에는 「기부금품의 모집 및 사용에 관한 법률」에도 불구하고 이를 접수할 수 있다. 〈신설 2011.4.5〉

제10조 삭제 〈2009.3.25〉

제11조 (다른 법률과의 관계) 도서관에 관하여는 다른 법률에 특별한 규정이 있는 경우를 제외하고는 이 법이 정하는 바에 의한다.

제2장 도서관정책의 수립 및 추진체제

제12조 (도서관정보정책위원회의 설치) ① 도서관정책에 관한 주요사항을 수립·심의·조정하기 위하여 대통령 소속하에 도서관정보정책위원회(이하 "도서관위원회"라 한다)를 둔다.

② 도서관위원회는 다음 각 호의 사항을 수립·심의·조정한다. 〈개정 2009.3.25〉

1. 제14조의 종합계획의 수립에 관한 사항

2. 도서관 관련 제도에 관한 사항

3. 국가와 지방의 도서관 운영체계에 관한 사항

4. 도서관 운영평가에 관한 사항

5. 도서관 및 도서관자료의 접근·이용격차의 해소에 관한 사항

6. 도서관 전문인력 양성에 관한 사항

7. 그 밖에 도서관정책을 위하여 대통령령으로 정하는 사항

③ 도서관위원회의 사무를 지원하기 위하여 위원회에 사무기구를 두고, 제2항에 따른 기능을 수행하기 위하여 문화체육관광부에 기획단을 둔다. 〈개정 2009.3.25〉

④ 도서관위원회의 사무기구 및 기획단 설치·운영 등에 관하여 필요한 사항은 대통령령으로 정한다.

⑤ 위원장은 사무기구 및 기획단의 업무수행을 위하여 필요한 경우에는 관계 행정기관의 공무원 또는 관련 단체의 임직원의 파견을 요청할 수 있다. 이 경우 요청받은 기관의 장은 특별한 사유가 없는 한 이에 응하여야 한다.

제13조 (도서관위원회의 구성) ① 도서관위원회는 위원장 1인과 부위원장 1인을 포함한 30인 이내의 위원으로 구성한다.

② 위원장은 도서관에 관한 전문지식 및 경험이 풍부한 사람 중에서 대통령이 위촉하고, 부위원장은 문화체육관광부장관이 된다. 〈개정 2011.4.5〉

③ 위원은 다음 각 호의 사람이 된다. 〈신설 2011.4.5〉

1. 대통령령으로 정하는 관계 중앙행정기관의 장 및 이에 준하는 기관의 장

2. 도서관에 관한 전문지식 및 경험이 풍부한 사람 중 위원장이 위촉하는 사람. 다만, 초대위원은 부위원장이 위촉한다.

④ 위원장은 회의를 소집·주재한다. 〈개정 2011.4.5〉

⑤ 위원장은 필요한 경우에 부위원장으로 하여금 직무를 대행하게 할 수 있다. 〈개정 2011.4.5〉

⑥ 제3항 제2호에 따른 위원의 임기는 2년으로 하되, 1차에 한하여 연임할 수 있다. 〈개정 2009.3.25, 2011.4.5〉

⑦ 위원이 사고로 직무를 수행할 수 없거나 궐위된 때에는 지체없이 새로운 위원을 임명하여야 한다. 이 경우 보임된 위원의 임기는 전임위원의 잔여기간으로 한다. 〈개정 2011.4.5〉

⑧ 도서관위원회의 운영 등에 관하여 필요한 사항은 대통령령으로 정한다. 〈개정 2011.4.5〉

[시행일 : 2011.7.6] 제13조

제14조 (도서관발전종합계획의 수립) ① 도서관위원회위원장은 도서관의 발전을 위하여 5년마다 도서관발전종합계획(이하 "종합계획"이라 한다)을 수립하여야 한다.

② 종합계획에는 다음 각 호의 사항이 포함되어야 한다.

1. 도서관정책의 기본방향에 관한 사항

2. 도서관정책의 추진목표와 방법에 관한 사항

가. 도서관의 역할강화에 관한 사항

나. 도서관의 환경개선에 관한 사항

다. 도서관의 협력체계 활성화에 관한 사항

라. 그 밖에 도서관정책의 주요 시책에 관한 사항

3. 역점 추진과제 및 관계 부처 등의 협조에 관한 사항

제15조 (연도별 시행계획의 수립 등) ① 중앙행정기관의 장과 특별시장·광역시장·도지사 및 특별자치도지사(이하 "시·도지사"라 한다)는 종합계획에 기초하여 매년 12월말까지 연도별 시행계획(이하 "시행계획"이라 한다)을 수립하여 추진하여야 한다. 〈개정 2009.3.25〉

② 시행계획을 수립·추진함에 있어서 시·도지사는 해당 지역의 교육감과 협의할 수 있다. 〈신설 2009.3.25〉

③ 시행계획의 수립 및 추진에 관하여 필요한 사항은 대통령령으로 정한다. 〈개정 2009.3.25〉

제16조 (재원의 조달) ① 국가 및 지방자치단체는 종합계획 및 시행계획의 추진을 위하여 필요한 재원을 확보하여야 한다.

② 도서관발전을 위하여 필요한 재원의 전부 또는 일부를 「문화예술진흥법」 제16조에 따른 문화예술진흥기금에서 출연 또는 보조할 수 있다. 〈개정 2009.3.25〉

제17조 (도서관 관련 협회 등의 설립) ① 문화체육관광부장관은 도서관 상호 간의 도서관자료교환, 업무협력과 운영·관리에 관한 연구, 관련국제단체와의 상호협력, 도서관서비스 진흥 및 도서관의 발전, 직원의 자질향상과 공동이익의 증진을 위하여 필요한 경우에 도서관 관련 협회 등(이하 "협회 등"이라 한다)의 법인 설립을 허가할 수 있다. 〈개정 2009.3.25〉

② 국가는 제1항에 따른 협회 등의 운영에 필요한 경비를 보조할 수 있다. 〈개정 2009.3.25〉

③ 협회 등에 관하여 이 법에 규정된 것을 제외하고는 「민법」 중 비영리법인의 규정을 준용한다.

제3장 국립중앙도서관

제18조 (설치 등) ① 문화체육관광부장관은 그 소속하에 국가를 대표하는 도서관으로서 국립중앙도서관을 둔다. 〈개정 2009.3.25〉

② 국립중앙도서관은 국가대표도서관으로서 효율적인 업무처리 및 지역 간 도서관의 균형발전을 위하여 필요한 경우에 지역별·분야별 분관을 둘 수 있다.

③ 그 밖에 국립중앙도서관의 조직 및 운영 등에 관하여 필요한 사항은 대통령령으로 정한다.

제19조 (업무) ① 국립중앙도서관은 다음 각 호의 업무를 수행한다. 〈개정 2009.3.25〉

1. 종합계획에 따른 관련 시책의 시행
2. 국내외 도서관자료의 수집·제공·보존관리
3. 국가 서지 작성 및 표준화
4. 정보화를 통한 국가문헌정보체계 구축
5. 도서관직원의 교육훈련 등 국내 도서관에 대한 지도·지원 및 협력
6. 외국도서관과의 교류 및 협력
7. 도서관발전을 위한 정책 개발 및 조사·연구
8. 「독서문화진흥법」에 따른 독서 진흥 활동을 위한 지원 및 협력
9. 그 밖에 국가대표도서관으로서 기능을 수행하는데 필요한 업무

② 제1항에 따른 업무수행에 관하여 필요한 사항은 대통령령으로 정한다. 〈신설 2009.3.25〉

③ 제1항 제7호의 업무수행을 위하여 국립중앙도서관에 도서관연구소(이하 "연구소"라 한다)를 둔다. 〈개정 2009.3.25〉

④ 연구소의 설립·운영 및 업무에 관하여는 대통령령으로 정한다. 〈개정 2009.3.25〉

⑤ 국립중앙도서관은 그 업무를 효율적으로 수행하기 위하여 국회도서관

과 협력하여야 한다. 〈개정 2009.3.25〉

제20조 (도서관자료의 납본) ① 누구든지 도서관자료(온라인 자료를 제외한다. 이하 이 조에서 같다)를 발행 또는 제작한 경우 그 발행일 또는 제작일부터 30일 이내에 그 도서관자료를 국립중앙도서관에 납본하여야 한다. 수정증보판인 경우에도 또한 같다. 〈개정 2009.3.25〉

② 국립중앙도서관은 제45조 제2항 제3호에서 규정한 업무를 수행하기 위하여 필요한 경우 도서관자료를 발행 또는 제작한 자에게 이를 디지털 파일형태로도 납본하도록 요청할 수 있다. 요청을 받은 자는 특별한 사유가 없는 한 이에 응하여야 한다. 〈개정 2009.3.25〉

③ 국립중앙도서관은 제1항 및 제2항에 따라 도서관자료를 납본한 자에게 지체 없이 납본 증명서를 교부하여야 하며 납본한 도서관자료의 전부 또는 일부가 판매용인 경우에는 그 도서관자료에 대하여 정당한 보상을 하여야 한다. 〈개정 2009.3.25〉

④ 납본대상 도서관 자료의 선정·종류·형태·부수와 납본 절차 및 보상 등에 관하여 필요한 사항은 대통령령으로 정한다. 〈개정 2009.3.25〉

[제목개정 2009.3.25]

제20조의2 (온라인 자료의 수집) ① 국립중앙도서관은 대한민국에서 서비스되는 온라인 자료 중에서 보존가치가 높은 온라인 자료를 선정하여 수집·보존하여야 한다.

② 국립중앙도서관은 온라인 자료가 기술적 보호조치 등에 의하여 수집이 제한되는 경우 해당 온라인 자료 제공자에게 협조를 요청할 수 있다. 요청을 받은 온라인 자료 제공자는 특별한 사유가 없는 한 이에 응하여야 한다.

③ 수집된 온라인 자료에 본인의 개인정보가 포함된 사실을 알게 된 자는 대통령령으로 정하는 방식에 따라 국립중앙도서관장에게 해당 정보의 정정 또는 삭제 등을 청구할 수 있다.

④ 제3항에 따른 청구에 대하여 국립중앙도서관장이 행한 처분 또는 부

작위로 인하여 권리 또는 이익의 침해를 받은 자는 「행정심판법」에서 정하는 바에 따라 행정심판을 청구하거나 「행정소송법」에서 정하는 바에 따라 행정소송을 제기할 수 있다.

⑤ 국립중앙도서관은 제1항에 따라 수집하는 온라인 자료의 전부 또는 일부가 판매용인 경우에는 그 온라인 자료에 대하여 정당한 보상을 하여야 한다.

⑥ 수집대상 온라인 자료의 선정·종류·형태와 수집 절차 및 보상 등에 관하여 필요한 사항은 대통령령으로 정한다.

[본조신설 2009.3.25]

제21조 (국제표준자료번호) ① 도서 또는 연속간행물을 발행하고자 하는 공공기관, 개인 및 단체는 그 도서 또는 연속간행물에 대하여 국립중앙도서관으로부터 국제표준자료번호(이하 "자료번호"라 한다)를 부여받아야 한다.

② 국립중앙도서관은 제1항의 규정에 따른 업무를 효율적으로 수행하기 위하여 출판 등 관련 전문기관·단체 등과 상호 협력하여야 한다.

③ 자료번호의 부여에 필요한 사항은 대통령령으로 정한다.

제4장 지역대표도서관 〈개정 2009.3.25〉

제22조 (설치 등) ① 특별시·광역시·도·특별자치도(이하 "시·도"라 한다)는 해당지역의 도서관시책을 수립하여 시행하고 이와 관련된 서비스를 체계적으로 지원하기 위하여 지역대표도서관을 지정 또는 설립하여 운영하여야 한다. 〈개정 2009.3.25〉

② 제1항에 따른 지역대표도서관의 설립·운영에 관하여 필요한 사항은 대통령령으로 정한다. 〈개정 2009.3.25〉

[제목개정 2009.3.25]

제23조 (업무) 지역대표도서관은 다음 각 호의 업무를 수행한다. 〈개정 2009.3.25〉

1. 시·도 단위의 종합적인 도서관자료의 수집·정리·보존 및 제공

2. 지역의 각종 도서관 지원 및 협력사업 수행

3. 도서관 업무에 관한 조사·연구

4. 지역의 도서관자료수집 지원 및 다른 도서관으로부터 이관받은 도서관자료의 보존

5. 국립중앙도서관의 도서관자료 수집활동 및 도서관 협력사업 등 지원

6. 그 밖에 지역대표도서관으로서 필요한 업무

제24조 (지방도서관정보서비스위원회의 설치 등) ① 시·도는 관할지역 내에 있는 도서관의 균형 있는 발전과 지식정보격차의 해소에 관한 주요사항을 심의하기 위하여 지방도서관정보서비스위원회(이하 "지방도서관위원회"라 한다)를 둔다.

② 지방도서관위원회는 다음 각 호의 사항을 심의한다.

1. 지방도서관의 균형발전에 관한 사항

2. 지방도서관의 지식정보격차 해소에 관한 사항

3. 그 밖에 지방도서관정책을 위하여 지방도서관위원회에서 필요하다고 인정하는 사항

③ 지방도서관위원회는 위원장 1인과 부위원장 1인을 포함한 15인 이내의 위원으로 구성한다.

④ 위원장은 시·도지사가 되고, 부위원장은 지역대표도서관장이 되며 위원은 도서관에 관한 전문지식과 경험이 풍부한 자 중 위원장이 위촉하는 자가 된다.

⑤ 위원장은 회의를 소집·주재한다.

⑥ 위원장은 필요한 경우에 부위원장으로 하여금 직무를 대행하게 할 수 있다.

⑦ 지방도서관위원회의 운영에 관하여 필요한 사항은 당해 지방자치단체의 조례로 정한다.

제25조 (운영비의 보조) 국가는 도서관 협력체계의 효율적 운영을 위하여

지역대표도서관을 설치한 시·도에 대하여 그 사업비의 일부를 보조할 수 있다.

제26조 (도서관자료의 제출) ① 지방자치단체가 자료를 발행 또는 제작한 경우에는 그 발행일 또는 제작일부터 30일 이내에 그 도서관자료를 관할 지역 안에 있는 지역대표도서관에 제출하여야 한다. 수정증보판인 경우에도 또한 같다. 〈개정 2009.3.25〉

② 제출대상 도서관자료의 종류·부수 및 제출 절차 등에 관하여 필요한 사항은 대통령령으로 정한다. 〈개정 2009.3.25〉

[제목개정 2009.3.25]

제4장의2 공공도서관 〈신설 2009.3.25〉

제27조 (설치 등) ① 국가 또는 지방자치단체는 대통령령이 정하는 바에 따라 공립 공공도서관을 설립·육성하여야 한다. 〈개정 2009.3.25〉

② 누구든지 사립 공공도서관을 설립·운영할 수 있다. 〈개정 2009.3.25〉

③ 제1항에 따라 설립된 공립 공공도서관은 "도서관"이라는 명칭을 사용하여야 한다. 〈개정 2009.3.25〉

[제목개정 2009.3.25]

제28조 (업무) 공공도서관은 정보 및 문화, 교육센터로서 수행하여야 할 기능을 발휘할 수 있도록 다음 각 호의 업무를 수행한다. 〈개정 2009.3.25〉

1. 도서관자료의 수집·정리·보존 및 공중에 이용 제공
2. 공중에 필요한 정보의 제공 및 지방행정에 필요한 정보의 제공
3. 독서의 생활화를 위한 계획의 수립 및 실시
4. 강연회, 전시회, 독서회, 문화행사 및 평생교육 관련 행사의 주최 또는 장려
5. 다른 도서관과의 긴밀한 협력 및 도서관자료의 상호대차
6. 지역 특성에 따른 분관 등의 설립 및 육성
7. 그 밖에 공공도서관으로서의 기능수행에 필요한 업무

제29조 (공립 공공도서관의 운영 및 지원 등) ① 국가 및 지방자치단체는 도서관의 설립·운영 및 도서관자료수집에 관하여 필요한 경비의 일부를 보조하는 등 공립 공공도서관의 균형 있는 발전과 효율적 운영을 위하여 필요한 지원을 할 수 있다. 〈개정 2009.3.25〉

② 지방자치단체가 설립·운영하는 공립 공공도서관에 대하여는 당해 지방자치단체의 일반회계에서 그 운영비를 부담하여야 한다. 〈개정 2009.3.25〉

③ 「지방교육자치에 관한 법률」 제32조에 따라 교육감이 설립·운영하는 공립 공공도서관에 대하여는 해당지방자치단체의 일반회계 예산의 범위 안에서 그 운영비의 일부를 부담하여야 한다. 〈개정 2006.12.20, 2009.3.25〉

제30조 (공립 공공도서관의 관장 및 도서관운영위원회) ① 공립 공공도서관의 관장은 사서직으로 임명한다.

② 공립 공공도서관은 해당도서관의 효율적인 운영을 도모하고 각종 문화시설과 긴밀히 협조하기 위하여 도서관운영위원회를 두어야 한다.

③ 제2항에 따른 도서관운영위원회의 구성 및 운영에 관하여 필요한 사항은 당해 지방자치단체의 조례로 정한다. 〈개정 2009.3.25〉

제31조(사립 공공도서관의 등록 및 폐관) ① 누구든지 사립 공공도서관을 설립하고자 할 때에는 제5조 및 제6조에 따른 시설·도서관자료 및 사서직원 등에 관한 기준을 갖추고 대통령령이 정하는 바에 따라 시장·군수·자치구의 구청장(이하 "시·군·구청장"이라 한다)에게 등록신청을 할 수 있다. 이 경우 시·군·구청장은 등록증을 교부하여야 한다. 〈개정 2009.3.25〉

② 제1항에 따라 등록한 자가 그 등록사항을 변경하려면 변경등록을 하여야 한다. 〈신설 2009.3.25〉

③ 제1항에 따라 등록한 사립 공공도서관의 설립자가 당해 도서관을 폐관하고자 할 때에는 시·군·구청장에게 등록증을 반납하여야 한다. 〈개

정 2009.3.25⟩

제31조의2 (등록의 취소 등) ① 시·군·구청장은 제31조제1항에 따라 등록한 사립 공공도서관이 다음 각 호의 어느 하나에 해당하면 등록을 취소하거나 기한을 정하여 시정을 요구하거나 6개월 이내의 기간을 정하여 운영정지를 명할 수 있다.

1. 거짓이나 그 밖의 부정한 방법으로 등록을 한 경우

2. 제31조제2항에 따른 변경등록을 하지 아니한 경우

3. 제5조 및 제6조에 따른 시설 및 도서관자료기준 등을 유지하지 못하여 제28조에 따른 업무를 수행할 수 없다고 인정되는 경우

4. 그 밖에 이 법에 따른 도서관의 설립목적을 위반하여 관리·운영한 경우

② 제1항에 따라 등록이 취소된 때에는 그 도서관의 대표자는 시·군·구청장에게 1개월 이내에 등록증을 반납하여야 한다.

[본조신설 2009.3.25]

제31조의3 (청문) 시·군·구청장이 제31조의2에 따라 등록을 취소하고자 하는 경우에는 청문을 실시하여야 한다.

[본조신설 2009.3.25]

제32조 (사립 공공도서관의 지원 등) ① 국가 및 지방자치단체는 제31조제1항에 따라 등록한 사립 공공도서관의 균형 있는 발전과 효율적 운영에 필요한 지원을 할 수 있다. ⟨개정 2009.3.25, 2011.4.5⟩

② 국가 및 지방자치단체의 장은 사립 공공도서관의 조성 및 운영에 필요하다고 인정하는 경우 「국유재산법」 또는 「공유재산 및 물품 관리법」 등의 관계 규정에도 불구하고 국유·공유 재산을 무상으로 사용하게 하거나 대부할 수 있다. ⟨신설 2011.4.5⟩

[시행일 : 2011.7.6] 제32조

제33조 (사용료 등) 공공도서관은 대통령령이 정하는 바에 따라 그 이용자에게서 사용료 등을 받을 수 있다. ⟨개정 2009.3.25⟩

제5장 대학도서관

제34조 (설치) 「고등교육법」 제2조에 따른 대학 및 다른 법률의 규정에 따라 설립된 대학교육과정 이상의 교육기관에는 대학도서관을 설치하여야 한다. 〈개정 2009.3.25〉

제35조 (업무) 대학도서관은 교수와 학생의 연구 및 교육활동과 교직원 등의 지식정보 함양에 필요한 다음 각 호의 업무를 수행한다.

1. 대학교육에 필요한 각종 정보자료의 수집·정리·보존 및 서비스 제공
2. 효율적 교육 과정의 수행을 위한 지원
3. 다른 도서관 및 관련 기관과의 상호협력과 서비스 제공
4. 그 밖에 대학도서관으로서의 기능수행에 필요한 업무

제36조 (지도·감독) 대학도서관은 「고등교육법」과 「사립학교법」 및 그 밖의 법률의 규정에 따른 해당대학의 지도·감독이나 교육기관의 감독청의 지도·감독을 받아야 한다.

제6장 학교도서관

제37조 (설치) 「초·중등교육법」 제2조에 따른 학교에는 학교도서관을 설치하여야 한다. 〈개정 2009.3.25〉

제38조 (업무) 학교도서관은 학생 및 교원 등의 교수, 학습활동을 지원하기 위하여 다음 각 호의 업무를 수행한다. 〈개정 2009.3.25〉

1. 학교교육에 필요한 도서관자료의 수집·정리·보존 및 이용서비스 제공
2. 학교소장 교육 자료의 통합관리 및 이용 제공
3. 시청각자료 및 멀티미디어 자료의 개발·제작 및 이용 제공
4. 정보관리시스템과 통신망을 이용한 정보공유체제의 구축 및 이용 제공

5. 도서관 이용의 지도 및 독서교육, 협동수업 등을 통한 정보 활용의 교육

6. 그 밖에 학교도서관으로서 해야 할 기능수행에 필요한 업무

제39조 (지도·감독) 학교도서관은 「초·중등교육법」과 「사립학교법」 및 그 밖의 법률의 규정에 따른 해당학교의 감독청의 지도·감독을 받는다.

제7장 전문도서관

제40조 (등록 및 폐관) ① 국가, 지방자치단체, 법인, 단체 또는 개인은 전 문도서관을 설립할 수 있다.

② 누구든지 전문도서관을 설립(이하 "사립 전문도서관"이라 한다)하고자 할 때에는 제5조 및 제6조에 따른 시설·도서관자료 및 사서직원 등에 관한 기준을 갖추고 대통령령이 정하는 바에 따라 시·군·구청장에게 등록 신청을 할 수 있다. 이 경우 시·군·구청장은 등록증을 교부하여 야 한다. 〈개정 2009.3.25〉

③ 제2항에 따라 등록한 사립 전문도서관의 설립자가 해당도서관을 폐관 하고자 할 때에는 시·군·구청장에게 등록증을 반납하여야 한다. 〈개정 2009.3.25〉

제41조 (업무) 전문도서관은 다음 각 호의 업무를 수행한다. 〈개정 2009.3. 25〉

1. 전문적인 학술 및 연구 활동에 필요한 도서관자료의 수집·정리·보 존 및 이용서비스 제공

2. 학술 및 연구 활동에 대한 신속하고 효율적인 지원

3. 다른 도서관과의 도서관자료공유를 비롯한 다양한 협력활동

4. 그 밖에 전문도서관으로서의 기능수행에 필요한 업무

제42조 (준용) 제32조는 제40조 제2항에 따라 등록된 사립 전문도서관에 대하여 이를 준용한다. 〈개정 2009.3.25〉

제8장 지식정보격차의 해소

제43조(도서관의 책무) ① 도서관은 「정보격차해소에 관한 법률」 제10조에 따라 지식정보격차 해소를 위한 시설·도서관자료 및 프로그램을 설치·운영하여야 한다. 〈개정 2009.3.25〉

② 도서관은 모든 국민이 신체적·지역적·경제적·사회적 여건에 관계없이 공평한 지식정보서비스를 제공받는 데에 필요한 모든 조치를 하여야 한다.

③ 도서관은 지식정보격차 해소를 위한 시설과 서비스를 제공하는 경우에 장애인 그 밖에 대통령령이 정하는 지식정보 취약계층(이하 "지식정보 취약계층"이라 한다)의 접근 및 이용편의를 증진하는 데에 최선을 다하여야 한다.

제44조 (지식정보격차 해소의 지원) ① 국가 및 지방자치단체는 지식정보 취약계층이 도서관시설과 서비스를 자유롭게 이용할 수 있도록 필요한 시책을 강구하여야 한다.

② 국가 및 지방자치단체는 「정보격차해소에 관한 법률」 제10조 제2항 및 제3항에 따라 지식정보 취약계층의 지식정보 접근 및 이용환경을 개선하기 위하여 도서관이 도서관자료, 시설, 정보기기 및 소프트웨어 등을 구비하는데 필요한 재정의 일부를 지원할 수 있다. 〈개정 2009.3.25〉

③ 국가 및 지방자치단체는 지식정보 취약계층이 도서관자료를 이용하는 경우 「저작권법」 제31조 제5항에 따라 저작재산권자에게 지급하여야 하는 보상금에 대하여 예산의 범위에서 그 전부 또는 일부를 보조할 수 있다. 〈신설 2009.3.25〉

제45조 (국립장애인도서관지원센터의 설립·운영) ① 국립중앙도서관장 소속하에 지식정보 취약계층 중에서 특히 장애인에 대한 도서관서비스를 지원하기 위하여 국립장애인도서관지원센터(이하 "지원센터"라 한다)를 둔다.

② 지원센터는 다음 각 호의 업무를 수행한다.

1. 도서관의 장애인서비스를 위한 국가 시책 수립 및 총괄
2. 장애인 서비스를 위한 도서관 기준 및 지침의 제정
3. 장애인을 위한 독서자료·학습교재·이용설명서 등의 제작·배포
4. 장애인을 위한 정보서비스와 특수설비의 연구 및 개발
5. 장애인의 정보서비스를 담당하는 전문직원 교육
6. 장애인의 정보서비스를 위한 국내외 도서관과의 협력
7. 그 밖에 장애인에게 필요한 도서관서비스에 관한 업무

③ 지원센터의 설립·운영 및 업무에 관하여 필요한 사항은 대통령령으로 정한다.

제9장 보칙

제46조 (권한의 위임·위탁) 이 법에 따른 문화체육관광부장관의 권한은 그 일부를 시·도지사에게 위임하거나 협회 및 관련 단체에 위탁할 수 있다. 이 경우 문화체육관광부장관은 위탁업무 수행을 위하여 협회 및 단체 등에 사업비를 포함한 운영비를 지원할 수 있다. 〈개정 2009.3.25〉

제47조 (과태료) ① 제20조제1항을 위반한 자에게는 해당 도서관자료 정가(그 도서관자료가 비매자료인 경우에는 해당 발행 도서관자료의 원가)의 10배에 해당하는 금액 이하의 과태료를 부과한다.

② 제1항에 따른 과태료는 문화체육관광부장관이 부과·징수한다.

[전문개정 2009.3.25]

제48조 삭제 〈2009.3.25〉

부칙 〈제10558호, 2011.4.5〉

이 법은 공포 후 3개월이 경과한 날부터 시행한다.

도서관법시행령

[시행 2011.1.24] [대통령령 제22625호, 2011.1.17, 타법개정]

제1조 (목적) 이 영은 「도서관법」에서 위임된 사항과 그 시행에 관하여 필요한 사항을 규정함을 목적으로 한다.

제2조 (인정요건 및 절차) ① 「도서관법」(이하 "법"이라 한다) 제3조에 따라 문화체육관광부장관은 정보관·정보센터·자료실·자료센터·문화센터 등의 시설 중 공중이 그 시설에서 보존하는 자료를 이용할 수 있는 검색·이용 및 대출에 관한 시설을 갖춘 시설을 직권 또는 신청을 받아 이 법의 적용을 맡는 시설로 인정할 수 있다. 〈개정 2008.12.31〉

② 제1항에 따른 시설로 인정을 받으려는 자는 인정신청서에 보존하는 자료의 현황과 검색·이용 및 대출에 관한 시설의 현황에 관한 서류를 첨부하여 문화체육관광부장관에게 제출하여야 한다. 〈개정 2008.12.31〉

제3조 (도서관의 시설과 도서관자료) 법 제5조 제2항에 따라 도서관이 갖추어야 하는 시설과 도서관자료의 기준은 별표 1과 같다. 〈개정 2009.9.21〉

제4조 (사서직원 등) ① 법 제6조 제1항에 따라 도서관에 두는 사서직원의 기준은 별표 2와 같다.

② 법 제6조 제2항에 따른 사서직원의 구분과 자격요건은 별표 3과 같다.

③ 문화체육관광부장관은 제2항에 따른 사서직원의 자격요건을 갖춘 자에게 문화체육관광부령으로 정하는 바에 따라 사서자격증을 발급하여야 한다. 〈개정 2008.12.31 제21214호(행정안전부와 그 소속기관 직제)〉

제5조 (도서관정보정책위원회의 심의·조정사항) 법 제12조 제2항 제7호에서 "대통령령으로 정하는 사항"이란 다음 각 호의 사항을 말한다. 〈개정 2009.9.21〉

1. 도서관 운영 및 이용 실태에 관한 사항

2. 법 제24조에 따른 지방도서관정보서비스위원회와의 협력에 관한 사항

3. 도서관 이용 등에 관한 민간 참여 및 자원봉사 활성화에 관한 사항

4. 도서관자료의 교환, 이관, 폐기 및 제적(除籍 : 더 이상 이용가치가 없는 도서를 등록대장에서 제거하는 것을 말한다)의 기준과 범위에 관한 사항

5. 도서관의 시설 및 도서관자료 기준과 사서직원 배치 기준에 관한 사항

6. 제8조에 따른 연도별 시행계획의 수립지침 및 관계 행정기관의 의견 조정에 관한 사항

7. 그 밖에 도서관의 주요 정책과 사업에 관한 사항으로서 법 제12조에 따른 도서관정보정책위원회(이하 "도서관위원회"라 한다)의 위원장이 회의에 부치는 사항

제6조 (도서관위원회의 당연직 위원) ① 법 제13조 제2항 제1호에서 "대통령령이 정하는 관계 중앙행정기관의 장 및 이에 준하는 기관의 장"이란 기획재정부장관 · 교육과학기술부장관 · 법무부장관 · 국방부장관 · 행정안전부장관 · 문화체육관광부장관 · 지식경제부장관 · 보건복지부장관 · 여성가족부장관 · 국토해양부장관을 말한다. 〈개정 2008.12.31, 2009.9.21, 2010.3. 15〉

② 도서관위원회의 회의는 재적위원 과반수의 출석으로 개의하고, 출석위원 과반수의 찬성으로 의결한다.

③ 도서관위원회에 출석하는 위원, 관계 공무원 또는 관계 전문가 등에게는 예산의 범위에서 수당, 여비 그 밖에 필요한 경비를 지급할 수 있다. 다만, 공무원이 그 소관 업무와 직접 관련하여 도서관위원회에 출석하는 경우에는 그러하지 아니하다.

④ 이 영에서 정한 것 외에 도서관위원회의 운영에 필요한 사항은 도서관위원회의 심의를 거쳐 도서관위원회의 위원장이 정한다. 〈개정 2009.9. 25〉

제7조 (실무조정회의) ① 도서관위원회의 심의 안건에 대한 관계 행정기관의 실무협의 및 조정을 위하여 실무조정회의를 둘 수 있다.

② 실무조정회의의 구성과 운영에 필요한 사항은 문화체육관광부령으로 정한다. 〈개정 2008.12.31〉

제8조 (연도별 시행계획의 수립·추진) ① 법 제15조에 따른 연도별 시행계획(이하 "시행계획"이라 한다)의 효율적인 수립을 위하여 문화체육관광부장관은 도서관위원회의 심의를 거쳐 다음 해의 시행계획 수립지침을 정하고, 이를 9월 30일까지 관계 중앙행정기관의 장과 특별시장·광역시장·도지사 및 특별자치도지사(이하 "시·도지사"라 한다)에게 통보하여야 한다. 〈개정 2008.12.31, 2009.9.21〉

② 관계 중앙행정기관의 장과 시·도지사는 제1항의 시행계획 수립지침에 따라 11월 30일까지 다음 각 호의 사항이 포함된 다음 해의 시행계획을 수립하여 문화체육관광부장관에게 제출하여야 한다. 〈개정 2009.9.21〉

1. 해당 연도의 사업추진방향
2. 주요 사업별 추진방향
3. 주요 사업별 세부운영계획
4. 그 밖의 사업추진에 관하여 필요한 사항

③ 문화체육관광부장관은 제2항에 따라 제출된 다음 해의 시행계획을 종합하여 도서관위원회의 심의를 거쳐 확정한 후 이를 12월 31일까지 관계 중앙행정기관의 장 및 시·도지사에게 통보하여야 한다. 〈신설 2009.9.21〉

④ 관계 중앙행정기관의 장 및 시·도지사는 1월 31일까지 전년도 시행계획의 추진 실적을 문화체육관광부장관에게 제출하여야 하며, 문화체육관광부장관은 이를 종합하여 3월 31일까지 도서관위원회에 제출하여야 한다. 〈신설 2009.9.21〉

제9조 (도서관직원의 교육훈련) ① 국립중앙도서관은 법 제19조 제1항 제5호에 따른 도서관직원의 교육훈련을 위하여 사서교육훈련과정을 설치하고 운영하여야 한다.

② 도서관의 장은 소속 직원이 5년에 1회 이상 제1항에 따른 사서교육훈련과정을 이수하도록 하여야 한다.

③ 국립중앙도서관장은 제1항에 따른 사서교육훈련과정의 일부를 다른 도서관·연수기관 또는 문헌정보학과나 도서관학과를 설치한 대학으로 하여금 실시하게 할 수 있다.

④ 제1항부터 제3항까지의 규정에서 정한 것 외에 도서관직원에 대한 교육훈련에 관하여 필요한 사항은 국립중앙도서관장이 정한다.

제10조 (국립중앙도서관의 협력업무) 국립중앙도서관은 법 제19조제1항제5호 및 제6호에 따른 국내외 도서관과의 교류와 협력을 위하여 다음 각 호의 업무를 수행하여야 한다. 〈개정 2009.9.21〉

1. 국가문헌정보체계 구축을 통한 정보와 도서관자료의 유통

2. 분담수서(分擔收書 : 도서관자료를 분담하여 수집하는 것을 말한다), 상호대차(相互貸借 : 도서관간에 도서관자료를 상호교류하는 것을 말한다), 종합목록 및 도서관자료의 공동보존

3. 국내외 희귀 도서관자료의 복제와 배부

4. 도서관자료의 보존과 관련된 지원

5. 국제도서관기구에의 가입과 국제간 공동사업 수행에의 참여

6. 국내외 각종 도서관과의 업무협력 연계체제 구축을 위한 도서관협력망의 운용

제11조 (국제교류를 위한 도서관자료의 제공) ① 국립중앙도서관장은 「공공기록물 관리에 관한 법률」 제3조 제1호에 따른 공공기관이 발행하거나 제작한 자료 중 법 제19조 제1항 제6호에 따른 외국도서관과의 교류 및 협력을 위하여 필요한 도서관자료가 있는 경우에는 그 도서관자료의 제공을 요청할 수 있다. 〈개정 2009.9.21〉

② 제1항에 따라 도서관자료의 제공을 요청받은 기관은 해당 도서관자료가 「보안업무규정」에 따른 비밀에 속하는 등의 특별한 사유가 없는 한 도서관자료의 제공에 협조하여야 한다. 〈개정 2009.9.21〉

제12조 (독서 진흥 활동을 위한 지원 및 협력) 국립중앙도서관은 법 제19조 제1항 제8호에 따른 독서 진흥 활동을 위한 지원 및 협력을 위하여 다음

각 호의 업무를 수행하여야 한다.

1. 공중의 독서활동 촉진을 위한 독서 자료(「독서문화진흥법」 제2조 제2호에 따른 독서 자료를 말한다) 및 각종 프로그램의 개발과 보급

2. 제21조에 따른 지식정보 취약계층의 독서환경 개선

3. 독서 관련 시설·기관 및 단체와의 협력 〈전문개정 2009.9.21〉

제13조 (도서관자료의 납본) ① 법 제20조 제1항에 따라 국립중앙도서관에 납본(納本)하는 도서관자료는 다음 각 호의 도서관자료로 한다. 〈개정 2008.12.31, 2009.9.21〉

1. 도서

2. 연속간행물

3. 악보, 지도 및 가제식(加除式) 자료

4. 마이크로형태의 자료 및 전자자료

5. 슬라이드, 음반, 카세트테이프, 비디오물 등 시청각자료

6. 「출판문화산업 진흥법」 제2조 제4호에 따른 전자출판물 중 콤팩트디스크, 디지털비디오디스크 등 유형물

7. 점자자료, 녹음자료 및 큰활자자료 등 장애인을 위한 특수자료

8. 출판 환경의 변화에 따라 새로운 형태로 발간되는 기록물로서 문화체육관광부장관이 인정하는 도서관자료

② 법 제20조 제2항에 따라 국립중앙도서관에 디지털 파일형태로도 납본하도록 요청할 수 있는 도서관자료는 제1항 각 호의 도서관자료 중에서 장애인을 위한 특수자료로 변환 및 제작이 가능한 자료로 한다. 이 경우 디지털 파일형태는 국립중앙도서관장이 제13조의3에 따른 도서관자료심의위원회의 심의를 거쳐 선정하여 고시한다. 〈개정 2009.9.21〉

③ 제1항에 따른 납본 대상 자료의 납본 부수는 2부로 하고, 제2항에 따른 디지털 파일형태로 된 자료의 납본 부수는 1부로 한다. 〈개정 2009.9.21〉

④ 법 제20조 제1항 및 제2항에 따라 도서관자료를 납본하는 자는 문화체육관광부령으로 정하는 바에 따라 도서관자료 납본서를 국립중앙도서

관장에게 제출하여야 한다. 다만, 납본한 도서관자료의 전부 또는 일부가 판매용인 경우에는 문화체육관광부령으로 정하는 바에 따라 보상청구서를 제출하여야 한다. 〈개정 2009.9.21〉

제13조의2 (온라인 자료의 수집) ① 법 제20조의2 제1항에 따라 국립중앙도서관이 수집하는 온라인 자료는 전자적 형태로 작성된 웹사이트, 웹자료 등으로서 국립중앙도서관장이 제13조의3에 따른 도서관자료심의위원회의 심의를 거쳐 선정하여 고시하는 자료로 한다.

② 국립중앙도서관장은 법 제20조의2 제1항에 따라 수집하는 온라인 자료의 전부 또는 일부가 판매용인 경우에는 그 온라인 자료를 제공한 자에게 도서관자료 수집증명서를 발급(전자문서에 의한 발급을 포함한다)하여야 한다.

③ 제2항에 따라 도서관자료 수집증명서를 발급받은 온라인 자료 제공자는 문화체육관광부령으로 정하는 바에 따라 도서관자료 보상청구서를 국립중앙도서관장에게 제출(전자문서에 의한 제출을 포함한다)하여야 한다.

④ 국립중앙도서관장은 법 제20조의2 제1항에 따라 수집하는 온라인 자료에 대하여 그 대가를 정당하게 보상하기 어려운 경우에는 도서관자료에서 해당 온라인 자료를 삭제하는 등의 조치를 할 수 있다. 〈본조신설 2009.9.21〉

제13조의3 (도서관자료심의위원회 설치) ① 법 제20조에 따라 납본되는 도서관자료 및 법 제20조의2에 따라 수집되는 온라인 자료의 선정·종류·형태 및 보상 등에 관한 주요 사항을 심의하기 위하여 국립중앙도서관에 도서관자료심의위원회(이하 "심의위원회"라 한다)를 둔다.

② 심의위원회는 위원장을 포함하여 15명 이내의 위원으로 구성한다.

③ 위원은 다음 각 호의 사람이 되고, 위원장은 제2호에 따라 위촉된 위원 중에서 호선한다.

1. 교육과학기술부장관, 행정안전부장관 및 문화체육관광부장관이 지명하는 교육과학기술부, 행정안전부 및 문화체육관광부 소속 고위공무원 각 1명

2. 도서관 및 관련 분야에 관한 전문지식과 경험이 풍부한 사람 중에서 국립중앙도서관장이 위촉하는 사람

④ 위원장은 심의위원회를 대표하며, 그 업무를 총괄한다.

⑤ 제3항 제2호에 따라 위촉되는 위원의 임기는 2년으로 한다.

⑥ 심의위원회의 업무를 효율적으로 수행하기 위하여 분야별로 분과위원회를 둘 수 있다.

⑦ 제1항부터 제6항까지에서 규정한 사항 외에 심의위원회 및 분과위원회의 운영 등에 필요한 사항은 문화체육관광부령으로 정한다. 〈본조신설 2009.9.21〉

제13조의4 (개인정보의 정정 또는 삭제 청구) ① 법 제20조의2 제3항에 따라 개인정보의 정정 또는 삭제를 청구하려는 자는 개인정보 정정·삭제 청구서를 국립중앙도서관장에게 제출하여야 한다.

② 국립중앙도서관장은 제1항에 따른 정정 또는 삭제 청구를 받은 때에는 10일 이내에 필요한 조치를 한 후 정정·삭제조치 결과통지서를 청구인에게 송부하여야 한다. 이 경우 10일 이내에 필요한 조치를 할 수 없는 정당한 사유가 있을 때에는 그 사유를 통지하고 한 차례만 10일의 범위에서 그 기간을 연장할 수 있다.

③ 국립중앙도서관장은 제1항에 따른 정정 또는 삭제 청구에 대하여 정정 또는 삭제를 하지 아니하기로 결정하거나 청구의 내용과 다른 결정을 한 경우에는 그 결정의 내용 및 사유와 해당 결정에 대한 불복절차에 관한 사항을 적은 정정·삭제거부 등 결정통지서를 청구인에게 송부하여야 한다. 〈본조신설 2009.9.21〉

제14조 (국제표준자료번호의 부여) ① 법 제21조 제1항에 따른 국제표준자료번호(이하 "자료번호"라 한다)는 국제표준도서번호와 국제표준연속간행물번호로 구분하되, 국립중앙도서관장은 자료의 이용과 유통과정의 편의를 위하여 부가기호를 추가로 부여할 수 있다.

② 자료번호를 부여 받으려는 자는 문화체육관광부령으로 정하는 바에

따라 국립중앙도서관장에게 자료번호신청서를 제출하여야 한다. 〈개정 2008.12.31〉

③ 자료번호와 부가기호(이하 "한국문헌번호"라 한다)의 부여 대상, 절차 및 표시 방법 등은 국립중앙도서관장이 정하여 고시한다.

④ 국립중앙도서관장은 한국문헌번호를 부여 받은 자가 도서나 연속간행물에 한국문헌번호를 표시하지 아니한 경우에는 그 한국문헌번호의 부여를 취소하거나 사용을 금지할 수 있다.

제15조 (지역대표도서관 설립·운영 등) ① 법 제22조 제1항에 따라 시·도지사는 해당 특별시·광역시·도·특별자치도가 설립한 공공도서관이나 그 밖의 공공도서관 중 하나를 지정하여 지역대표도서관으로서의 업무를 수행하게 하여야 한다. 〈개정 2009.9.21〉

② 지역대표도서관의 장은 매년 11월 말까지 다음 각 호의 사항을 종합하여 시·보고하여야 한다.

1. 차년도 지역도서관 운영계획
2. 지역 내 도서관협력 및 국립중앙도서관과의 협력 현황
3. 지역 내 공공도서관 건립 및 공동 보존서고의 운영 현황
4. 지역 내 공공도서관 지원과 지역격차 해소 추진 실적
5. 지역 내 도서관활동의 평가 및 실태조사 분석결과

제16조 (제출대상 도서관자료의 종류 등) 법 제26조 제2항에 따라 지방자치단체가 지역대표도서관에 제출하여야 하는 도서관자료의 종류 등에 관하여는 제13조 제1항 및 제3항(제1항에 따른 납본 대상 자료에 관한 부분으로 한정한다)을 준용한다. 〈개정 2009.9.21〉

제17조 (공공도서관의 설립·육성) ① 법 제27조 제1항에 따라 국가나 지방자치단체는 지역주민이 쉽게 접근할 수 있는 곳에 공공도서관을 설치하도록 노력하여야 한다.

② 공공도서관(법 제2조 제4호 각 목의 도서관은 제외한다)은 지역주민에게 봉사하기 위하여 지역의 특성에 따라 작은도서관, 분관(分館), 이동도서관

등을 육성하고 지원하여야 한다. 〈개정 2009.9.21〉

제18조 (사립 공공도서관의 등록 및 폐관 절차) ① 법 제31조 제1항에 따라 사립 공공도서관을 등록하려는 자는 등록신청서에 시설명세서를 첨부하여 특별자치도지사·시장·군수·자치구의 구청장(이하 "시·군·구청장"이라 한다)에게 제출(전자문서에 의한 제출을 포함한다. 이하 이 조에서 같다)하여야 한다.

② 법 제31조 제2항에 따라 등록사항을 변경하려는 자는 그 등록사항이 변경된 날부터 14일 이내에 변경등록신청서에 시설명세서를 첨부하여 시·군·구청장에게 제출하여야 한다. 이 경우 변경등록신청을 받은 시·군·구청장은 변경된 등록증을 발급하여야 한다.

③ 법 제31조 제3항에 따라 등록한 도서관을 폐관하려는 자는 폐관신고서에 등록증을 첨부하여 시·군·구청장에게 제출하여야 한다. 〈개정 2009.9.21〉

제19조 (공공도서관의 사용료 등) 법 제33조에 따라 공공도서관이 이용자로부터 받을 수 있는 사용료 등의 범위는 다음 각 호와 같다. 〈개정 2009.9.21〉

1. 도서관자료 복제 및 데이터베이스 이용 수수료

2. 개인연구실·회의실 등 사용료

3. 회원증 발급 수수료

4. 강습·교육 수수료

5. 도서관 입장료(사립 공공도서관의 경우에 한한다)

〈개정 2009.9.21〉

제20조 (사립 전문도서관의 등록 및 폐관 절차) 법 제40조 제2항에 따른 사립 전문도서관의 등록 및 폐관 절차에 관하여는 제18조 제1항 및 제3항을 준용한다. 〈전문개정 2009.9.21〉

제21조 (지식정보 취약계층 등) 법 제43조 제3항에서 "대통령령이 정하는 지식정보 취약계층"이란 다음 각 호의 자를 말한다. 〈개정 2009.9.21, 2011.1.17〉

1. 「장애인복지법」에 따른 장애인

2. 「국민기초생활보장법」에 따른 수급권자

3. 65세 이상의 노인

4. 농어촌(「농어업인 삶의 질 향상 및 농어촌지역 개발촉진에 관한 특별법」 제3 조 제1호에 따른 농어촌을 말한다)의 주민

제22조 (권한의 위탁) 문화체육관광부장관은 법 제46조에 따라 법 제6조 제2항에 따른 사서직원의 자격증 발급에 관한 권한을 법 제17조에 따라 설립된 도서관 관련 협회 중 문화체육관광부령으로 정하는 협회에 위탁 한다. 〈개정 2008.12.31〉

제23조 삭제 〈2009.9.21〉

부칙 〈제22625호, 2011.1.17〉

제1조 (시행일) 이 영은 2011년 1월 24일부터 시행한다.

제2조 (다른 법령의 개정) ① 및 ② 생략.

③ 도서관법 시행령 일부를 다음과 같이 개정한다.

제21조 제4호를 다음과 같이 한다.

4. 농어촌(「농어업인 삶의 질 향상 및 농어촌지역 개발촉진에 관한 특별법」 제3 조 제1호에 따른 농어촌을 말한다)의 주민

④부터 ⑥까지의 생략

도서관법시행규칙

[시행 2009.9.26] [문화체육관광부령 제41호, 2009.9.25, 일부개정]

제1조 (목적) 이 규칙은 「도서관법」 및 동법 시행령에서 위임된 사항과 그 시행에 관하여 필요한 사항을 규정함을 목적으로 한다.

제2조 (도서관 인정신청서 등 〈개정 2009.9.25〉) ① 「도서관법 시행령」 (이하 "영"이라 한다) 제2조 제2항에 따른 도서관 인정신청서는 별지 제1 호서식에 따른다. 〈개정 2009.9.25〉

② 문화체육관광부장관은 영 제2조 제2항에 따라 인정신청을 받거나 직권으로 검토한 시설이 영 제2조 제1항에 따른 인정요건을 갖추고 있다고 인정하는 경우에는 별지 제2호서식의 도서관 인정서를 발급하여야 한다. 〈개정 2009.9.25〉

제3조 (자격증의 발급신청 〈개정 2009.9.25〉) ① 영 제4조제3항에 따라 사서자격증을 발급받으려는 자는 별지 제3호서식의 사서자격증 발급신청서에 다음 각 호의 서류를 첨부하여 한국도서관협회장에게 제출하여야 한다. 〈개정 2009.9.25〉

1. 주민등록등본 또는 초본(외국인의 경우 외국인등록사실증명서를 말한다)

2. 영 제4조 제2항에 따른 사서직원의 자격요건에 해당함을 증명하는 서류

② 대학·전문대학의 장 또는 영 별표 3에 따른 지정교육기관의 장(이하 "지정교육기관의 장"이라 한다)은 영 별표 3에 따른 자격요건을 갖춘 졸업 예정자 또는 교육과정이수예정자에 대하여 별지 제4호서식 또는 별지 제5호서식에 따른 사서자격증 발급신청서를 한국도서관협회장에게 제출하여 자격증 발급을 신청할 수 있다. 〈개정 2009.9.25〉

③ 한국도서관협회장은 제1항 또는 제2항에 따라 사서자격증 발급신청서를 접수한 경우에는 자격요건을 확인한 후 지체 없이 별지 제6호서식에 따른 사서자격증을 해당자에게 발급하여야 한다. 〈개정 2009.9.25〉

제4조 (연구경력의 인정기관) 영 별표 3의 1급정사서란의 제3호에서 "문화체육관광부령으로 정하는 기관"이란 다음 각 호의 기관을 말한다. 〈개정 2009.9.25〉

1. 대학 및 전문대학
2. 국가·지방자치단체 또는 법인이 설립한 연구기관

제5조 (자격증의 재발급신청 〈개정 2009.9.25〉) 자격증을 받은 자가 자격증을 잃어 버렸거나 헐어 못쓰게 되어 자격증을 다시 발급받으려는 경우에는 별지 제7호서식의 사서자격증 재발급신청서를 한국도서관협회장에게 제출하여야 한다. 〈개정 2009.9.25〉

제6조 (자격증의 기재사항 변경신청) 자격증의 기재사항을 변경하려는 자는 별지 제8호서식의 사서자격증 기재사항 변경신청서에 사서자격증과 기재사항의 변경을 증명하는 서류를 첨부하여 한국도서관협회장에게 제출하여야 한다. 〈개정 2009.9.25〉

제7조 (실무조정회의) ① 영 제7조 제2항에 따른 실무조정회의의 위원장은 「도서관법」(이하 "법"이라 한다) 제12조 제3항에 따른 기획단장이 되고, 위원은 다음 각 호의 자로 한다. 〈개정 2009.9.25〉

1. 관계 중앙행정기관 및 특별시·광역시·도·특별자치도의 3급 공무원 또는 고위공무원단에 속하는 일반직공무원(이에 상당하는 공무원을 포함한다)
2. 그 밖에 실무조정회의 위원장이 지명하는 자

② 실무조정회의의 회의는 재적위원 과반수의 출석으로 개의하고, 출석위원 과반수의 찬성으로 의결한다.

③ 실무조정회의에 출석하는 위원, 관계 공무원 또는 관계 전문가 등에게는 예산의 범위에서 수당, 여비 그 밖에 필요한 경비를 지급할 수 있다.

다만, 공무원이 그 소관 업무와 직접 관련하여 실무조정회의에 출석하는 경우에는 그러하지 아니하다.

제8조 (도서관자료 납본서 등 〈개정 2009.9.25〉) ① 영 제13조 제1항에 따라 도서관자료를 납본하는 자는 별지 제9호서식의 도서관자료 납본서를 제출하여야 한다. 다만, 납본한 도서관자료의 전부 또는 일부가 판매용인 경우에는 별지 제9호서식의 보상청구서를 제출하여야 한다. 〈개정 2009.9.25〉

② 영 제13조 제2항에 따라 디지털 파일형태로 된 도서관자료를 납본하는 자는 별지 제9호의2서식의 도서관자료 납본서를 제출하여야 한다. 다만, 납본한 디지털 파일형태로 된 도서관자료의 전부 또는 일부가 판매용인 경우에는 별지 제9호의2서식의 보상청구서를 제출하여야 한다. 〈신설 2009.9.25〉

③ 국립중앙도서관장은 보상금액을 산정하기 위하여 필요한 경우에는 납본을 하는 자에 대하여 보상금 산정에 필요한 자료의 제출을 요구할 수 있다. 〈개정 2009.9.25〉

④ 국립중앙도서관장이 법 제20조 제3항에 따라 발급하는 도서관자료 납본 증명서는 다음 각 호의 서식에 따른다. 〈개정 2009.9.25〉

1. 제1항에 따라 도서관자료를 납본한 자 : 별지 제9호의3서식

2. 제2항에 따라 디지털 파일형태로 된 도서관자료를 납본한 자 : 별지 제9호의4서식

제8조의2 (온라인 자료 수집증명서 등) ① 영 제13조의2 제2항에 따라 국립중앙도서관장이 발급하는 도서관자료 수집증명서는 별지 제10호서식에 따른다.

② 제1항에 따라 도서관자료 수집증명서를 발급받은 온라인 자료 제공자가 국립중앙도서관장에게 제출하여야 하는 도서관자료 보상청구서는 별지 제10호의2서식에 따른다.

[본조신설 2009.9.25]

제8조의3 (도서관자료심의위원회 운영) ① 영 제13조의3 제1항에 따른 도서관자료심의위원회(이하 "심의위원회"라 한다)의 위원장은 회의를 소집하고 그 의장이 된다.

② 위원장이 부득이한 사유로 그 직무를 수행할 수 없을 때에는 위원장이 지명하는 위원이 그 직무를 대행한다.

③ 심의위원회의 회의는 위원장이 필요하다고 인정하거나 국립중앙도서관장의 요청이 있는 경우에 위원장이 소집한다.

④ 심의위원회의 회의는 재적위원 과반수의 출석으로 개의하고, 출석위원 과반수의 찬성으로 의결한다.

⑤ 위원장은 영 제13조의3 제1항에 따른 주요 사항을 심의하기 위하여 필요한 경우에는 관계 공무원 및 관계 전문가를 회의에 참석하게 하여 의견을 듣거나 자료를 제출하게 하는 등 협조를 요청할 수 있다.

⑥ 심의위원회의 회의에 출석하는 위원, 관계 공무원 또는 관계 전문가에게 예산의 범위에서 수당, 여비나 그 밖에 필요한 경비를 지급할 수 있다. 다만, 공무원이 그 소관 업무와 직접적으로 관련되는 회의에 출석하는 경우에는 그러하지 아니하다.

⑦ 그 밖에 심의위원회 운영에 필요한 사항은 심의위원회의 의결을 거쳐 위원장이 정한다.

[본조신설 2009.9.25]

제8조의4 (분과위원회) ① 영 제13조의3 제6항에 따른 분과위원회는 분야별로 10명 이내의 심의위원회의 위원으로 구성한다.

② 분과위원회는 다음 각 호의 사항을 심의한다.

1. 심의위원회에서 심의할 안건의 검토

2. 심의위원회로부터 위임받은 사항

3. 그 밖에 심의위원회의 위원장이나 국립중앙도서관장이 회의에 부치는 사항

③ 그 밖에 분과위원회 운영에 필요한 사항은 심의위원회의 의결을 거쳐

심의위원회의 위원장이 정한다.

[본조신설 2009.9.25]

제8조의5 (개인정보의 정정·삭제 청구 등) ① 영 제13조의4 제1항에 따른 개인정보 정정·삭제 청구서는 별지 제11호서식에 따른다.

② 영 제13조의4 제2항 전단에 따른 정정·삭제조치 결과통지서는 별지 제11호의2서식에 따른다.

③ 영 제13조의4 제2항 후단에 따라 국립중앙도서관장이 정정·삭제조치의 기간을 연장하는 경우 그 통지서는 별지 제11호의3서식에 따른다.

④ 영 제13조의4 제3항에 따른 정정·삭제거부 등 결정통지서는 별지 제11호의4서식에 따른다.

[본조신설 2009.9.25]

제9조 (국제표준자료번호신청서) 영 제14조 제2항에 따라 도서 또는 연속간행물에 대한 자료번호를 부여 받으려는 자는 다음 각 호의 어느 하나에 해당하는 서류를 국립중앙도서관장에게 제출하여야 한다.

1. 도서 : 별지 제12호서식(1)에 따른 신청서에 연간 출판(예정)목록과 출판사신고필증(출판사등록증) 사본을 첨부할 것
2. 연속간행물 : 별지 제12호서식(2)에 따른 신청서에 간행물 견본(표지, 목차, 판권지)과 정기간행물등록증 사본을 첨부할 것

제10조 (도서관설립등록신청서 등) ① 영 제18조 제1항 또는 영 제20조에 따른 등록신청서 및 시설명세서는 각각 별지 제13호서식 및 별지 제14호서식에 따른다. 〈개정 2009.9.25〉

② 특별자치도지사·시장·군수·자치구의 구청장(이하 "시·군·구청장"이라 한다)은 영 제18조제1항 또는 영 제20조에 따라 도서관설립등록을 한 자에게 별지 제15호서식의 도서관 등록증을 발급(정보통신망에 의한 발급을 포함한다)하여야 한다. 〈개정 2007.12.13, 2009.9.25〉

③ 영 제18조 제2항에 따른 변경등록신청서 및 시설명세서는 각각 별지 제15호의2서식 및 별지 제14호서식에 따른다. 〈신설 2009.9.25〉

④ 영 제18조제3항 또는 영 제20조에 따른 도서관 폐관신고서는 별지 제16호서식에 따른다. 〈신설 2009.9.25〉

제11조 (사서직원의 자격증 발급 기관) 영 제22조에서 "문화체육관광부령으로 정하는 협회"란 법 제17조에 따라 설립된 한국도서관협회를 말한다. 〈개정 2009.9.25〉

제12조 삭제 〈2009.9.25〉

부칙 〈제41호, 2009. 9.25〉

제1조 (시행일) 이 규칙은 2009년 9월 26일부터 시행한다.

제2조 (서식에 관한 경과조치) 이 규칙 시행 당시 종전의 규정에 따른 서식은 이 규칙 시행일부터 6개월 간 이 규칙에 따른 서식과 함께 사용하거나 그 일부를 수정하여 사용할 수 있다.

제3조 (다른 법령의 개정) 법인세법 시행규칙 일부를 다음과 같이 개정한다.

제18조 제1항 제17호 중 "문고"를 "작은도서관"으로 한다.

학교도서관진흥법

[시행 2008.6.15] [법률 제8852호, 2008.2.29, 타법개정]

제1조 (목적) 이 법은 학교교육의 기본시설인 학교도서관의 설립·운영·지원 등에 관한 사항을 규정함으로써 학교도서관의 진흥을 통하여 공교육을 내실화하고 지역사회의 평생교육 발달에 이바지함을 목적으로 한다.

제2조 (정의) 이 법에서 사용하는 용어의 정의는 다음과 같다.

1. "학교"란 「초·중등교육법」 제2조 각 호에 따른 학교를 말한다.

2. "학교도서관"이란 학교에서 학생과 교원의 학습·교수활동을 지원함을 주된 목적으로 하는 도서관이나 도서실을 말한다.

3. "학교도서관지원센터(이하 "지원센터"라 한다)"란 특별시·광역시·도·특별자치도의 교육청(이하 "시·도교육청"이라 한다)에서 학교도서관의 업무를 효율적으로 수행할 수 있도록 지원하는 조직을 말한다.

4. "사서교사"란 「초·중등교육법」 제21조에 따른 사서교사 자격증을 지니고 학교도서관의 업무를 담당하는 사람을 말한다.

5. "실기교사"란 문헌정보학 또는 도서관학을 이수하여 「초·중등교육법」 제21조에 따른 실기교사 자격증을 지니고 학교도서관의 업무를 담당하는 사람을 말한다.

6. "사서직원"이란 「도서관법」 제6조 제2항에 따른 자격요건을 갖추고 학교도서관에서 근무하는 사람을 말한다.

제3조 (국가와 지방자치단체의 책무) ① 국가와 지방자치단체는 학교도서관을 진흥하는데 필요한 시책을 강구하여야 한다.

② 국가와 지방자치단체는 학교도서관의 진흥에 필요한 행정적·재정적 지원을 하여야 한다.

제4조 (다른 법률과의 관계) 학교도서관에 관하여는 다른 법률에 특별한 규정이 있는 경우를 제외하고는 이 법으로 정하는 바에 따른다.

제5조 (설치) 특별시·광역시·도·특별자치도의 교육감(이하 "교육감"이라 한다)은 학교에 학교도서관을 설치하여야 한다.

제6조 (학교도서관의 업무) ① 학교도서관은 「도서관법」 제38조에 따른 업무를 수행한다.

② 학교도서관은 제1항에 따른 업무수행에 지장이 없는 범위 안에서 지역사회를 위하여 개방할 수 있다.

③ 학교도서관은 학교와 지역사회의 실정에 맞게 학부모·노인·장애인, 그 밖의 지역주민을 위한 프로그램을 개발·보급할 수 있다.

④ 학교의 장은 제1항부터 제3항까지의 규정에 따른 업무를 수행함에 있어서 「초·중등교육법」 제31조에 따른 학교운영위원회(이하 "학교운영위원회"라 한다)와 협의하여야 한다.

제7조 (학교도서관진흥기본계획) ① 교육과학기술부장관은 「도서관법」 제14조에 따른 도서관발전종합계획에 따라 학교도서관 진흥을 위하여 학교도서관진흥기본계획(이하 "기본계획"이라 한다)을 수립·시행하여야 한다. 이 경우 미리 관계 중앙행정기관의 장과 협의하여야 한다. 〈개정 2008.2.29〉

② 기본계획은 다음 각 호의 사항을 포함하여 5년마다 수립하여야 한다.

1. 학교도서관의 진흥에 관한 종합계획

2. 학교도서관의 설치와 시설·자료의 확충과 정비

3. 학교도서관의 진흥에 관한 연구

4. 사서교사·실기교사·사서직원의 확보·양성·교육

5. 그 밖에 학교도서관의 진흥을 위하여 필요한 사항

③ 기본계획은 제8조에 따른 학교도서관진흥위원회의 심의를 거쳐야 한다. 이를 변경하고자 할 때에도 또한 같다.

④ 기본계획의 수립·시행에 필요한 사항은 대통령령으로 정한다.

제8조 (학교도서관진흥위원회) ① 학교도서관에 관한 주요 사항을 심의하기 위하여 교육과학기술부장관 소속으로 학교도서관진흥위원회(이하 "진흥위원회"라 한다)를 둔다. 〈개정 2008.2.29〉

② 진흥위원회는 다음 각 호의 사항을 심의한다.

1. 기본계획의 수립·시행에 대한 평가

2. 학교도서관과 관련하여 관계 중앙행정기관과 지방자치단체의 장이 요청하는 사항

3. 학교도서관과 관련하여 교육감, 제10조에 따른 학교도서관운영위원회, 전문단체와 전문가가 요청하는 사항

4. 그 밖에 학교도서관의 진흥을 위하여 필요한 사항

③ 진흥위원회는 위원장 1인을 포함한 9인 이상 11인 이내의 위원으로 구성한다.

④ 진흥위원회의 위원장과 위원은 학교도서관의 업무와 관련된 학식과 경험이 풍부한 사람과 시민단체(「비영리민간단체 지원법」 제2조에 따른 비영리민간단체를 말한다)에서 추천한 사람 중에서 교육과학기술부장관이 임명하거나 위촉한다. 〈개정 2008.2.29〉

⑤ 위원의 임기는 3년으로 한다.

⑥ 그 밖에 진흥위원회의 운영 등에 필요한 사항은 대통령령으로 정한다.

제9조 (시·도의 시행계획과 학교도서관발전위원회) ① 교육감은 기본계획에 따라 해당 지역의 실정과 특성에 맞는 시행계획을 수립·시행하여야 한다.

② 지역의 학교도서관에 관한 주요사항을 심의하기 위하여 교육감 소속으로 학교도서관발전위원회(이하 "발전위원회"라 한다)를 둔다.

③ 발전위원회의 구성·운영과 업무에 필요한 사항은 대통령령으로 정한다.

제10조 (학교도서관운영위원회) ① 다음 각 호의 사항을 심의하기 위하여 학교에 학교도서관운영위원회를 둔다.

1. 학교도서관운영계획

2. 자료의 수집·제작·개발 등과 관련된 예산의 책정

3. 자료의 폐기·제적

4. 학교도서관의 행사와 활동

5. 그 밖의 학교도서관 운영에 필요한 사항

② 학교의 장은 제1항의 학교도서관운영위원회의 업무를 학교운영위원회의 동의를 받아 학교운영위원회가 수행하게 할 수 있다.

제11조 (학교도서관 지원비 등) ① 특별시·광역시·도·특별자치도는 학교도서관을 진흥하는데 필요한 경비(이하 "지원비"라 한다)를 해당 연도 예산에 편성하여 시·도교육청에 지원할 수 있다.

② 교육감은 지원비에 대응하여 해당 연도 예산에 자체적으로 부담하는 경비(이하 "대응비"라 한다)를 편성·지원할 수 있다.

③ 지원비와 대응비는 다음 각 호의 용도로 사용한다.

1. 학교도서관의 설립과 그 시설·자료의 확충

2. 지원센터의 설치·운영

3. 학교도서관의 정보화

4. 학교도서관의 전문인력 확보

5. 그 밖에 학교도서관 지원에 필요한 경비

④ 교육감은 대통령령으로 정하는 바에 따라 지원비와 대응비의 운용계획·실적을 교육과학기술부장관에게 보고하여야 한다. 〈개정 2008.2.29〉

제12조 (전담부서의 설치 등) ① 교육과학기술부와 시·도교육청에는 학교도서관 진흥을 담당하는 전담부서를 둘 수 있다. 〈개정 2008.2.29〉

② 학교도서관에는 사서교사·실기교사나 사서직원(이하 "사서교사 등"이라 한다)을 둘 수 있다.

③ 제1항에 따른 전담부서의 구성과 제2항에 따른 사서교사 등의 정원·배치기준·업무범위 등에 필요한 사항은 대통령령으로 정한다.

제13조 (시설·자료 등) ① 학교도서관은 해당 학교의 특성과 사용자 요구

에 적합한 시설·자료를 갖추어야 한다.

② 학교도서관은 자료의 효율적 이용을 위하여 이용 가치가 없거나 파손된 자료를 폐기하거나 제적할 수 있다.

③ 제1항에 따른 학교도서관 시설·자료의 기준과 제2항에 따른 폐기·제적의 기준과 범위에 필요한 사항은 대통령령으로 정한다.

제14조 (학교도서관협력망 구축 등) ① 교육과학기술부장관은 학교도서관의 정보를 효율적으로 활용하기 위하여 시·도교육청, 「한국교육학술정보원법」에 따른 한국교육학술정보원, 공공도서관 등 각종 도서관, 그 밖의 관련 기관과 서로 연계하는 학교도서관협력망(이하 "협력망"이라 한다)을 구축하여야 한다. 〈개정 2008.2.29〉

② 교육감은 학교도서관의 효율적인 운영과 상호 협력을 지원하기 위하여 시·도교육청에 지원센터를 설치할 수 있다.

③ 한국교육학술정보원장은 학교도서관 정보의 유통과 활용을 지원하기 위한 정보서비스시스템을 구축·운용하여야 한다.

④ 협력망의 구축·운영, 지원센터의 설치·운영 등에 필요한 사항은 대통령령으로 정한다.

제15조 (독서교육 등) ① 교육과학기술부장관·교육감과 학교의 장은 대통령령으로 정하는 바에 따라 학교의 독서교육과 정보이용교육을 지원하기 위한 세부계획을 수립·시행하여야 한다. 〈개정 2008.2.29〉

② 제1항에 따른 독서교육과 정보이용교육은 「초·중등교육법」 제23조에 따른 학교의 교육과정 운영계획에 포함시켜야 한다.

제16조 (업무협조) ① 교육과학기술부장관은 기본계획의 수립·시행을 위하여 필요한 경우에는 관계 중앙행정기관·지방자치단체·공공기관, 그 밖의 기관이나 단체에 협조를 요청할 수 있다. 〈개정 2008.2.29〉

② 제1항에 따른 협조요청을 받은 기관이나 단체는 특별한 사유가 없으면 이에 따라야 한다.

제17조 (금전 등의 기부) 법인·단체와 개인은 학교도서관의 설치·시

설·자료와 운영에 관한 지원을 위하여 학교도서관에 금전이나 그 밖의 재산을 기부할 수 있다.

제18조 (지도·감독) 학교도서관은 「초·중등교육법」과 「사립학교법」에 따른 해당 학교의 관할청의 지도·감독을 받는다.

부칙 〈제8852호, 2008. 2.29〉 (정부조직법)

제1조 (시행일) 이 법은 공포한 날부터 시행한다. 다만, (…생략…), 부칙 제6조에 따라 개정되는 법률 중 이 법의 시행 전에 공포되었으나 시행일이 도래하지 아니한 법률을 개정한 부분은 각각 해당 법률의 시행일부터 시행한다.

제2조부터 제5조까지 생략

제6조 (다른 법률의 개정) ① 부터 <103>까지 생략

<104> 학교도서관진흥법 일부를 다음과 같이 개정한다.

제7조 제1항 전단, 제8조 제1항·제4항, 제11조 제4항, 제14조 제1항, 제15조 제1항 및 제16조 제1항 중 "교육인적자원부장관"을 각각 "교육과학기술부장관"으로 한다.

제12조 제1항 중 "교육인적자원부"를 "교육과학기술부"로 한다.

<105>부터 <760>까지 생략

제7조 생략

학교도서관진흥법시행령

[시행 2008.6.19] [대통령령 제20824호, 2008.6.19, 제정]

제1조 (목적) 이 영은 「학교도서관진흥법」에서 위임된 사항과 그 시행에 필요한 사항을 규정함을 목적으로 한다.

제2조 (기본계획 등의 수립절차) ① 교육과학기술부장관은 「학교도서관진흥법」(이하 "법"이라 한다) 제7조제1항에 따른 학교도서관진흥기본계획(이하 "기본계획"이라 한다)을 기본계획 시작연도의 전년도 11월 말까지 수립하고 그 내용을 교육감에게 지체 없이 알려야 한다.

② 교육감은 제1항의 기본계획에 따라 다음 각 호의 사항이 포함된 시행계획을 매년 1월 말까지 수립하고 시행하여야 한다.

1. 전년도 시행계획의 시행결과

2. 그 해 사업의 추진방향

3. 주요 사업별 추진방향 및 세부운영계획

4. 그 밖에 도서관 발전을 위하여 필요한 사항

제3조 (학교도서관진흥위원회 운영) ① 법 제8조에 따른 학교도서관진흥위원회(이하 "진흥위원회"라 한다)의 회의는 재적위원 과반수의 출석으로 개의하고, 출석위원 과반수의 찬성으로 의결한다.

② 진흥위원회에 출석하는 위원에 대하여는 예산의 범위에서 수당 및 여비를 지급할 수 있다. 다만, 공무원이 그 소관 업무와 직접 관련하여 진흥위원회에 출석하는 경우에는 그러하지 아니하다.

③ 이 영에서 정한 것 외에 진흥위원회의 운영에 필요한 사항은 진흥위원회의 심의를 거쳐 위원장이 정한다.

제4조 (학교도서관발전위원회 구성 및 운영) ① 법 제9조 제2항에 따른 학

교도서관발전위원회(이하 "발전위원회"라 한다)는 위원장 1명을 포함한 9명 이상 11명 이내의 위원으로 구성하며, 위원장은 위원 중에서 호선한다.

② 위원은 다음 각 호의 자 중 해당 교육감이 임명 또는 위촉하며, 위촉된 위원의 임기는 2년으로 한다.

1. 해당 교육청 소속 학교의 장

2. 해당 교육청 및 지방자치단체 공무원

3. 학교도서관의 운영에 관하여 학식과 경험이 있는 학부모

4. 도서관 및 독서 관련 전문가

③ 발전위원회는 다음 각 호의 사항을 심의한다.

1. 학교도서관 발전 시행계획의 수립·시행에 관한 사항

2. 학교도서관 자료의 폐기·제적에 관한 사항

3. 그 밖에 학교도서관과 관련하여 해당 지방자치단체의 장, 학교의 장, 법 제10조에 따른 학교도서관운영위원회, 전문단체 및 전문가가 심의를 요청하는 사항 등으로서 학교도서관 발전을 위하여 필요하다고 인정하여 위원장이 심의에 부치는 사항

④ 위원장은 발전위원회의 회의를 소집하고, 그 의장이 된다.

⑤ 발전위원회의 회의는 재적위원 과반수의 출석으로 개의하고, 출석위원 과반수의 찬성으로 의결한다.

⑥ 제1항부터 제5항까지에 규정된 사항 외에 발전위원회 운영 등에 필요한 사항은 위원회의 의결을 거쳐 발전위원회의 위원장이 정한다.

제5조 (학교도서관 지원비 등 계획·실적보고) 교육감은 법 제11조 제4항에 따른 지원비 및 대응비의 운용실적을 운용계획에 대비하여 다음 해 3월 말까지 교육과학기술부장관에게 보고하여야 한다.

제6조 (전담부서의 구성) 법 제12조 제1항에 따라 교육과학기술부와 시·도교육청에 두는 전담부서에는 학교도서관 진흥 업무에 관하여 전문지식이 있는 직원을 두어야 한다.

제7조 (사서교사 등) ① 법 제12조 제2항에 따라 학교에 두는 사서교사·실기교사나 사서직원(이하 "사서교사 등"이라 한다)의 총정원은 학생 1,500명마다 1명을 기준으로 산정한다.

② 교육과학기술부장관 및 교육감은 법 제12조 제2항에 따라 학교에 사서교사 등을 두는 경우에는 다음 각 호의 사항을 고려하여 학교별로 우선순위를 정하여 배치한다.

1. 학교의 재학생수

2. 학교도서관의 규모·자료수 등 운영현황

3. 학교도서관의 이용자수

③ 사서교사 등의 업무범위는 다음과 같다.

1. 학교도서관 운영계획의 수립에 관한 업무

2. 자료의 수집, 정리, 이용 및 예산편성 등 학교도서관 운영에 관한 업무

3. 독서지도 및 학교도서관 이용방법 등에 대한 교육과 안내

4. 학교도서관을 이용하는 교사의 교수·학습지원

제8조 (시설·자료의 기준 등) ① 법 제13조 제3항에 따라 학교도서관이 갖추어야 하는 시설·자료의 기준은 다음 각 호와 같다.

1. 위치는 학교의 주 출입구 등과 근접하여 접근이 쉬운 곳에 설치한다.

2. 면적은 100제곱미터 이상으로 한다. 다만, 교육감은 학생 수 등을 고려하여 학생 및 교직원의 교수·학습에 지장이 없는 범위에서 그 면적을 조정할 수 있다.

3. 각각의 학교는 1,000종 이상의 자료를 갖추어야 하고, 연간 100종 이상의 자료를 추가로 확보하여야 한다.

② 제1항에 따라 학교도서관에 갖추어야 하는 시설 및 자료의 구체적인 기준은 교육감이 정한다.

③ 법 제13조 제3항에 따라 폐기·제적할 수 있는 자료는 다음 각 호와 같다.

1. 이용가치의 상실된 자료로서 보존이 필요 없다고 인정되는 자료

2. 훼손 또는 파손·오손된 자료로서 이용하기 어렵다고 인정되는 자료

3. 불가항력적인 재해·사고, 그 밖에 이에 준하는 사태로 인하여 유실된
   자료

제9조 (독서교육 등) 교육과학기술부장관·교육감과 학교의 장은 법 제15
조 제1항에 따라 학교의 독서교육과 정보이용교육을 지원하기 위한 세부
계획을 수립·시행할 때에는 다음 각 호의 사항을 고려하여야 한다.

1. 학생들의 학교도서관 이용상황

2. 학생들의 독서수준

3. 그 밖에 학생들의 독서교육과 정보이용교육을 지원하기 위하여 필요
   한 사항

부칙 〈제20824호, 2008.6.19〉

제1조 (시행일) 이 영은 공포한 날부터 시행한다.

제2조 (기본계획 등의 수립 기한에 관한 특례) 제2조에도 불구하고 2008년
도에 시행하는 기본계획은 2008년 7월 31일까지, 시행계획은 2008년 8
월 31일까지 수립하여야 한다.

국회도서관법

[시행 2009.5.21] [법률 제9704호, 2009.5.21, 일부개정]

제1조 (목적) 이 법은 국회도서관(이하 "도서관"이라 한다)의 조직과 직무 기타 필요한 사항을 규정함을 목적으로 한다.

제2조 (직무) ① 도서관은 도서관자료 및 문헌정보의 수집·정리·보존·제공과 참고회답 등의 도서관봉사를 행함으로써 국회의 입법활동을 지원한다. 〈개정 1999.12.15〉

② 도서관은 전자도서관구축 및 운영에 관한 사무를 처리한다. 〈개정 1999.12.15〉

③ 도서관은 제1항의 직무수행에 지장이 없는 범위 안에서 국회 이외의 국가기관, 지방자치단체, 기타 공공단체, 교육·연구기관 및 공중에 대하여 도서관봉사를 제공할 수 있다. 〈개정 1999.12.15〉

④ 도서관은 도서관사무에 관한 감사업무 기타 의장이 지정하는 사무를 처리한다. 〈신설 1999.12.15〉

⑤ 제3항의 규정에 의한 도서관봉사의 대상과 내용은 규칙으로 정한다.

제3조 (공무원의 임용) ① 도서관에 국회도서관장(이하 "관장"이라 한다) 이외에 필요한 공무원을 둔다.

② 5급 이상의 공무원은 의장이 임면하고, 기타의 공무원은 관장이 임면한다. 다만, 의장은 규칙이 정하는 바에 따라 그 임용권의 일부를 관장에게 위임할 수 있다.

제4조 (관장) ① 관장은 의장이 국회운영위원회의 동의를 얻어 임면한다.

② 관장은 정무직으로 하고, 보수는 차관의 보수와 동액으로 한다.

③ 관장은 의장의 감독을 받아 도서관사무를 통할하고 소속공무원을 지

휘·감독한다. 다만, 도서관관련사무중 인사행정·예산회계·국고금관리·국유재산관리·물품관리·비상계획업무·공직자재산등록업무 등에 관하여 국회사무처법·국가공무원법·「국가재정법」·국고금관리법·국유재산법 기타 다른 법령에서 국회사무처 또는 국회사무총장의 권한에 속하는 사무로 규정된 경우에는 그러하지 아니하다. 〈개정 2002.12.30, 2006.10.4〉

제5조 (조직) ① 도서관의 보조기관은 실장·국장 및 과장으로 한다.

② 관장 및 실장·국장을 직접 보좌하기 위하여 그 밑에 담당관을 둘 수 있으며, 관장밑에 국에 속하지 아니하는 과 1개를 둘 수 있다.

③ 실장은 1급 또는 2급, 국장은 2급 또는 3급, 과장은 3급 또는 4급인 일반직국가공무원으로 보하고, 담당관은 2급 내지 4급인 일반직국가공무원 또는 2급상당 내지 4급상당 별정직국가공무원으로 보한다. 다만, 3급 이상 일반직국가공무원으로 보할 수 있는 직위(과장 또는 이에 상당하는 직위를 제외한다) 중 그 소관업무의 성질상 전문성이 특히 필요하다고 인정되는 경우에는 그 정원의 100분의 20의 범위 안에서 규칙으로 정하는 직위에 대하여 계약직공무원으로 보할 수 있다.

④ 도서관에 두는 공무원의 정원, 실·국·과 및 담당관의 설치 및 사무분장 기타 필요한 사항은 규칙으로 정한다. 다만, 과 및 이에 상당하는 담당관의 설치 및 사무분장은 관장이 이를 정할 수 있다.

[전문개정 1999.12.15]

제6조 (전자도서관구축을 위한 자료의 수집) ① 관장은 제2조 제2항에 따른 전자도서관구축을 하는데 필요한 자료의 수집을 위하여 국가기관, 지방자치단체, 공공기관 및 교육·연구기관의 장에게 자료의 제공을 요청할 수 있다.

② 제1항에 따라 자료의 제공을 요청받은 기관 또는 단체의 장은 특별한 사정이 없는 한 이에 응하여야 하고, 요청받은 자료가 간행물일 경우에는 그 간행물과 해당 전자파일을, 전자자료 형태인 경우에는 그 전자자

료를 제공하여야 한다.

[전문개정 2009.5.21]

제7조 (자료의 제공 및 납본) ① 국가기관, 지방자치단체, 공공기관 및 교육·연구기관이 도서·비도서·시청각자료·마이크로형태자료·전자자료, 그 밖에 규칙이 정하는 입법정보지원이나 국제교환에 필요한 자료를 발행 또는 제작한 때에는 그 발행 또는 제작일로부터 30일 이내에 그 자료 10부를 도서관에 제공하여야 한다. 〈개정 1995.12.30, 1999.12.15, 2009.5.21〉

② 국가기관, 지방자치단체, 공공기관 및 교육·연구기관 이외의 자가 도서·비도서·시청각자료·마이크로형태자료·전자자료, 그 밖에 규칙이 정하는 입법정보지원에 필요한 자료를 발행 또는 제작한 때에는 그 발행 또는 제작일로부터 30일 이내에 그 자료 2부를 도서관에 납본하여야 한다. 이 경우 도서관은 납본한 자에게 그 자료에 대한 정당한 보상을 하여야 한다. 〈개정 1995.12.30, 1999.12.15, 2009.5.21〉

③ 관장은 자료의 제공 및 납본의 실효를 거두기 위하여 관계국가기관·공공단체 및 교육·연구기관의 장에게 협조를 요청할 수 있다. 〈개정 1995.12.30〉

④ 납본의 절차·보상 그 밖에 필요한 사항은 규칙으로 정한다. 〈개정 2009.5.21〉

제8조 (기증) 관장은 도서관에 물품 또는 금전의 기증이 있을 때에는 이를 받을 수 있다.

제9조 (도서관자료의 상호교환·이관 및 폐기) ① 관장은 소장자료 중 도서관자료로서 적합하지 아니하다고 판단되는 자료가 있는 경우 이를 다른 도서관·국가기관·공공단체와 상호교환하거나 이관할 수 있다.

② 관장은 소장자료 중 이용가치가 상실되거나 오손된 자료가 있는 경우 이를 폐기 또는 제적할 수 있다.

③ 제1항 및 제2항의 규정에 의한 상호교환·이관 및 폐기의 기준과 범

위에 관하여 필요한 사항은 규칙으로 정한다.

제10조 (국회도서관발전자문위원회) ① 도서관의 발전과 도서관기능의 효율적인 수행을 위한 중요시책의 수립 및 전자도서관구축 등에 관한 관장의 자문에 응하기 위하여 관장 소속하에 국회도서관발전자문위원회를 둘 수 있다. 〈개정 1999.12.15〉

② 국회도서관발전자문위원회의 구성 및 운영에 관하여 필요한 사항은 규칙으로 정한다.

제11조 (시차제 근무) 관장은 규칙으로 정하는 바에 따라 소속 공무원으로 하여금 근무시간을 변경하여 근무하게 할 수 있다.

[전문개정 2009.5.21]

제12조 (위임규정) 이 법에서 규칙으로 정하도록 한 사항과 이 법 시행에 관하여 필요한 사항은 의장이 국회운영위원회의 동의를 얻어 이를 정한다.

부칙 〈제9704호, 2009.5.21〉

이 법은 공포한 날부터 시행한다.

법원조직법

[시행 2010.1.25] [법률 제9940호, 2010.1.25, 일부개정]

제22조(법원도서관) 재판사무의 지원 및 법률문화의 창달을 위한 판례·법령·문헌·사료등 정보를 조사·수집·편찬하고 이를 관리·제공하기 위하여 대법원에 법원도서관을 둔다.

[전문개정 1996.12.12]

제4장 법원도서관

제81조(조직) ① 법원도서관에 관장을 둔다.

② 관장은 판사·법원이사관 또는 법원부이사관으로 보한다.

③ 관장은 대법원장의 지휘를 받아 법원도서관의 사무를 관장하며, 소속 직원을 지휘·감독한다.

④ 법원도서관의 조직·운영 등에 관하여 필요한 사항은 대법원규칙으로 정한다.

가

사

아

차